赋权型性教育丛书

女孩的青春期性教育

方刚 主编

人民东方出版传媒
東方出版社

图书在版编目（CIP）数据

女孩的青春期性教育 / 方刚主编 . —北京 : 东方出版社 , 2021.1
ISBN 978-7-5207-1759-5

Ⅰ . ①女… Ⅱ . ①方… Ⅲ . ①女性 – 青春期 – 性教育 Ⅳ . ① G479

中国版本图书馆 CIP 数据核字 (2020) 第 230300 号

女孩的青春期性教育
（NÜHAI DE QINGCHUNQI XINGJIAOYU）

作　　者：方　刚
责任编辑：张凌云
出　　版：东方出版社
发　　行：人民东方出版传媒有限公司
地　　址：北京市西城区北三环中路 6 号
邮　　编：100120
印　　刷：河北华商印刷有限公司
版　　次：2021 年 1 月第 1 版
印　　次：2021 年 1 月第 1 次印刷
开　　本：880 毫米 ×1230 毫米　1/32
印　　张：12
字　　数：308 千字
书　　号：ISBN 978-7-5207-1759-5
定　　价：49.80 元
发行电话：（010）85924663　85924644　85924641

如有印装质量问题，请拨打电话：（010）85924728

主　　编：方　刚

分章主编

第一章：王　艺

第二章：王晓斌

第三章：马文燕

第四章：王晓斌

第五章：李海琛

主编助理：李海琛

序

好的性教育，要赋权，不要规训

越来越多的人开始意识到性教育的重要性。

但是，什么才是好的性教育呢？

30 多年前，我自己处于青春期和青年初期的时候，对性、爱情充满了向往和好奇，有过各种各样的迷茫，也有过在今天看起来很愚蠢的探索，走过很多弯路。

我那时的同龄人，大多也跟我一样。

如果那个时候有这样一本书为我们答疑解惑，我们将是多么的幸福。

本套书，是我带领赋权型性教育讲师团队集体完成的。

它关注的内容，不仅是青春期孩子的需要，也包括许多成年人应该面对和学习的内容。

这套书分为“男”“女”两本，只是为了读者购买和阅读时的方便，绝不意味着我们认为男性和女性应该接受不同的性教育。恰恰相反，我们认为消解性别二元划分的性教育是非常重要的。而且，我们认为男性应该了解女性，女性也同样需要了解男性。所以，即使本套书分为“男”“女”两本，我们也在每本书里专门保留了一节来介绍异性。

在这套书中，我们尽可能全面地讨论身体、性、情感和亲密关系。

年轻人讨厌说教。我一直和本书的作者强调：写作的时候，不要总想着告诉读者什么是对，什么是错，而要和读者探讨各种可能，以及每种可能的背后是什么，如何应对每一种可能……

所以，我们反对对年轻人说：那样做是不对的！不能那样做！这样做才对！应该要这样做！

父母和老师习惯于对年轻人这样说话，但是，这套书将致力于改变这种说话的方式，以及这种说话方式背后的思维方式和价值观。

成年人未必都是对的，未成年人也未必都是错的。

重点是：父母和老师不能总认为自己是对的，自己掌握着真理，同时认为年轻人“太小”，所以是不能够被信任的。

年龄与对错，没有必然的关系。

当父母和老师习惯于告诉年轻人什么可以做，什么不可以做的时候，他们可能是基于“保护”的初衷，但是，与此同时，他们也剥夺了年轻人自主选择和自我成长的机会。

没有选择，就没有思考；没有思考，就没有成长。

好的教育应该是帮助年轻人提高思考能力，增强选择能力，而不是代替年轻人思考和做选择。

这，是增能，是赋权，是真正的教育。反之，则是“规训”。

我相信：每个人都向往美好的生活，都渴望拥有幸福的人生。所以，每个人都会努力使自己生活得更好，而不会致力于“毁灭”自己。如果我们做得不够好，可能是因为我们没有得到足够多的信息，无法作出对自己最有利的选择。

本套书分为“悦纳我们的身体”“拒绝性别暴力”“爱情”“反对性别刻板印象，追求性别平等”“尊重多元”五大章，分别介绍了男女生的身体发育、对性别暴力的认知和应对、如何树立正确的爱情观和处理爱情中的问题、对社会性别刻板印象的认知和应对，以及尊重社会中的多元，包括爱情的多元、家庭组成形式的多元和性的多元。

本套书采用的是问答的写作方式，提问的人是年轻人，这也有助于父母和老师更了解年轻人的想法，站在他们的立场上看问题。他们关心的问题，才是我们应该去帮助他们探索的，而不应该是把我们关心的问题强加给他们。

本套书的作者在回答年轻人的问题时，尽量避免“直接出主意”，而是和年轻人一起分析、思考、选择。

这就是我提出的赋权型性教育的核心思想：致力于让受教育者增长能力，将选择的权利交还给年轻人自己。我们一直在努力落实赋权型性教育的三个步骤：分享信息、推动思考、尊重选择。

所以，本套书不说教，只致力于提升年轻人做决定的能力。

我相信年轻人会喜欢本套书背后的教育理念，胜过于喜欢本套书。

在倡导多元包容的同时，我们也一直反复强调着赋权型性教育倡导的性的三原则：自主、健康、责任。

我们相信，懂得“自主、健康、责任”的人，人生才会幸福，才能实现自己的梦想。

但这不是三个简单的词汇，而是值得我们用一生去学习和努力的方向。

如果你在阅读中有所思考，或者有关于性教育的其他困惑，均可以写信给我。我的电子邮箱：isgs2008@163.com。你也可以在我的微信公众号“学者方刚”后台留言，还可以来参加“猫头鹰性教育营”，和本套书的作者们见面！

热爱青春，热爱人生，从读本套书开始！

方刚

2020 年 11 月 12 日

目录
CONTENTS

第五章 尊重多元 / 294

第一章

悦纳我们的身体

性教育，要从认识自出生就陪伴我们的这副身体开始。

刚出生的时候，医生会把我们举到母亲眼前，母亲通过两腿之间的不同知道了我们是男是女。母亲第一次给我们洗澡的时候，身体教育就开始了。伴随母亲轻柔的手指划过，温柔的声音告诉我们：这是额头，这是脸蛋，这是胳膊，这是肚子，这是大腿，这是脚丫……从头到脚，却好像错过了什么。两腿之间的事情，从小就是不可说的。所以，我们对身体的认知是不完整的。

女生的阴唇、阴道，还有卵巢、子宫等；男生的阴茎、睾丸，还有输精管、前列腺等，都是身体的一部分，具有不可替代的功能，却在教育中一直被忽视，直到青春期。

青春期的男女生身体的巨大变化，让家长、老师和学生自己终于意识到“身体”这个不可忽视的话题。但是，在不得不进行的讲解中，还有诸多的回避、躲闪、含糊，甚至有谎言。

自己或者同龄人显示出的青春期第二性征、街边的广告“一针灵”、电视剧里女人生孩子的撕心裂肺……我们从各个渠道获得各种靠谱或不靠谱的信息，一知半解甚至不分对错地走过青春期，然后开始性生活，再面对下一代。知识的缺失还不是最糟糕的，最糟糕的是这些似是而非的“知识”，带给我们一种对身体感到羞耻、排斥的错误意识。最最糟糕的是错误的知识伴随陈旧的理念，告诉我们：男性的身体是珍贵而强大的，女性的身体是肮脏而软弱的；男生的性应该是主动的，而女生的性就是低贱的。

我们了解自己的身体，才有可能悦纳自己的身体。悦纳身体是自我认同的基础，必须要打破传统男权社会的禁锢和压制，因为我们的自尊、自信都是建立在此之上。除此之外，我们还要了解男生的身体，作为了解和尊重他们的基础。

性教育，应该从身体教育开始。但性教育，绝不仅仅是身体教育。

第一节　生殖系统的形态与结构

女性生殖系统包括内、外生殖器官及其相关组织。

女性内生殖器包括阴道、子宫、输卵管及卵巢。

女性外生殖器指生殖器官的外露部分，又称外阴，包括阴阜、大阴唇、小阴唇、阴蒂、阴道前庭、前庭球和前庭大腺。

一般来说，健康的女性的生殖系统构造和功能基本相同，但是外观上会有差别，不同的人发育期的早晚和持续时间的长短也会有所不同，但不影响身体健康和生理功能就都是正常的，不需要太焦虑。在日常生活中，要注意生殖系统的保护，注意卫生，防止外伤，预防疾病。

女生的生殖系统是怎样的结构？

困惑解答老师：颜习捷

这是一个专业性很强的问题，让我们从医学的角度来一起探索。根据历史学家考据，人类第一次对女性生殖器进行文字描述，是在公元前4世纪的《希氏文集》。在之后漫长的时光里，我们一直在扩展对女性生殖系统生理、病理以及生育相关问题的了解和研究。

我们常说的女性生殖系统，其实分为几个不同的部分，有处于身体内部的内生殖器，也有外露可以被肉眼看到的外生殖器，还有血管、淋巴、神经、骨盆、骨盆底等相关组织。

我们最常关注到的是外生殖器，它位于女性两条大腿根部内侧之间，具体如图1-1所示。

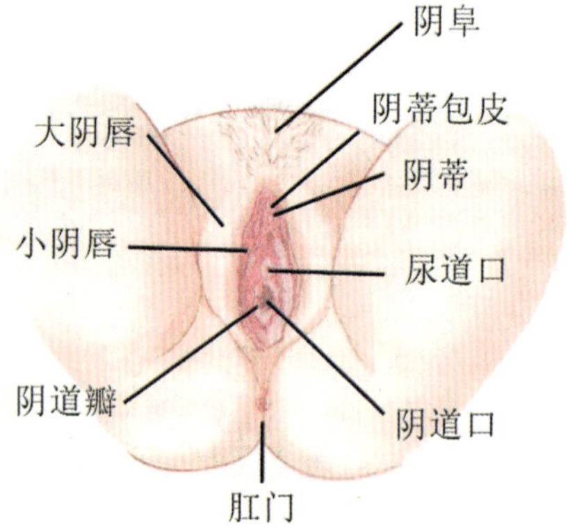

图1-1　女性外生殖器构造

1. 阴阜是耻骨联合前面隆起的，由皮肤和比较厚的脂肪层组成的外阴部分。在我们青春期发育的时候，阴阜上的皮肤会开始长出卷曲的毛发，叫作阴毛，阴毛呈倒三角形分布。阴毛的疏密和颜色因人而异，有的人不长阴毛，有的人阴毛粗黑且长到臀部，这些都是正常的。当我们变老后，阴毛会慢慢脱落，变得稀少。

2. 大阴唇是一对隆起的、有弹性的皮肤褶皱。大阴唇外侧是皮肤，青春期后因为色素沉着，这部分皮肤的颜色变为暗褐色，也会长出阴毛；大阴唇的内侧是湿润的，比较像黏膜。大阴唇的形状会根据女性年龄的增长而有所不同，它和小阴唇像两层“大门”，保护女性的阴道口和尿道口不受到感染。

3. 小阴唇在大阴唇的内侧，是比较薄的皮肤褶皱。小阴唇表面比较湿润，呈褐色，表面光滑没有毛，有弹性。

4. 阴蒂在两小阴唇顶端的下方，和男性的阴茎很相似，由海绵体构成，对外界刺激非常敏感，女性性兴奋时阴蒂会充血膨胀。

5. 阴道前庭是一个菱形的区域，前面是阴蒂，后面是阴唇系带，两侧是小阴唇。在这个区域有五个结构：前庭球、前庭大腺、尿道外口、阴道口和阴道瓣（阴道口位于尿道口后部，在阴道外口掩盖着一层黏膜皱襞，叫作阴道瓣。很多阴道瓣的中央天然有一个孔，呈圆形或者新月形状，孔的大小差异很大，都是正常的。阴道瓣俗称处女膜，因为这个称呼有物化女性身体、贞洁的意味，已经被大多数人抛弃，在2015年，瑞典语言委员会还正式批准将“处女膜”更名为“阴道瓣”）。

针对外生殖器，我们需要做好清洁卫生，可以勤换内衣裤、勤洗澡，尤其是容易积累细菌的部位，例如大、小阴唇，要注意保持清洁。正确的外阴阴部清洗方法是：每天清洗一次，用温水冲洗，如果无淋浴条件，可以用盆代替，但要专盆专用。清洗顺序是从前向后清洗，再洗大、小阴唇，最后洗肛门周围及肛门。卫生护垫不要经常使用，只在出差、外出等不能保证卫生条件的情况下作为权宜之计短时使用。不要清洗阴道内部，以免破坏自然健康的阴道内环境和酸碱平衡。没有不舒服的话，不需要使用任何清洗液，如果有不舒服的情况，比如痒、痛、肿，或小便、白带颜色有改变，有异味，要及时就医，遵医嘱用药或采取其他措施，不要听信街边广告、商家宣传和所谓的“祖传秘方”。

内生殖器位于骨盆里面，也是女性生殖系统的重要部分，如图 1–2 所示。

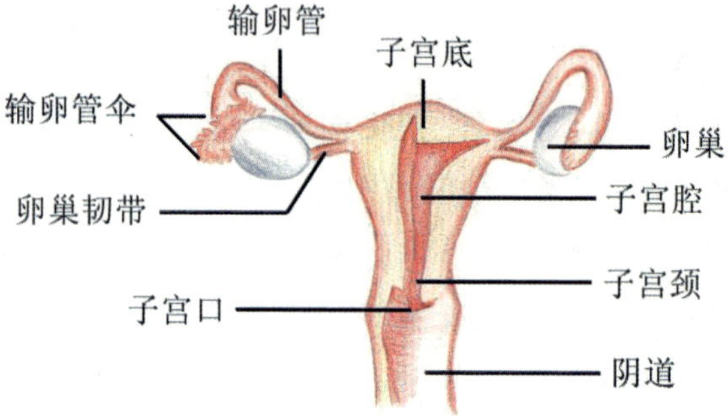

图 1-2 女性内生殖器构造

1. 阴道是联结子宫和外生殖器的管道。阴道壁由黏膜、肌层和纤维组织膜构成，有很多横纹，所以有很大的伸展性，是女性的性交器官，也是月经血排出和胎儿娩出的通道。年龄比较小的女孩和绝经后的妇女阴道黏膜上皮特别薄，因此容易受伤，出现出血的情况。如果受伤，我们可以告诉父母并寻求医生的帮助，避免感染。

2. 子宫是孕育胚胎、胎儿和产生月经的地方，也是女性独有的器官。腔内覆盖黏膜被称为子宫内膜，青春期后受性激素等影响发生周期性改变，产生月经。在怀孕时，子宫会明显地扩大。有很多资料显示，在子宫没有完全发育成熟时，是不能负担孕育胎儿的重任的，而且多次人工流产可能导致子宫损伤或者宫内感染。儿童期和青春期的女性，多吃有营养的食物，保持充足的睡眠，多参加体育运动，都有利于身体的健康成长。

3. 输卵管是一对细长而弯曲的管道，是卵子和精子相遇的场所，也是向宫腔里运送受精卵的管道。

4. 卵巢是一对扁椭圆形的性腺，分左右两边，是产生和排出卵子以及分泌性激素的性器官。女性从出生开始，两个卵巢里就有约 200 万个原始的卵泡，青春期前，卵巢表面光滑；到了青春期，体内开始产生激素，刺激卵泡成熟。一般而言，左、右卵巢每月交替排出一个成熟卵子，产生月经，卵巢表面开始变得凹凸不平。卵巢的大小、形状随年龄的变化而有所差异。

希望上面的知识，可以帮助你从科学的角度了解一些女性生殖系统的基础知识。随着基因工程、细胞工程等研究的发展，人类关于自身的了解会达到越来越高的水平，科学和你一起成长。

Q 我觉得自己的外阴部位很难看，怎么办？

困惑解答老师：刘清珊

你觉得外阴部位很难看，是你拿了镜子仔细端详后的感受吗？如果你拿镜子看过阴部，这种主动了解自己身体、关心身体健康的举动是很好的，非常值得表扬。

女性的外阴部位由阴阜、阴蒂和大、小阴唇以及大、小阴唇覆盖住的尿道口、阴道口组成。阴阜是覆盖在耻骨联合前面的脂肪组织，外面被倒三角形的阴毛覆盖。阴阜往下延伸是阴蒂。阴蒂下来是两片柳叶状的大阴唇。有些女性的大阴唇比较平坦且界限不清楚，有些女性的阴唇则突出而饱满。到了青春期，大阴唇的皮肤颜色变深，开始有阴毛覆盖。大阴唇下面还有一点小褶皱，它是小阴唇。分开小阴唇后，能够看到两个小孔，上面是尿道口，下面是阴道口。平常大、小阴唇是闭合状态的，它们就像两个门神，保护着阴道口和尿道口，避免细菌上行感染。

你觉得它难看，是因为它的颜色与身上其他地方的皮肤颜色不同呢，还是觉得这个部位的褶皱难看？是觉得黑色的阴毛难看，抑或是你用手去摸，摸完后不喜欢那个气味？

外阴部最初是和其他地方的皮肤一样的颜色，青春期发育之后，由于雌激素的分泌和色素的沉积，其颜色逐渐变深，每个人的外阴部的颜色深浅各有不同。有人说这跟女性的性生活次数有关，这完全是无稽之谈。说这样话的人，要么是无知，要么是故意污蔑女性，完全不用理会他，更不需要自卑、恐慌。

至于局部的褶皱，它可以缓冲月经、性生活或外部冲撞带来的摩擦和压力。阴毛可以帮助排汗，也可以在阴部受到外部的挤压、冲撞时起保护作用。

至于气味，来自阴道的分泌物及阴道菌群。正常情况下，阴道呈弱酸性，气味偏向于类似原味酸奶的味道，具有一定的杀菌作用，保护阴部不受外来病原体的侵害。在月经期，受经血影响，阴道的气味略重些，但只要保持每日清水清洁，就不会有难闻的气味。当然，如果出现腥、臭气味，同时伴有瘙痒、灼热、疼痛等症状，则需要去医院寻求医生专业的帮助。

你看，从颜色到气味，阴部的每一种表现都有其原因和功能，都在为我们的身体健康服务。我们不仅不该嫌弃它，反而应该感到欣喜。女性外生殖器的形态和大小差异较大，在健康的情况下，每种形状都是正常的，随着年龄的增长，也会发生细微的变化。没有哪种形态是最“好看”的，就好像人各种各样的眼睛都有其独特的美，只要是健康的，就是好的。

当然，也有可能是因为从来没有人教过我们这些器官的名词、功能，同时社会文化回避讨论关于性的一切信息，性器官自然也变成了肮脏的、羞耻的，因此，也就变得“难看”了。很明显，这些思想是错误的。生殖系统是人体重要的组成部分，外阴部是重要的人体器官，性需求和性生活也是正常的生理需求和活动。我们身体的每个器官都是平等的，都是珍贵的，你要像呵护眼睛、脸蛋、手等器官那样呵护它。爱自己，从爱自己的身体开始，从悦纳自己身体所有的器官开始，你试试每天发自内心地赞美自己的身体，那会给你带来更多的自信。

白带颜色改变，还有一股难闻的味道，是不是生病了？

困惑解答老师：李伟

白带为女性阴道分泌物，由阴道黏膜渗出物及子宫内膜腺体分泌液混合而成，其形成与雌激素作用有关。正常情况下，白带的质与量随月经周期而改变。月经干净后，白带量少、色白，呈糊状。在月经中期卵巢即将排卵时，白带增多，颜色透明，呈蛋清样。排卵 2 ~ 3 天后，白带变混浊，黏稠而量少。行经前后，阴道黏膜渗出物增加，白带往往增多。

白带的颜色会随着月经周期内所处的阶段不同而变化，其性状也会受到饮食、环境、工作、个人卫生及生活习惯等因素的影响而发生改变。比如最近常食用辛辣、刺激的食物，喝水太少，所处环境潮湿、闷热，过度劳累等都会影响白带性状的暂时改变。以上情况注意调整以后，白带就会很快恢复正常。如果阴部没有明显的瘙痒、疼痛、红肿、灼热等症状，白带发生轻微改变都属于正常现象。

那白带颜色异常有哪几种情况呢？ 1. 脓性白带：白带色黄或黄绿，如脓样，伴随恶臭味。这类白带常见于滴虫性阴道炎、急性阴道炎、慢性宫颈炎等。2. 水性白带：白带量明显增多，内裤上始终湿答答的。这样不仅会让人感觉很不舒服，而且外阴长期处于温暖、潮湿的环境中，可能会导致外阴炎的发生。3. 豆腐渣样白带：这种白带看上去很像是豆腐渣，外阴有难以忍受的瘙痒，这类白带常见于霉菌性阴道炎。另外还有血性白带、灰白色白带、外阴黄色分泌物等情况，都需要到医院及时诊治。

你提到白带味道难闻，正常情况下白带本身就有气味。因为阴道中有大量乳酸杆菌，整体环境偏酸性（pH 值多在 3.8 ~ 4.4），所以会有一股酸酸的气味，正常体味下不容易闻到。如果近期清洗阴部不及时、食用辛辣过多、工作压力大、作息不规律等，就可能会导致白带异常，进而气味发生改变。这类情况都不用太担心，随着饮食和生活习惯的调整，情况很快就会改善。如果外阴疼、痒、肿，白带有脓血渣，量大，有酸腥臭味，要及时就医。

温馨提示：平常避免穿紧身衣裤，避免久坐，适当活动。每晚用清水冲洗阴部（不需要用任何洗液），并保持外阴清洁、干燥。如果出现前面说的异常情况，不要因为觉得不好意思而不去就医，不要自己随意买些药物使用，一定要去正规的医院，寻求有资质的医生帮助。

外阴疼痛、发痒需要看医生吗？

困惑解答老师：罗扬

有这样的症状，应及时到医院进行相关检查和治疗。

外阴疼痛、发痒是一种症状，可能是由特殊感染（如霉菌性阴道炎、滴虫性阴道炎、阴虱、疥疮、蛲虫病等），慢性外阴营养不良，药物过敏或化学品刺激，不良卫生习惯，皮肤病等引起的，可能是一些慢性病（如糖尿病、黄疸、白血病、维生素A缺乏、维生素B缺乏等）的并发症状，也可能是因为卵巢、子宫、阴道等部位的疾患导致白带增多，对外阴皮肤造成了刺激，还有可能是精神压力过大或其他一些心理因素引发的。

外阴疼痛、发痒一般是由生理原因和病理原因两方面造成的。

基于阴道的解剖学及生理学特点，阴道对病原体的侵入有自然防御功能。当阴道的自然防御功能遭到破坏，病原体易于侵入，导致阴道炎症；当阴道内优势菌乳酸杆菌数量减少，阴道pH值升高，酸性降低，阴道抵抗力下降，就容易产生阴道炎症。所以，导致炎症最直接的原因是阴道的自然防御功能遭到破坏，病原体侵入，阴道内环境发生变化，而非性生活不检点。

以阴道炎（即阴道炎症，是导致外阴阴道症状如瘙痒、灼痛、刺激和异常流液的一组病症）为例，可以分为滴虫性阴道炎、霉菌性阴道炎、老年性阴道炎等很多种。其中，以霉菌性阴道炎为例，它可能会通过性生活感染，但是更多情况下是由于患者身体内部的自身免疫平衡状态出了问题，或阴道菌群失调。

人体“发炎”会选择身体的一个“薄弱环节”，有些人会表现为长青春痘或口腔溃疡，有些人则有可能患上阴道炎。阴道炎是最常见的女性生殖器官炎症，为妇科门诊常见的疾病，女性各个年龄阶段都可能患上，即使是1～5岁的婴幼儿，都有可能患上幼儿性阴道炎。同时，阴道炎也是一种“生活方式病”，和个人的身体素质密切相关。当人体抵抗力强时，细菌难以侵犯，但若生活、学习的压力大，经常熬夜到很晚才休息，生物钟被打乱，身体抵抗力下降，导致私处免疫力不断降低，有害菌就会乘虚而入。即便平时注意个人卫生，如果抵抗力差的话，还是会诱发炎症的发生。

那么，我们可以为预防外阴炎症的产生做些什么呢？勤换内衣、内裤；月经来时勤换卫生巾；月经前后尽量不穿紧身、不透气的衣物，例如皮衣、皮裤、牛仔裤等；新的内衣一定要清洗过后再穿；在健康的状态下，每天用温水冲外阴，一天清洗阴部的次数不超过两次；不要随意使用阴道洗液。

但如果外阴疼痛、发痒一定要及时就医。很多人可能认为，外阴疼痛、发痒是因为私生活不检点造成的，所以很多女生遇到了外阴疼痛、发痒等问题都不敢去医院，但其实女性外阴疼痛、发痒有很多种原因，并非都是性生活不讲究导致的。大多数女生对阴道炎没有引起足够的重视，也因为“害羞”，不敢面对。还有一些女生喜欢忍，或者自行到药店买一些洗液之类的药物，人为拖延病情。如果阴道炎在急性期没有得到彻底治愈，就容易长时间不愈、反复发作。所以如果出现外阴疼痛、发痒等症状，要及时到正规医院接受正规治疗，千万不可因为不好意思不去哦！

最后提醒一句，一定要去正规医院，找有资质的医生，不要“百度看病”，更不要相信街边广告。

Q 听说有一种人叫“石女”，是什么意思？

困惑解答老师：罗扬

你有没有因为月经期间要保暖和忌口而讨厌过来月经？有没有想过要是不来月经就好了？在现实生活中，真的有一些女生不来月经，也无法以性交的方式进行性行为，她们被称为“石女”，也被称为“石芯子”。

“石女”一般分为两种，即“真石”（内石）和“假石”（外石）。前者属于先天性的阴道缺失或者阴道闭锁，指生殖器官中阴道或者是阴道和子宫发育不良或缺失；后者则属于处女膜闭锁或肥大，或阴道横隔，指阴道及其他生殖器官发育良好，仅因为阴道或处女膜的异常情况而造成的经血无法流出以及阴茎无法进入。这些人的外阴常常跟其他女生一样，但是打开阴唇后会发现在她们的尿道口下方本应该有阴道的部分是闭锁的，会有大概一两厘米的小凹陷。一些女生因为无法进行性生活才发现自己是“石女”，也有一些是因为迟迟不来月经发现的，因此，她们发现问题时都接近成年或已成年。

在封建意识里，“石女”是个“讳莫如深”的字眼。在人们的眼中，她们不仅算不上真正的女人，还往往被看成晦气、不吉利的象征。更有一些迷信的说法，称“石女克夫”，是不祥的化身。其实，身为“石女”并不是这个女孩子的错，其成因往往是先天生殖发育畸形，一般可分为两类：一种是由基因突变引起染色体变异，导致生殖器官发育畸形；另一种是孕妇在怀孕早期误吃药（如服用孕酮保胎，或服用抗癫痫药），药物中所含的成分影响了胎儿生殖器官的正常发育。虽然“石女”的阴道和子宫发育不良或缺失，但一般都有健康的卵巢，可以分泌雌激素，维持女性正常的第二性征并排卵，所以从生理状态来看，她们也是真正意义上的女性。

随着医学技术的发展，大多数“石女”是能通过矫治而有正常性生活的。处女膜闭锁或者肥大、阴道横隔的女生，仅需要切开处女膜或者横隔，即可恢复月经、性生活能力和生育能力。阴道闭锁者，则需通过手术切开阴道闭锁段，即可正常来月经、过正常性生活，如果治疗及时，也不会影响她们的生育能力。无阴道而子宫发育正常的，可在月经初潮年龄，通过手术重建阴道，若治疗及时，性生活能力和生育能力也不会受到影响。如是先天无阴道且子宫发育不良、子宫缺少，可用中药和雌激素治疗，促进子宫发育，同时患者可以通过手术重建阴道，恢复部分性生活能力，但是没有办法恢复月经和生育的能力。此外，先天性无阴道、无子宫的“石女”只要有健康的卵巢可以正常排卵，也可以用夫妻双方的精子和卵子，通过辅助生育技术拥有自己的孩子。

如果你或你周围的女孩超过 16 岁仍未来月经，或有周期性腹痛，但无阴道出血，最好去专业的妇科门诊就诊排查，如果真有异常，越早治疗效果越好，千万不要讳疾忌医，不去治疗。同时，“石女”只是一种先天生理发育不足，千万不要因为自己是“石女”就自卑，也不要因为别人是“石女”而嘲笑排挤他人，把她们当成异类。即使是“石女”，仍然有爱人和被爱的能力和权利。

我听妈妈说她得了宫颈糜烂，好像很严重，怎么办，我会得吗？

困惑解答老师：苏新娥

你关注到了一个“古老”“令人困惑”和“虚假”的话题。

“宫颈糜烂”曾经是一种困扰女性多年的疾病。过去，很多人都因为被告知患了“宫颈糜烂”而进行过相应的治疗。教科书上也说过“宫颈糜烂”会癌变，医生也可能会告诉你，“宫颈糜烂”和不洁的性生活相关联。被诊断为“宫颈糜烂”的患者，还会依据疾病的轻重，被分为一度、二度、三度，或轻度、中度、重度，尤其是那些所谓重度的患者，一想到自己的病会癌变，不由得出了一身冷汗。

但是，随着医学的进步，人们发现所谓的“宫颈糜烂”，很大程度上是一种误区。过去很多人患有的“宫颈糜烂”，实际上是女性的一种正常生理现象——“宫颈柱状上皮异位”。

女性的子宫和阴道相连的部分叫宫颈。宫颈靠里的部分，表面覆盖着柱状上皮细胞；宫颈连接阴道的部分，表面覆盖着鳞状上皮细胞。柱状上皮细胞“很不老实”，常常会向阴道的方向“侵略”，于是柱状上皮细胞就占领了本属鳞状上皮细胞的“领土”，这就是“宫颈柱状上皮异位”。柱状上皮细胞“侵略”的动力，是雌激素。刚出生的女婴受到母亲雌激素的影响，就会一度出现“宫颈柱状上皮异位”；青春期开始后，特别是到了育龄期，女性体内的雌激素升高，这时候如果做体检，十有八九会出现“宫颈柱状上皮异位”；而绝经期以后，由于女性雌激素水平下降，柱状上皮细胞就会彻底“收兵回营”，“宫颈柱状上皮异位”也就不见了。

由于鳞状上皮细胞覆盖的地方看起来和人体其他部位的黏膜颜色一样，也就被认为是正常而无病变；而扩张来的柱状上皮细胞，血管可见，比较嫩红，看起来很像局部有了炎症而充血。于是，“宫颈柱状上皮异位”就被误认为是宫颈发炎而造成的“宫颈糜烂”。而实际上，它只不过是正常的生理性改变。

不过，现实中也会有个别女性由于患上了宫颈炎等疾病而出现“宫颈糜烂样改变”。如果你有经间期出血、性交后出血等症状，或者阴道分泌脓一样的黏液（有时候由于分泌物的刺激还会出现外阴瘙痒及灼热），你就一定要去医院检查一下，看一看是否真正患上了宫颈炎一类的疾病。

但是，由于医学的专业性和高门槛，其更新的知识很难迅速传递给普通人，一些人还认为宫颈糜烂是疾病，尤其“糜烂”这个词听起来就很恐怖。于是，一些别有用心、专注挣钱的所谓医院和医生，还是给人治疗“宫颈糜烂”。再强调一遍：宫颈糜烂，叫作“宫颈柱状上皮异位”，不需要进行任何的治疗，它和性生活也没有一毛钱的关系，如果有人要给你治疗，毫无疑问，他是忽悠你！是骗你钱！甚至他的行为有可能是违法的！

快去告诉你妈妈，她没有得病，这一点都不严重，别害怕。

卵巢保养是怎么回事？

困惑解答老师：沈晓静

以你的年纪，应该还关注不到这个话题，不知道是你身边有女性提起这个话题，还是你看到了什么相关的广告了呢？要谈“卵巢保养”，我们首先要了解一些关于卵巢的基本生理知识。

卵巢是位于女性盆腔内子宫两侧的一对生殖腺。通常成人卵巢的大小相当于本人拇指的指头。卵巢有两种主要功能：一是生殖功能，即产生卵子并排卵；另一功能是分泌性激素，如雌激素、孕激素、雄激素等。

通常情况下，每个女性从出生后，她体内的卵泡数目就是一定的，大约有 400 个。女性除妊娠和哺乳期外，卵巢每个月一般只有 1 个卵泡成熟并排卵，排卵后卵子存活数小时，此时，卵子如进入输卵管并遇到精子即成为受精卵；如果没有受精，子宫内膜会随着激素的改变而脱落，就形成月经。当卵子排完，女性就会绝经，一般后天很难改变这种规律。

有些女孩子会有月经周期不准、痛经、经期皮肤长痘等烦恼，还有些女性在接近绝经时，希望通过一些方法来延缓更年期的到来。这就给了“卵巢保养”概念可乘之机。这种美容院和养生机构推销的服务项目，把女孩子日常的不良生活习惯引发的身体状况说成卵巢早衰，包装成焦虑贩卖，宣传精油按摩、药物按摩、热敷等手段和各种保健品。而女性月经周期是受身体内分泌器官调节的，只对腹部进行按摩、热敷等是无法改善内分泌器官的功能的，也达不到所谓的“保养”作用。盲目吃一些成分不明的保健品，还有可能引起内分泌紊乱。

用科学的态度来说，卵巢根本不需要保养；从解剖结构来看，卵巢位于盆腔深处，在平卧位时是摸不到的，所以按摩根本触不到卵巢。腹部按摩一些药物最多是药物被皮肤吸收一点，不可能渗入卵巢。有些人觉得“卵巢保养”有效，其实是心理因素起了作用。大多数的经期不适，常和精神因素、不良生活习惯（如抽烟饮酒、过度减肥、作息不规律）等有关，只要我们保持精神愉快，保证膳食营养，养成好的生活习惯，都会有所改善。

你听说过正规医院妇科有“卵巢保养”的项目吗？没有吧！当然，卵巢功能也会和一些疾病有关，但通过人为手段“保养”卵巢是不可能的。医学专家指出，有卵巢囊肿的人，不正规的腹部按摩可能会造成破裂大出血，甚至危及生命。如果怀疑身体有疾病，还是到正规医院检查治疗才靠谱。

很多有关女性的“保养”谣言，都是从女性的生育功能、害怕衰老的焦虑来做文章，是长期以来性别不平等观念的产物，本质上充满了对女性的物化和歧视。女性绝对不是为了体现生殖功能而存在的。古往今来太多优秀女性对世界作出了巨大贡献，推动了人类的进步。真正的性感是头脑的性感，真正的价值是实现自我的价值。我们既要珍爱自己的身体，又要尊重科学，遵循自然规律，享受生活的美好。

子宫肌瘤听起来很吓人，这个病严重吗？

困惑解答老师：苏新娥

你是从哪里知道子宫肌瘤这个病的呢？是身边有人患病，让你担心了吗？

我们先来了解一下什么是子宫肌瘤。子宫肌瘤是一种长在女性子宫上的良性肿瘤，可以发生在任何年龄阶段的妇女中，但以 30 ~ 50 岁女性最为常见，约 20% ~ 25% 的妇女都会患有子宫肌瘤，子宫肌瘤可以是单发，也可以是多发。

肌瘤大多生长缓慢，可能在数年内没有变化，因此大多数患者没有症状，以至于带着肌瘤该吃就吃、该喝就喝，直到妇科检查时才发现自己的子宫长了肌瘤。尽管子宫肌瘤发病率高，但它并不是我们青少年的多发病，我们不必过分担心

可能有些同学一听“肌瘤”，就会“谈瘤色变”，我先给大家吃一颗“定心丸”，子宫肌瘤是良性的，不是通常人们所说的“癌症”。可能有些同学还会刨根问底：子宫肌瘤会不会变成癌？答案是：可能性极小。说句玩笑话，子宫肌瘤癌变的可能性，比陨石砸在你头上的概率大不了多少，所以说，子宫肌瘤并不可怕。

得了子宫肌瘤会有哪些症状呢？

有些子宫肌瘤的患者会出现月经的改变，会有痛经、经期延长、经前和经后点滴出血、两次月经间出血，如果经量过多，可能导致贫血。还有患者会出现白带增多。如果出现了上述症状要告诉家长，及时就诊。肌瘤增大时还会出现腹部包块，它会压迫周围组织而出现腹部压迫感、腹胀、盆腔或下腹部疼痛，还会压迫膀胱或直肠，造成尿频和便秘。

子宫肌瘤只是一种普通的常见病、多发病，发病原因并未完全明了，和有没有性行为无关，一般也不会影响生育。子宫肌瘤对身体的影响不

大，危害性较小。当肌瘤小而且无症状时，一般不需要治疗，可以每3～6个月复查一次子宫B超或彩超。如果肌瘤明显增大，症状严重，就要开始治疗了。如果需要治疗，不管是采用西医还是中医治疗，一定要到正规医院，谨防江湖骗子，那些吹得天花乱坠的广告，或是吓得你魂飞魄散的医生，大多是不可信的。

第二节 青春期身体发育

青春期是指由儿童逐渐发育成为成年人的过渡时期。青春期是人体迅速生长发育的关键时期，也是继婴儿期后，人生第二个生长发育的高峰期。

由于卵巢比睾丸发育早，所以女孩的青春期开始年龄和结束年龄都比男孩早两年左右。女孩青春期起讫时间大约各为 9 ~ 12 岁到 18 ~ 20 岁。这个时期，身高、体重迅速增长，身体各脏器功能趋向成熟，内分泌系统发育成熟，肾上腺开始分泌雌性激素刺激毛发生长，出现阴毛、腋毛。生殖系统下丘脑—垂体—卵巢轴系统发育成熟，卵巢开始分泌雌激素、孕激素及少量雄激素，阴道开始分泌液体，外生殖器官发育，出现第二性征，如乳房隆起、皮下脂肪丰满、骨盆变宽、嗓音细高等，而月经来潮是青春期最显著的标志。青春期的进入和结束年龄存在较大的个体差异，可相差 2 ~ 5 岁。

我们的身心在青春期会有一系列的变化，这些变化最终让我们发育成熟，承担责任，为迎接成年的人生幸福和风雨做好准备，因此青春期是一个快乐而充满希望的时期。青春期要学习科学的性知识，迎接变化，悦纳自我，促进身心健康成长。

很多同学进入青春期了，我还没有变化，怎么办？

困惑解答老师：王艺

青春期，既然叫作“期”，就不是个时间点，而是一段时期，不是像有一个开关或界限一样的，打开或跨过去，就到了青春期，而是一段长达数年甚至十年的历程，不知不觉中开始，不知不觉中结束，带给我们的变化和成长，却要影响我们的一生。

女生的青春期一般是 9 ~ 12 岁开始，18 ~ 20 岁结束；男生的青春期一般是 11 ~ 13 岁开始，20 ~ 23 岁结束。在这一时期，身体会发生很多变化：身高、体重快速增长，平均每年长高约 6 ~ 8 厘米，有的人甚至达到 10 ~ 12 厘米之多，体重年平均增长量达 4.5 ~ 5.5 公斤；内脏器官发育，肌肉逐渐强健，脂肪增加；生殖器官发育速度迅速加快，各种性激素水平发生剧烈变化；逐渐出现第二性征，女性第二性征主要表现为乳房隆起、体毛出现、骨盆变宽和臀部变大等，男性第二性征主要表现为胡须长出、喉结突出和嗓音低沉、体毛明显等。第二性征的出现，使少年男女在体征上的差异凸显出来。在青春期的中晚期，女生会出现月经初潮，男生会出现遗精，月经和遗精之后 3 ~ 5 年，生殖系统基本发育成熟。

青春期的起止年龄，身高、体重的增长速度，月经、遗精的开始年龄等等，我们能看到很多数据，它们只是平均值，实际上个体差异很大，每个人进入青春期的时间不同，青春期特征出现的顺序不同，各个器官、激素水平发展速度不同，不能一概而论。另外，青春期开始时本来就是首先在体内静悄悄地发生变化，像器官发育、激素分泌等，肉眼根本不可见，体现在外在的表现也是一点一点发展的，最初非常难以察觉。

你说很多同学都进入青春期了，你还没有变化，你说的是身高还没有快速增长？或是乳房没有发育，没有来月经初潮？或者说你的性格还是“蹦蹦跳跳”的小女孩？还是以上全选？不论是哪种情况，都不必担忧。也许是你进入青春期的时间比较晚，也许是你的青春期已经在体内开始了，而你还不知道。你只需要好好学习、规律睡眠、均衡饮食、适当锻炼，日常积极地生活，你的青春期自会来到。

要提醒你的是，等待和耐心是有限度的，如果你已经十四五岁，还没有任何青春期的表现；或者你内心实在是担忧和焦虑，可以跟父母沟通，去医院进行检查。如果是身体的原因，尽早治疗；如果不是，你也好放心。

不知道你问这个问题，是否有另外一方面的想法，就是你的同学、朋友都进入了青春期，而你的身体还没有变化，她们之间谈论自己的身体变化的事，你插不上嘴，感觉自己被孤立了，或是跟不上她们了。你的身体还没有显著变化，不代表你不可以了解、学习相关知识啊，再说除了青春期的话题，游戏、动漫、小说、影视……话题多得是呢。你可以主动找朋友交流，寻找共同感兴趣的话题，也可以提升自己，自然散发吸引力让大家来向你靠近。

身体发育是一个自然的生理过程，但是也不可避免被加入文化、教育、社会、历史等因素，形成一种综合的压力，我们每个人都身处其中。祝愿你坦然悦纳自己，包容、尊重他人，度过美好的青春期。

脸上长了很多青春痘，很丑，能挤吗？

困惑解答老师：高艳丽

是啊，我们只要青春，不要“痘留”！

当青春期来临的时候，因为体内激素分泌刺激了皮脂腺，皮脂腺分泌油脂，油脂阻塞毛孔，形成青春痘。很多人不仅脸上长痘痘，后背、脖子、前胸都会长痘痘。一般来说，男生长青春痘的比例和严重程度会高一些，但是女生也一样有。之所以叫青春痘，是因为青春期是痘痘生长的高发期。一些成年人，即便已经过了青春期，也是会有痘痘出现的！

我在青春期的时候，脸上也长了很多的痘痘，我非常能够体会脸上长痘的心情。脸上长了痘痘，一照镜子，心里就特别难受，越难受，越焦虑；越焦虑，压力越大；压力越大，越长痘痘。所以，面对痘痘，保持平静愉悦的心情，可以减少痘痘的生长，不再“痘留”！

曾经有一个初二的同学，脸上长了很多的痘痘，心里很着急，为了让痘痘早点消除，就到一家美容院做护理，谁知情况更加严重，不仅痘痘没有消除，还伤到了脸上的皮肤。她的心情非常低落，害怕见人，在学校也是经常低头，害怕别人看到自己的脸，自卑消沉，严重影响了自己的学习。

由青春痘引起的心理困扰该怎么办呢？

当遇到这样的情绪困扰的时候，可以找专业的心理老师给予专业的支持和帮助，放松心情，调整自我，让自己能够愉悦地接纳自己，接纳脸上的痘痘。要知道，人不是因为美丽而可爱，而是因为可爱而美丽噢！

当情绪得到缓解，心情越来越放松的时候，脸上的青春痘也会减少很多呢！所以，面对青春痘，保持快乐的心情，也是可以拒绝“痘留”的！

除了保持心情愉悦，我们平时还要做好脸部清洗工作，保持毛孔清洁，防止毛孔堵塞；合理搭配饮食，饮食清淡，少食油腻；注意喝水，保持良好的睡眠；避免有刺激性的化妆品，注意皮肤的补水；到正规医院做一些专业的皮肤调理；等等。同时，不能挤痘痘，尤其是“危险三角区”（鼻子根部到上唇角的部位）的痘痘，以免发生细菌感染。

如果你的青春痘比较严重，面积非常大、数量非常多，或者有红肿、痛痒，甚至感染化脓的现象，去正规医院的皮肤科或美容科看医生，一定不要像前面说的那个同学那样，随便找家美容院治疗。很多青春痘的治疗是医学范畴的事，可不是一般的美容院能解决的，千万不要听信什么三无产品、进口神药、祖传秘方之类的。

一般情况下，随着年龄的增长，随着青春期的结束，体内的激素水平达到平衡状态，青春痘会慢慢消失。所以，在青春期这样美好的时光里，我们允许短暂的“痘留”，我们更需要提升自我，加强修养，做一个内外兼修、腹有诗书、积极乐观的人！

我有腋臭，需要去做手术吗？

困惑解答老师：杨东

腋臭是医学上臭汗症的通俗叫法，这是一种常见的生理现象。通常，腋臭发生在腋窝、外阴、口角等部位，有腋臭的人这些地方的皮下大汗腺细胞间隙比其他人要大，因此分泌大量的汗液，且汗液中包含的油脂蛋白质也比其他人多得多，同时体内的一种先天能对脂肪酸起调和作用的细胞分泌物过少，致使皮肤表面的细菌分解汗液中的油脂蛋白质，从而产生大量不饱和脂肪酸和氨，继而发出特殊的气味。

腋臭很刺鼻，此气味与狐狸肛门排出的气味相似，所以也被人形象地称为狐臭。

腋臭不会传染，是遗传性的生理现象，有家族史表现。

除了遗传性腋臭外，个人不良的生活习惯（如喜吃辛辣刺激性食物）或者精神压力过大也能导致神经系统病变，最终形成腋臭。

腋臭常见于青壮年群体，夏季流汗多，衣着少时就特别明显，冬季稍弱些，严重者的衣物上常会沾上汗液，发臭的同时会令衣物发黄。

腋臭的存在并不影响身体健康，只是会让个人在社交时感到尴尬，严重的会产生自卑感，进而影响个人的生活和工作。从前面的分析可见，如果能从减少汗液分泌并清除腋窝表皮细菌滋生的条件这两方面着手，应该可以帮助个人最大程度地消除腋臭的烦恼！

目前常见的有非手术治疗和手术治疗两种手段。

1.非手术治疗：这种方法适合腋臭较轻的个人。建议及时认真地清洗身体，尤其要认真清洗腋窝等汗腺发达、出汗多的部位。勤洗澡，勤换内衣，保持皮肤干爽、洁净。青少年还可以在清洗后外擦有止汗和抗菌作用的除臭药物，以减少汗液分泌，改善气味的浓度。虽然这种方法不能根除腋臭，却能对轻症起到缓解的作用。另外，尽量避免辛辣刺激的饮食，营养摄入均衡，起居规律，心态乐观，以避免人为因素损害神经系统导致的腋臭发作或者进一步加重原有的病症。

2. 手术治疗：这种方法适合重度腋臭者。有传统的皮下大汗腺切除术和激光破坏大汗腺分泌汗液术，还有摒弃前两种方法的缺陷，更加精进的微创手术。不论哪种手术方式，都是以破坏大汗腺，破坏其分泌功能，以达到根治的目的。但的确有一些案例不能取得良好的效果，有复发的可能性。

另外，人体大汗腺的功能受性腺的影响，一般在青春期激素水平高时，大汗腺分泌汗液的活动也活跃，腋臭的轻重情况在青春期也会表现突出，而到了老年则会自行减弱或自愈。

相信了解了腋臭的形成原因后，只要我们保持乐观的心态，不自卑，就能避免因精神压力过大影响内分泌而加重腋臭的发生。另外，面对市场上众多的外用抑菌除汗产品，未免会有选择困惑，可以及时向专业医生咨询，并遵医嘱选择适合自己的产品。最后，要不要做手术，需要到医院做相关检查，听取医生建议后再做决定。

Q 女生怎么也会有浓密的汗毛，太难看了，怎么办？

困惑解答老师：王艺

青春期身体发育，其中一个表现就是长出腋下和阴部的毛发，不论男生女生，相应的，身体各部分的体毛也会比以前浓密、粗壮。通常情况下，女性体毛表现不是特别明显，容易被忽略。

一个人的汗毛是浓密还是稀疏，首先取决于遗传因素。你观察一下你的父母，他俩当中是否有谁毛发非常浓密，如果有，那你毛发浓密的可能性就比较大。第二个影响毛发浓密程度的因素是体内激素水平，雄激素含量偏高就有可能导致汗毛浓密，这也是为什么一般男性的汗毛要比女性的多且粗长的原因。如果汗毛过分浓密、粗壮，遍布全身，表现明显病态，并且伴随身体其他器官的症状，可能是某种疾病导致的，需要去医院检查，由医生来处理。如果你严重到那样的程度，估计你的父母早就警觉，带你去看医生了，不会拖延到现在，你应该就是胳膊、腿上的汗毛比其他的女生相对明显一些而已。

青春期的时候，不论男生女生，体内激素水平都会出现剧烈变化，有时候在体内并不是一个特别合理的比例，就有可能表现在汗毛的生长上，当雄激素水平相对比较高的时候，就会有汗毛的“野蛮”生长。随着身体发育的进行，体内激素水平逐渐趋于稳定，汗毛生长态势也会随之变化。另外，良好、有规律的睡眠，积极乐观的态度，适当的运动，都有利于保持健康，保持平衡的激素比例。

我理解你现在有些尴尬的心理，先不要着急，等身体发育成熟以后，情况会有所缓解的。如果到那时候，你还是认为自己体毛浓密，不能接受，也有很多临时的或永久的脱毛方式可以选择，只是一定要去正规的美容医院使用正规的产品和手段。如果现在就要采取些方法脱毛，建议使用临时性手段，避免伤害皮肤和毛囊。

体毛即使浓密一些，也是完全不影响生活的，并且大多数人根本不会注意到别人身上的体毛这么细节的问题。是不是你自己每天看汗毛有多长、有多粗，搞得自己特别焦虑？那你焦虑的是什么呢？肯定不是担心影响健康，而是担心美观问题。人人都是爱美的，但美丑是没有确定标准的，毛发重的羡慕毛发轻的皮肤光滑，毛发轻的还羡慕毛发重的浓密的眉毛和头发呢。美丑更加不是判断个人价值的标准，学识、眼界、能力、经验，日子久了，这些绝对能增加你的魅力，老话说“腹有诗书气自华”绝对有道理。

把眼光、注意力放到自身价值和内在能力的成长和提高上，当你的自信来自内心而不仅仅是外表时，你会发现，你早就不介意，甚至已经忘记体毛的事情了。

Q 乳房发育期胀痛是怎么回事？

困惑解答老师：蔡云枝

乳房发育是女孩子进入青春期后一个正常的生理变化。女性的乳房一般从 10 ~ 11 岁开始发育，到 17 岁左右发育成熟。此时在乳头、乳晕下方可触及比较硬的块状物，犹如花生米至蚕豆大小，触之有轻度的疼痛。随着年龄增长，乳房渐渐长大，质地也会慢慢变软。在此发育过程中，女孩乳房都会有轻度胀痛感，这种胀痛一般都可以接受，至月经初潮后此种胀痛会逐渐缓解。不过，如果遭遇比较大的撞击，就会非常疼痛。这样的疼痛，可以看作是一种保护机制，提醒你好好保护还未完全发育好的乳房。

在尚未建立完整的周期性月经之前，月经来潮前，乳房仍会出现轻微胀痛。月经周期建立后，这种胀痛一般会自然消失。这种在乳房发育过程中出现的乳房胀痛，是属于生理性乳房胀痛，无须恐惧，也无须治疗，绝大部分女孩在乳房发育过程中都会出现此类情况。还有一种情况是，部分女孩进入青春期后期，建立了正常月经周期，在月经前期会出现轻微的乳房胀痛，有些女性到成年或生育以后，仍然有这样的现象，这仍属于正常的生理现象。

每个人月经前分泌的雌激素和孕激素的多少是不一样的，诱发出乳房胀痛的程度也会有轻重之分，个人耐受感也存在差异。如感到胀痛感越来越重，超出了自己的承受范围，影响到学习与生活，建议不要强忍，应主动向父母求助，到医院的乳腺专科门诊进行检查，找出胀痛的原因，辨别是生理性胀痛还是病理性胀痛，消除乳房健康的隐患。

乳房是我们身体重要的组成部分，乳房的健康不仅关系到外形的美观，而且与人体健康息息相关。在日常生活中要爱护好乳房和关注乳房的健康，定期做一次乳房的自我检查，可以通过以下三个步骤进行：

1. 观：观察双乳的外观。面对镜子，查看两边乳房的大小、颜色是否对称，乳头的位置是否在同一水平线上。

2. 触：平躺，脱去衣服，将手臂高举，放在头部两侧。左手放在头后侧，用右手去检查左边乳房。以乳头为中心，右手手掌以画圈的方式从一个方向慢慢逐步按压整个乳房，再对腋窝进行按压查看，检查是否有明显的硬块，右边的乳房以同样的方式进行检查即可。

3. 挤：用拇指和食指去挤压自己的乳头，看看是否有液体溢出。

一般来说，自检最佳时间是每个月月经干净后的 3 ~ 5 天，一月一次检查。如果发现有异常硬块、非哺乳期乳头有溢液、腋窝淋巴结肿大和上肢水肿，要马上告知父母，到医院做进一步检查。

在乳房胀痛期护理注意事项：

1. 选择穿尺寸合适的内衣，也可以选择不穿内衣，以自己舒适为原则。在选择内衣时，可选择购买纯棉无钢圈的内衣，不仅舒适，还可以让乳房得到承托，从而保障乳房的血液畅通。

2. 适当做些按摩。每天洗澡或者睡觉前可以按摩乳房，促进乳房的血液循环，从而加强乳房弹性。多按摩乳房也可以让卵巢分泌雌激素来促进乳腺发育，让乳房发育得更好。

3. 要注意避免外伤。在运动的时候要保护好乳房，要防止乳房被撞击。另外，在乳房发育过程中，不要因为胀痛而用手去挤压或者揉捏乳房，这会对乳房造成很大的伤害。

4. 保持正确的姿势。在平时坐、走的时候都要挺胸直背，在睡觉的时候要尽量采取侧卧或者仰卧的姿势，不要长期俯卧，避免俯卧压迫到乳房，从而影响乳房的发育。

祝愿每个女孩都拥有一对健康美丽的乳房。

Q 乳房一边大一边小，正常吗？

困惑解答老师：李小燕

进入青春期后我们的身体会发生很多变化，这些变化可能会让我们感到兴奋和困惑，影响我们的情绪。有很多青春期女孩发现自己两侧的乳房一边大一边小，这种现象通常是因为两侧乳房对体内雌激素、孕激素的敏感性不一样造成的，敏感性强的一侧先发育，且生长较快，就显得较大；敏感性差的一侧发育迟缓一些，生长较慢，就显得较小。随着发育成熟，两侧乳房会逐渐趋向对称。

这种暂时性两侧乳房大小不一的现象并非少见，比如很多人两只眼睛大小不一样，也有的人两边脸大小不一样。青春期乳房的大小不一致宜耐心等待，待到青春期结束，乳房发育完成，乳房就会基本上一般大。其实，有很多女性成年后乳房大小也不一定完全一致，但是这种现象对于女性的生育、性功能、哺乳并没有影响，对身体健康也没有任何不利之处，并且两侧乳房的大小差距非常小，正常穿戴内衣之后，几乎无法察觉。

如果发现两侧乳房发育差异过大，或有红肿、疼痛等现象，要及时就医，排除乳房疾病的因素。

青春期发育过程中，适当地做运动，如扩胸、举杠铃一类的运动可健壮胸肌，促进乳房发育；适当的按摩也可起到促进发育、平衡两侧乳房的作用；建议青春期选择舒适的内衣，避免过松和过紧；睡觉时尽量不要采取俯卧姿势，减少对乳房的压迫。

青春期乳房发育，不论时间早晚还是形状和尺寸，每个人都有很大的差异。乳房发育和身体其他部位的发育一样，关键是健康，其次是功能。至于美观这件事非常主观，标准各异，我们实在没有办法迎合每个人的眼光。所以，管它是大是小，管它是圆是扁，悦纳我的乳房，悦纳我的身体，爱惜它，保护它，做独一无二的、快乐的自己。

Q 有什么办法让胸部变大？

困惑解答老师：周秋月

青春期发育是每个人都需要经历的，但不同人的个体差异包括发育的时间、速度也有所不同。有的女孩八九岁乳房就开始发育了，有的女孩到16岁或更大点的时候乳房才开始发育。这是由人们的身体素质不同决定的。

处于青春期的朋友，在同一年龄段，不同的人的胸部大小也是各不相同的。青春期的朋友，面对自己比同龄人“小”的胸部，可能会产生对身材的焦虑和困惑。针对这些问题或困惑，我谈谈自己的看法和建议。

1. 隆胸是否可行？目前市场有三类隆胸方法：假体隆胸、注射隆胸和自体脂肪移植隆胸。不论哪一种方法，都是有创、有风险的手术，各有其适应症，一定要咨询正规医院的医生获得专业的意见，不要被街边广告迷惑。另外，对于青春期的朋友，身体没有发育完成，乳房还未定型，一般是不建议隆胸的。

2. 如何正确地选择和穿戴文胸？对于选择戴文胸的朋友来说，选择一款合适的文胸是很重要的。文胸的选择可以从样式、材质、肩带、舒适度等多方面考虑。文胸不能过紧，太紧不利于胸部的血液循环，不利于胸部的发育。另外，选择的文胸材料最好是透气性好的、棉质的、不带钢圈的。文胸的肩带不宜窄于2～3厘米，也不能过短、过紧。文胸要经常换洗，保持清洁。很多品牌都有针对处于成长发育期的女生设计的文胸系列。另外，不宜长时间穿戴文胸，更不建议穿着文胸睡觉，每天穿戴时长不超过8小时为好。当然，文胸也并非必要的，有些朋友不喜欢戴文胸，我们要尊重她们的选择。

3. 养成合理健康的饮食习惯。摄入均衡的营养，荤素搭配，又不过量，保证健康，才有饱满坚挺的胸部。有些女生为了减肥过分节食，身体得不到充足的营养，发育当然也会受到影响。

4. 适量的锻炼。锻炼并没有丰胸的作用，但是通过锻炼可以强健肌肉和骨骼，可以给胸部更有力的支撑，同时可以改善体态和精神状态。

5. 理想的体态。例如走路时不要含胸，而是将胸部挺起来，同时收紧小腹和臀部；让手臂轻微弯曲，随着步伐自然摆动；肩膀放松，既不要前耸，也不要向后塌。良好的姿态会让我们的身材看起来匀称挺拔，并且提升气质。

但更重要的是，胸部不论大小，各有各的美好，健康最重要。为什么一定要追求胸大呢，还有人因为胸部过大而烦恼呢。影视剧里面的女主角都美得不像话，广告更是全方位轰炸我们的视觉、听觉，甚至味觉、嗅觉和触觉，“要美丽！”“要好身材！”简直成为女人自强、自律的代名词。这些除了带给我们美貌焦虑、身材焦虑之外，更可怕的是，定义了美貌和身材的唯一标准。你看影视剧中的女明星，美则美矣，都一个样。你那么聪明，怎么能够上这个当呢？世间的美丽千千万，好好学习武装头脑，多读书提升气质，多锻炼优雅形体，交朋友提高亲和力，何必纠结一个胸大胸小。

衷心祝愿你创造出属于自己独一无二的美。

Q 阴唇颜色变深，有人说是做爱次数多的关系，但我还是处女呀，怎么办？

困惑解答老师：沈晓静

首先应该肯定，作为青春期的孩子，能关注自己的身体情况并及时发现变化，这一点非常好，说明你细心，是为自己身体健康负责任的人。

阴唇颜色为什么会变深呢？女孩子进入青春期后，在雌激素的作用下，外阴部和大、小阴唇会增厚，出现色素沉着，外阴的色素细胞比身体其他地方要更多一些，所以外观上会比其他地方的皮肤颜色深。不过每个人因为个体差异，还会有颜色深浅的不同，年龄增长、身体状态等也会一定程度上影响颜色。总之，阴部颜色变深，是青春期发育的正常体现，这说明你长大了、成熟了，和身体长高、乳房增大一样，是女性成熟的标志之一，与是否有性生活或性生活次数完全没有关系。

其实，很多人是知道这样的知识的，但是仍然会对此十分在意，究其原因，是对“处女”的身份在意，才会被这些错误的言论引发了焦虑，你想想，你是不是这样？“处女”这一概念，以及将是否为处女跟女性的品德、价值联系在一起，都是男权社会通过对女性“性”和身体实行控制，进而达到对女性的控制的手段。将女性视为男性的“附属物”，强调男性对女性身体的“唯一占有性”，是传统思想中的糟粕。都21世纪了，一个自然美好的女孩子有权利掌控自己的生活、愉悦自己的身体、享受自己的青春。女孩子是否是“处女”，是否发生过性关系，发生过几次性关系，都和是否纯洁以及自身的价值无关。只要是建立在“自主、健康、责任”基础上的性爱，都是美好的。

总结一下：用阴唇颜色来判定做爱次数甚至是不是处女，这样的人一是不懂科学，二是将女性视为所有物，我们不必理睬这些错误的言论。在此也祝福你，能摆脱“处女情结”的困扰，关注自身健康，拥有自主美好的人生。

为什么有的人性早熟，什么是性早熟？

困惑解答老师：邓芳婷 王艺

近年来儿童性早熟发病率有所提高，大家的关注度也在提高，不知道你是看到了相关的新闻，还是身边有人有性早熟的情况？男生、女生都有性早熟的可能性，女孩 8 岁以前、男孩 9 岁以前，出现第二性征，如女孩乳房增大、阴毛腋毛生长、骨盆增宽等；男孩阴囊和睾丸增大，接着出现阴毛、精囊和前列腺的发育。有些时候，这些表现比较隐蔽，易被忽视，当女孩出现月经初潮，男孩遗精、长胡子、长喉结时，往往已经到了中后期。提醒大家注意，身高、体重的提前快速增长，也可能是性早熟的表现之一。

目前研究显示，按照发病机理和临床表现，性早熟分为中枢性性早熟（真性性早熟）、外周性性早熟（假性性早熟）和不完全性性早熟。前者具有与正常青春发育类同的下丘脑—垂体—性腺轴（HPGA）发动、成熟的程序性过程，直至生殖系统成熟，即由下丘脑提前分泌和释放促性腺激素释放激素（GnRH），激活垂体分泌促性腺激素，使性腺发育并分泌性激素，从而使内、外生殖器发育和第二性征呈现；中者是缘于各种原因引起的体内性甾体激素升高至青春期水平，故只有第二性征的早现，不具有完整的性发育程序性过程；后者主要指单纯性乳房早发育、单纯性阴毛出现、单纯性早初潮等，不伴有其他性征的发育及加速生长。

也许你觉得上边这段话有点难懂，下面说点容易懂的。目前，导致性早熟的原因仍不完全明确，一般认为有以下几种因素，你可以审视自己的生活，自我判断一下。

1. 脑垂体瘤：这个做脑 CT 检查很容易排除或确诊。

2. 饮食与营养：过多的油炸食品、含糖饮料、保健品、补药导致肥胖，营养过剩，容易出现性早熟。

3. 光污染：长期熬夜、睡眠不足就会减少松果体褪黑激素的分泌，进而减弱对性发育的抑制作用，导致青春期发育较早开始，甚至性早熟。

4. 家庭环境：如果孩子的生长环境中家庭关系不和谐，缺乏关爱，就容易导致孩子出现心理问题，可能会对孩子的神经、内分泌系统产生一定的影响。不过关于这一点，目前科学界并没有定论。

在大多数情况下，出现性早熟的孩子依然会有正常的青春期及生长发育，最终同样具有正常性能力和生育能力。不过早熟，意味着提前生长，同时会使得生长期缩短。很多性早熟的孩子早期表现为超出同龄人的身高和体重，但是大多会导致成年期的最终身高偏矮。

如果我们自己或者身边的女孩，发现了类似的症状，要及时去正规医院的儿童内分泌科或生长发育科就医，接受适当的干预。关于性早熟影响最大的身高问题，现在已经有比较成熟的解决方案。

近些年来，真假存疑的有关性早熟病例的报道，以及网络上意见不一的有关性早熟的文章，给大家带来了压力，让大家产生了恐慌。所以我们要坚持学习，关注最新研究，同时认识到网络消息的真真假假，要科学认识性早熟，避免恐慌。

在好好学习的同时，还要注意适当运动，均衡饮食，充足睡眠，就一定会健健康康的。虽说现在学习压力大，但也要尽量平衡。

第三节 月经

女性的卵巢和子宫发育成熟时，子宫内膜受到荷尔蒙及黄体素等的影响而脱落引起的出血，就是月经。女生会在 10 岁至 16 岁之间来月经。女生的卵巢平均会在 21 ~ 35 天内输出一颗卵子，这个卵子会在输卵管 1/3 的地方被接住，然后通过输卵管，慢慢走入子宫。这时子宫内壁的黏膜增厚，且富有营养，时刻准备迎接受精卵的到来。如果卵子在输卵管中有精子和它结合，那么它就会在子宫内长住 9 个月，从胚胎逐渐形成胎儿。假如卵子和精子没有相遇，子宫内膜即会脱落，伴随血液经过子宫颈流往阴道，再从阴道流出体外，这就是月经的形成。通常一次月经出血量在 30 ~ 100mL。

除了“月经”这一科学、正确的说法以外，还有很多类似“大姨妈”这样的替代称呼，但是这类词汇恰恰反映了“月经”这个原本正常的生理现象被污名化了，越是这样，女性越是不敢正视月经，从而回避月经，甚至会加重对来月经的焦虑和不适的感觉，严重的还会导致女性对自己身体的不接纳、自卑等等。

月经期间超多的禁忌，大多没有科学根据，往往是认知水平超低的年代对世界的神秘主义解释、男权社会留下的陋习或以讹传讹，甚至还有别有用心的保健品的推波助澜，进而发展成为对女性的限制和歧视。有些限制看似是对女性的保护，但不要忘了，责任和权利是对等的，当你被免除某些责任的时候，也被剥夺了相应的权利。

月经期间的不适大多数时候是轻微的、可以承受的，月经期间不需要改变生活习惯，一切如常即可。真正不适合月经期做的事情，比如拔牙、做手术等，请咨询医生寻求帮助。只有极少数人有剧烈到影响生活的疼痛，这时候请去看医生，排除一些疾病。相比红糖水、热水袋和各种“补品”，安全的止痛药是最佳选择。

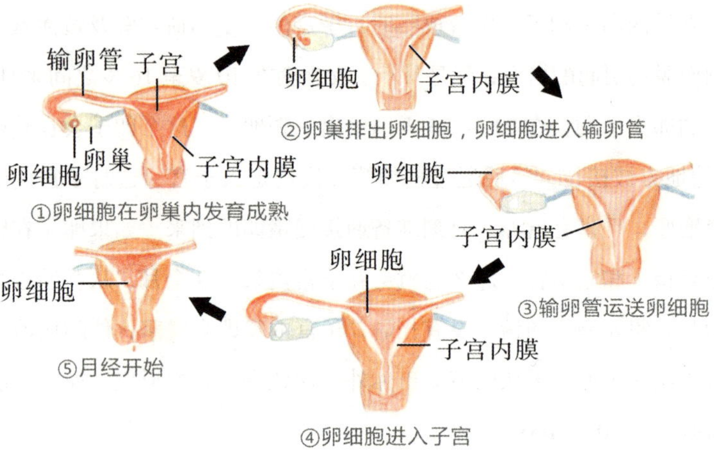

图 1-3 月经原理示意图

经血成分与血管内流淌的血液没有不同，都是健康的血液，还会伴有一些脱落的子宫内膜。“经血是脏血、废血”的说法完全没有科学依据。

月经期间激素水平波动，会带来一定的情绪起伏，但是是轻微的和可以承受的，不影响女性的正常生活和工作。夸大女性生理期的情绪变化，一方面是对女性的污名化，另一方面也不排除有一部分女性借此放纵自己或是要挟他人。

卫生巾、卫生棉条和月经杯都是女性在月经期间可以根据自身情况选择的卫生用品。

女生的第一次月经标志着身体的成熟，标志着女生从此有了孕育生命的能力，是一件值得祝贺的事情。

Q 第一次来月经把我吓坏了，怎么办？

困惑解答老师：李小燕

女性卵巢分泌的性激素作用在子宫内膜发生周期性变化，每月脱落一次，脱落的黏膜随血液经阴道排出体外，形成流血现象，这就是月经。月经是由下丘脑、垂体和卵巢三者之间的相互作用来调节的。下丘脑释放促性腺激素释放激素，使垂体分泌促卵泡生成素和促黄体生成素，然后作用在卵巢上，使卵巢分泌雌激素、孕激素作用在子宫上，使子宫内膜增厚，卵巢排出卵子，子宫内膜在激素作用下持续增厚，如果这时精卵相遇，着床即为受孕；如果没有卵子受精，增厚的子宫内膜就萎缩、脱落，形成月经，继而卵巢内新的卵泡发育，进入下一个月经周期。

少女第一次来月经称为月经初潮，初潮是女性生理发育的里程碑，也是青春期的重要标志之一，意味着你的身体已经基本发育成熟。初潮年龄出现有早晚，大概在 10 ~ 17 岁，个体差异性很大，与遗传因素、经济水平和营养状况密切相关。

正常的月经是有周期性的，一般以月经周期的第一天到下次月经周期的第一天，叫作一个月经周期；从月经来的第一天到月经结束称为行经期；月经结束到下次月经来之前是月经的间隔期。月经周期和行经期时间长短因人而异，月经周期一般是 21 ~ 35 天，平均 28 天为一个周期；行经期一般是 2 ~ 7 天，多数是 3 ~ 5 天。但也有一些人会有比较特殊的生理现象。在月经刚来的一两年内，月经周期和行经期不规律是比较正常的。随着卵巢功能的不断完善，月经周期和行经期会逐渐变得规律。

一个女性形成正常的月经周期，就意味着生殖功能发育成熟。如果此时有性行为，有精子进入阴道和子宫，就有可能怀孕。所以你要继续学习有关月经、排卵、性行为、避孕等基本知识，保护自己，做负责任的人。

你在初次月经时觉得害怕，也许还会有生理和心理上的困扰，是不是关于女性的生殖结构和生理发育等知识都不太清楚啊？是不是以为自己生了大病？有没有经血弄到裤子上，让你觉得很尴尬？这是你身边父母和老师的失职，他们应该在青春期前向你讲解有关月经的常识。你主动来问，主动学习，是非常好的事情。现在，你是不是不再害怕了？

还要提醒你，月经期间为了避免生殖器官受到细菌感染，要保持清洁，每天用温水及时清洗，但不要坐浴或者盆浴，最好选择淋浴，要在正规的商店和平台购买并正确使用合格的卫生巾、卫生棉条等卫生用品。如果不知道如何处理，可以向信任的长辈、老师寻求帮助，还可以上网查询。卫生巾等卫生用品要经常更换，根据种类不同，更换时间在 2 ~ 12 小时不等，每次换卫生用品前一定要记得洗手。

月经是自然的身体现象，是有能力孕育生命的标志，正确地认识它、接纳它、对待它，你应该为来月经而感到高兴，以身为女性而自豪。

可以用卫生棉条或月经杯代替卫生巾吗？

困惑解答老师：马晓琳

卫生巾是女孩子来月经后领到的第一件“新手装”，它的使用方法很容易掌握，购买便捷，可供选择的种类众多。但它有一个最大的缺点，就是在使用过程中经常让人感觉潮湿、闷热，令人不适。从月经初潮到绝经的这几十年里，经期要占据女性生命大约 1/4 的时间，我们当然希望使用的经期卫生用品能够更加舒适一些。

卫生棉条和月经杯就像升级后才能用的高级装备，它们避免了卫生巾闷热、潮湿的问题，使用更加舒适。但它们是放置到阴道内使用的，因此需要经过一些练习才能掌握使用方法。

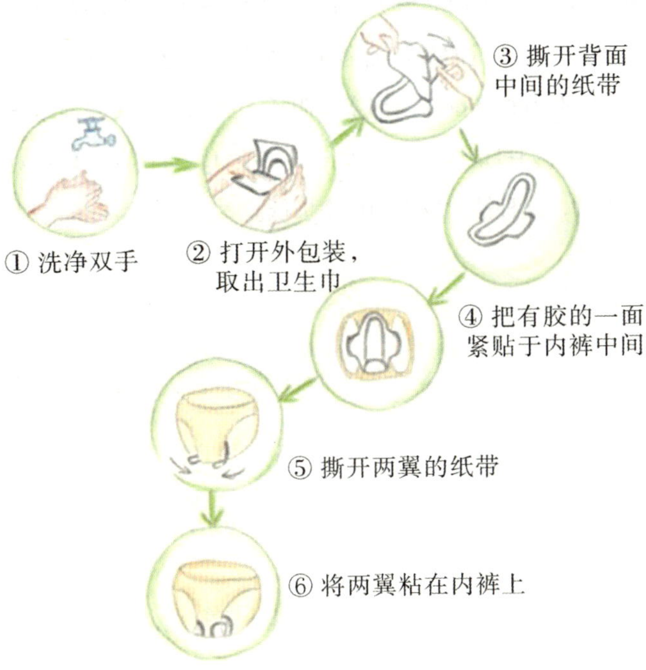

图 1-4 卫生巾的使用方法

卫生棉条分为三种：指推式、短导管式、长导管式，这三种使用难度逐渐降低。使用前，先洗净双手，撕开包装，拿出棉条，指推式需要戴上指套，短导管式须将内导管拉出，长导管式直接使用；选择舒服的体位，蹲、坐或站立，抬起一条腿或双腿微分开都是可以的；将棉条对准阴道口，以向上倾斜 45° 的方向缓缓推入：指推式用拇指和中指轻捏住棉条，食指向内轻推，直至进入到食指根部；短导管式和长导管式用拇指和中指轻捏住导管手把处，将导管插入阴道至手指碰触到阴道口，然后食指向内轻推导管到导管推不动为止。不论哪种形式的棉条均有一条棉线拉绳，要确保拉绳端留在阴道外，用于将棉条拉出。如果推入棉条之后有异物感，先给自己一两分钟适应一下，如果仍然感觉有异物感，说明推入深度不够，将棉条拉出，换一根棉条确保推入足够深度。根据月经血流量不同，卫生用品的更换时间不同。量大的时候有人每隔 2 ~ 3 小时就需要换，量小的时候可能隔 4 ~ 6 小时才更换一次，最长不超过 8 小时。如果不小心将拉绳全部塞入阴道，或塞入了多根棉条导致无法取出，需去医院妇科请医生帮忙取出，切不可自行操作，以免对身体造成伤害。不过，这种情况发生的概率极低。

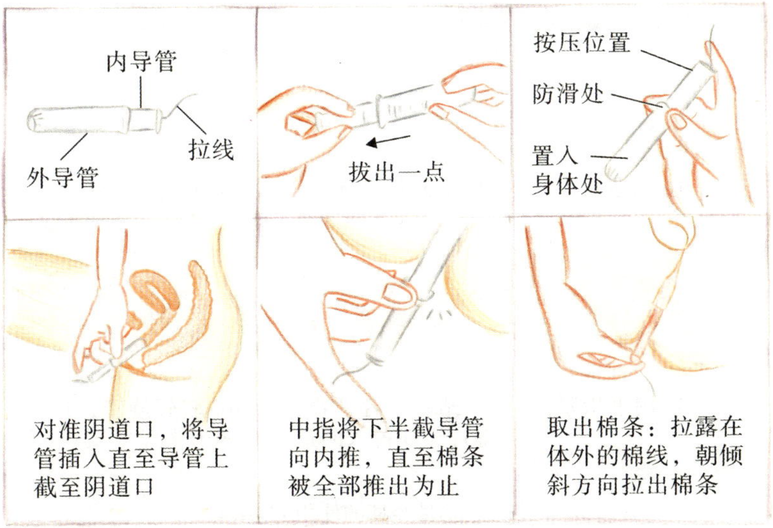

图 1-5　卫生棉条的使用方法

至于月经杯，使用起来有一定的难度，它体积比棉条要大上不少，如果你年龄还比较小，身体发育不够成熟，月经杯用起来可能也会不太舒服，我们通常建议先熟练掌握棉条的使用再尝试月经杯。使用月经杯时，首先把外阴、双手和月经杯清洗干净，将月经杯捏扁，以某种你觉得舒服的形状折叠，一只手轻轻打开双侧大阴唇，然后另外一只手轻轻把月经杯置入阴道，直至没有异物感的合适深度，将手松开，月经杯会自然张开贴合阴道，确保经血不会外流。月经杯的下端有一个“小尾巴”，可以修剪到适合自己的长度，要确保其有一定长度露在阴道外，用于拉出月经杯。月经杯的使用时间可以长达 12 小时，每次将月经杯取出时要小心，不要将杯内的经血洒出，以免弄脏衣物。每次月经期开始时第一次使用月经杯和月经期结束后不再使用月经杯，都要将月经杯清洗干净再消毒，在月经期之间，每次取出月经杯之后用温水冲洗干净即可。

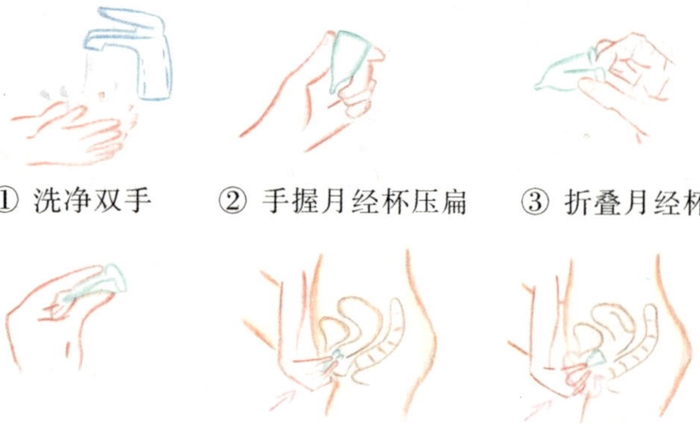

① 洗净双手　② 手握月经杯压扁　③ 折叠月经杯

④ 用手指紧握　⑤ 站着或者坐着，将月经杯置入阴道　⑥ 轻轻旋转，让杯子张开

图 1-6 月经杯的使用方法

除了舒适度，我们还可以从便捷度、卫生、健康、价格，甚至环保等不同的角度来做比较，但不管是卫生巾、卫生棉条还是月经杯，都是成熟、安全的经期用品，选择最适合自己的就好。

可惜事情并没有这么简单，否则我们就会问卫生棉条或者月经杯“好用吗”，而不是“可以用吗”——有什么不可以的呢？因为它背后的问题其实是，使用卫生棉条或者月经杯会损伤“处女膜”吗？

“处女膜”真正的名称应该叫作“阴道瓣”，它是阴道发育的残留组织，不是一层封闭的薄膜，而是近似环形，中间有开口可以让经血流出，还有一定的弹性，而棉条的体积很小，可以从中通过，正常情况下使用并不会造成阴道瓣损伤。

那既然棉条不会损伤阴道瓣，是不是就可以放心使用了？我想你还是会有点犹豫，因为我们仍然没有解决你真正的顾虑。真正的顾虑到底是什么呢？再进一步想一想，我们到底为什么要担心损伤阴道瓣？

阴道瓣一直以来都被强加了一个用来判断女性性经历的作用，也就是所谓的“处女膜”。这个判断并不可靠。随着身体的发育，阴道瓣会逐渐变薄、变脆，可能在你根本没有意识到的时候，它已经悄悄地消退了，只留下一点存在过的痕迹，但很多人不知道这一点。

这种想法背后还隐藏着一个更加难以动摇的观念：仍然有很多人把性经历，把是否“纯洁”，当成评判女性价值的标准。而这正是我们真正的顾虑：别人会怎么评判我？别人会不会因为我用棉条、因为我的阴道瓣有所损伤，就否定我的价值？这背后的逻辑，其实是男权社会对女性身体“占有”的“宣誓”，强调“处女”不过是在强调“唯一”的“占有”。我们认可这样的逻辑吗？我们要不要接受被这样的逻辑套住？

无论我们怎样告诉别人棉条不会损伤阴道瓣，解释阴道瓣不能证明女性有没有性生活，告诉他们女性的价值不由她的性经历决定，一定存在那么一些人，固执地要用挑剔的目光评判女性。这种评判，不管用不用棉条，你可能都要面对；这种评判，可能出现在你一生的各个时期，在你青春期的时候，在你长大以后；在你交第一个男朋友的时候，在你尝试走进婚姻的时候。你可能会发现有些人会追究你的性经历，从而评判你的价值，而你很可能完全没办法说服他们。你能不能认识到，他们所谓的评判，其实并没有把你当作一个需要尊重的、独立的个体，而是把你当成了珍奇的或会打折的、能拥有的或不能拥有的商品？你会把别人的评判看得很重要吗，还是能够坚持地认定自己的价值？你能不能够保护自己不被这些评判所伤害？

好在这样的人也不是全部。一定也存在另外一些人，坚定地相信女性的价值不由她的性经历决定，尊重每一个人的自由。你也可以选择成为哪一种人。等你想明白这最后几个问题，你也就知道了要如何回答自己提出的这个问题。

Q 能根据经血的颜色和气味来判断身体是否健康吗？

困惑解答老师：杨丽丽

我先来说经血的颜色。月经主要是脱落的子宫内膜，子宫内膜里有螺旋小动脉和小静脉，所以月经是动脉血和静脉血的混合物，其中动脉血占 75% 左右，这样看起来月经并不应该是鲜红色，而是微微发暗的颜色。

如果月经产生后没有及时流出来，就会积聚在宫腔里，然后渐渐地凝固成血块，就是我们看到的黑色经血。易出现这种情况的人群：1. 久坐者，所以经期适量的运动是必要的；2. 子宫内膜位置异常者，子宫内膜位置异常也会导致月经在宫腔里积聚时间较长，形成黑色血块；3. 月经量大者，正常情况下一次月经总出血量是 20 ~ 60mL，如果出血量大于 80mL，我们就会认为月经量过多，这时候要注意患贫血的风险。本人从月经初潮起，月经量一直相对于周围人来说要偏多，上中学的时候还常弄脏裤子，几乎每次来月经都有少量的黑色血块出现，并伴有轻微贫血的症状，也曾做过大量的检查，都没有问题。也有人的月经量偏少。关于经血量的多少存在个体差异，我们对这一点要有所认识。

医生提示：一些妇科炎症（如子宫内膜炎）也会导致月经增多，但通常会有其他的症状，比如腹痛、有异味、白带异常等。

下面我来说说经血的气味，正常的经血会有血腥味，并非有其他的气味。我们要注意个人卫生，每日用温水清洗外阴，经期也不例外。如果月经伴有其他的气味，要考虑是否有阴道炎症。这种情况在月经结束 3 天以后可以去医院检查。

仅根据月经的颜色和气味来判断健康与否是不科学的，如果出现其他症状，要尽快就医。妇科疾病和感冒没有区别，每个人都可能有。得了妇科疾病也不能说明你有个人问题，不要介意别人的眼光。

痛经怎么办？

困惑解答老师：王艺

月经是女性生理发育成熟的象征，是一个正常的生理过程，有月经意味着拥有了孕育生命的能力，是件值得骄傲的事情。但不可否认的是，月经也伴随着一些烦恼，其中之一就是痛经。

痛经是常见的妇科症状之一，指行经前、后或月经期出现下腹部疼痛、坠胀，伴有腰酸或其他不适，症状严重会影响生活质量。痛经分为原发性痛经和继发性痛经两类。

其中原发性痛经指生殖器官无器质性病变的痛经，青春期女孩的痛经大多是这一种，通常在初潮后 1 ~ 2 年内发生，一般在月经第 1 天疼痛最明显，持续 2 ~ 3 天后就会缓解。随着身体逐渐发育成熟，痛经也会逐渐减轻。

继发性痛经指由盆腔器质性疾病引起的痛经，如子宫内膜异位症、子宫腺肌病、盆腔炎、宫颈管狭窄、卵巢囊肿等等。这种痛经通常比较严重，影响日常生活和学习、工作，甚至可能影响生育能力和身体健康，需要看医生，听从医生的建议进行治疗。

不知道是不是很多人告诉过你经期不能吃凉的、不能吃辣的、不能喝酒、不能跑步等等，搞得你缩手缩脚、紧张兮兮的。其实这样的紧张反而会加重痛经。痛经加重，就越发紧张，接着越发感到疼痛，形成恶性循环。其实，在排除病理性痛经之后，健康女性的生理期不适通常是轻微的，是可以承受的。那些为了减轻痛经、保养身体的种种限制和方法，要么是老旧的认知，要么是过去生活条件不好留下的权宜之计，更多的是名为关爱实为限制，时间久了，女性就成为每个月都有几天不能正常工作，甚至生活不能自理的弱者。

月经期激素水平变化比较剧烈，除了身体不适以外，还会一定程度地影响情绪。有人对此大做文章，将经期女性描绘成或暴躁、或忧郁的神经质人群，甚至借此贬低女性的智商。有些女性将月经当作逃避体育课、扫除、加班的借口，甚至将其拿来给自己的失误当挡箭牌。女性就这样成为每个月都有几天体力不行、精神不行，甚至智商也不行的弱者。

事情不是这样的！我们拒绝对月经的污名，对女性的贬低，也拒绝自我内化的弱者。

月经期真正需要注意的是：保持外阴部清洁，每天用干净的温水清洗，每隔 2 ~ 4 小时更换一次卫生用品；适当地运动，我没说错，适当运动可以保持经血顺利通畅地流出，可以大大避免经血淤积在子宫内带来的疼痛；适度地保暖，不是捂出汗的那种，自我感觉温暖即可；保持营养均衡，正常饮食；调节心情，看淡月经期的身体不适，如常学习和工作。以上，是缓解经期不适的最佳方法，并且坚持这样的态度和方式，痛经会越来越轻。

有时候，受身体状态、情绪等影响，痛经程度会有变化。如果偶尔痛经加重，一粒安全的非处方止痛药是最佳选择，还可以适当地配合生姜红糖水、腹部按摩、局部热敷等方法。

伴随月经初潮，女孩的身体走向成熟，让我们以积极的心态对待月经期身体的各种感受，把月经期的烦恼变成女性的骄傲！

Q 月经期那么多的注意事项，让我觉得很烦，怎么办？

困惑解答老师：周雪芬 王艺

月经是一种女性特有的生理现象，是一件值得骄傲的事，因为这意味着女性拥有了孕育生命的能力。当然月经期有些注意事项，你也许被好多人告知过好多次，“要”这样，“不要”那样，的确让人很烦。不如我们一起看看都有哪些注意事项，都是什么原因，都怎么解决吧。

下面挑选一些最常见的月经“麻烦事”分析一下。

经期可不可以洗澡？可以，但推荐洗淋浴，不要洗盆浴。因为在经期，女性的阴部充血，阴道与宫颈口呈现半开放状态，盆浴时的泡澡水通常是不流动的，泡澡水也不干净，进入阴道后不可避免地增加阴道感染风险，同时也增加了阴道菌群逆行进入宫颈、子宫的可能，也增加了感染风险。同样，月经期也可以洗头。不管洗澡还是洗头，和平常一样注意保暖，预防感冒就可以了。

经期能不能做运动呢？2016 年，我国游泳健将傅园慧在里约奥运会女子 400 米混合泳接力赛失利后，直言因为“来例假，身体乏力”，众人惊呼：经期也能游泳？是的，经期可以游泳，使用卫生棉条就可以了，但经期游泳要注意水体的清洁，不然会有感染的风险。所以，经期是可以运动的，做适度的运动，和平时锻炼程度大小相近的运动都是可以的，不要做剧烈的运动就可以了，也不要突然加大运动的力度。经期也不要久坐不动，久坐不动会影响经血的正常流出。但严重痛经、月经量过大、阴道不规则出血的女性是不建议运动的，不是说会有什么严重的后果，只是这个时候，运动可能会让本来存在的情况更加严重罢了。

有很多流传的月经期饮食禁忌，比如芒果、冷饮、海鲜、辣椒等等。从科学上说，平时能吃的东西，对月经本身都没有任何影响，但每个人经期的身体反应不一样，能不能吃只有自己才知道。如果平时就不习惯的东西，经期就不要再拿来折磨自己了。如果吃了也没有不舒服，也不需要特意委屈自己。

大多数女性月经期间的身体不适是轻微的、可以承受的，所以月经期间不需要改变生活习惯，一切如常即可。只有极少数女性来月经的时候会有剧烈到影响生活的疼痛，这时候请去看医生，排除一些疾病。相比各种红糖水、各种“补品”，多喝热水、选择安全的止痛药是最佳的选择，也是有效的选择。止痛药总会让人立刻想到“依赖”“成瘾”这样可怕的词，但是现在的止痛药与“鸦片”的作用机制是完全不同的，就从普通的止痛药是非处方药，可以在药店直接购买这一点来看，就能看出来其安全性了。反而是号称有各种“保健”功能的奇奇怪怪的东西，大多是以挣钱为唯一目的的商家“制造”出来的，好吃已经是唯一的优点，无害是可以接受的选项，无用是正常的，“有用”反而比较可怕。乱七八糟的添加，甚至添加违规药物，成为这类“保健品”的常态。月经作为一种女性正常的生理现象，不是生病，不需要特意保养。

倒是有些所谓的保养、保护措施，虽然打着关心女性的旗号，但就像女性专用停车位一样，其背后逻辑是女性之“弱”。不要忘了，责任和权利是对等的，当你被免除某些责任的时候，也被剥夺了相应的权利。

月经期可以有性生活。月经期阴道处于开放状态，容易被感染，但注意，不是“必然”被感染。如果双方都没有性传播疾病，没有感染源，当然就不存在感染风险。如果自身已经有妇科炎症，性生活会加重感染，造成传播。这种情况下，不论是否来月经，都是不应进行性生活的。

月经期激素水平波动较大，的确会对情绪有一定的影响，有些人借此将女性的一切情绪表达都归因于“大姨妈”而忽视她的真实感受；有些人借此直接将女性贬低为天生的“神经质人群”；还有些人因为她的“月经综合征”对女性宽容、照顾，实质却是对女性的贬低和歧视。当然，也有些女性理所当然地认为自己的坏脾气应该被接受、被原谅，甚至以此作为对男性的“考验”。这更加深了一些人对女性和月经的污名化。其实，月经期的情绪起伏是轻微的和可以承受的，只有非常小比例的女性在经期情绪变化较大，可能影响其正常生活，这时候她应该做的是去看医生。

至于月经期不能参加婚礼、看望新生儿、祭拜祖坟这样的禁忌，就完完全全是对月经的污名化，对女性的歧视，用现在的眼光看，简直可笑，不值一驳。如果有人还这样说，你提醒他一下，“大清都灭亡一百多年了”，或是干脆不要理他，也就好了。

当然，有一些注意事项是有科学根据的，比如月经期不适合拔牙、不适合做手术。这是因为月经期为了保证经血的顺利流出，身体会自动调节，降低凝血能力，这时做手术，出血风险比较大。当然，具体情况请咨询医生。

世界各国各地、各朝各代的月经禁忌多如牛毛，并且不是一成不变，而是随着时代一直在发展的，当然，这样的发展不总是进步的，这写上一本书也未必说得完。你受到了良好的教育，还有网络这样好的工具，若遇到有人告知你月经期“要”这样，“不要”那样时，多多学习，查阅最新的科学资讯，更新自己的知识体系，就会少上当，少受限，拥有自由、快乐的月经期。我们在学习过程中要注意知识的来源是否可靠，网络给了我们海量资讯，不是海量正确的资讯，要多关注医生、科研人员发布的消息，少听大爷大妈的“经验之谈”，网络上的信息要打个问号确认，路边广告直接扔进垃圾箱。另外，在诸多的“要”和“不要”中要分得清哪些是真正关爱女性的，哪些是打着关爱的旗号，实则是对女性的排斥、弱化，甚至歧视。

请记住，月经作为女性特有的生理现象，意味着孕育生命的能力，是女性的骄傲。

经血都是废血，是排出身体里的脏东西吗？

困惑解答老师：周雪芬

你已经来过月经了吗？如果来过了，恭喜你，你是大姑娘了，你已经成熟了、长大了，你准备好承担自己的人生了吗？

经血是脱落的子宫内膜与血液的混合物，其中的血液和身体血管中的血液成分是一样的。经血不是排出身体的脏东西，相反是为了孕育新生命而准备的营养物质，怎么会脏呢？

人们常因为经血的颜色深而觉得它脏，也常因为经血中伴有深色的血块而恐慌。经血是由子宫内膜里的动脉血和静脉血混合而成，静脉血因含氧低呈暗红色，所以经血的颜色也不应该是鲜红的，而是微微发暗的颜色。当血液离开人体时，就开始凝固，凝固的过程中血液的颜色会变得越来越深，就像我们擦破的皮肤伤口形成的血痂颜色也是很深的一样。经血中的血块，通常是由于月经在产生后没有及时流出来，积攒在宫腔里，渐渐凝固，颜色逐渐加深形成的。经血中还会有一些黏膜组织状的东西，那就是脱落的子宫内膜了。

当前社会流传已久的对“经血”“月经”的错误看法，不单纯是生理上的，还有在过去的社会文化中形成的许多对月经的污名。翻阅古代女性月经史，不难发现几乎每一个古老的文化都有专门针对这一正常生理现象的禁忌，比如在古印第安部落，来月经期间的女子要被关在一间黑暗的屋子里，她们每天的食物只被允许从门缝里递进去，直到月经结束。在日本，很长一段时间内都没有女寿司师傅，因为他们认为女人的月经会让味觉失衡。在以前的中国，女子月经期间被告知不能给菩萨上香等。

女性从月经初潮到绝经，经期占据了生命里超过 1/7 的时间，而在此期间，女性要无数次面对这些月经的禁忌给自己身体带来的羞耻感，也要无数次面对外界对其投来的歧视。虽然现代社会因整体认知水平的提高，这些不健康的观念已渐渐不占主流，但还没有完全消失，它还在无形中影响着我们。

不过值得庆幸的是，人们正在一步步努力破除各种月经污名。2015年伦敦马拉松比赛上，26 岁的英国女孩基兰·甘地在赛跑中未用卫生棉条，任由经血流淌，她声称此举是为了破除对女性的压迫与歧视。2016年里约奥运会，傅园慧在赛后接受采访时自然地对着镜头说出“我来例假了”，轻松地打破了人们觉得公开谈论月经不妥的偏见。

希望有一天，无论男女，所有人都能认识到月经是正常的生理现象，没有任何不洁、不祥与羞耻的地方，经血也不脏。

Q 月经期间总是莫名其妙地想发脾气，怎么办？

困惑解答老师：王艺

月经期体内激素水平变化较大，的确会给身体带来一些影响，通常表现为下腹胀痛、腰部酸痛、乳房胀痛、疲乏等；还有一些表现在情绪上：烦躁、愁闷、抑郁、多疑、为鸡毛蒜皮的小事与人争吵等。绝大多数情况下，这些不适和不快都是轻微的，在可以自我承受和调节的范围内，只有极少数人需要医学干预和治疗。

你回想一下自己经期想发脾气时候的情景，是真的莫名其妙，还是有导火索的？真正莫名其妙的事情是很少的，我们找找原因吧。

是不是有点痛经？比如下腹坠痛、腰部酸痛、乳房胀痛等等。身体不舒服，心情就自然不太好。给自己弄点好吃的，适当吃点甜食，注意保暖，适当运动下，散步、慢跑都有助于经血迅速排出，缓解疼痛。甜食、运动都会促使大脑释放多巴胺，这可是被称为“快乐激素”的物质哦。

感受下卫生巾有没有不舒服，要选择合适的材质，避免引起过敏；要选择合适的型号，避免经血流出；要经常更换，避免因卫生巾吸收量过大而潮湿不堪；考虑将卫生巾换成卫生棉条，不潮湿、不闷热、不影响运动、更换间隔时间长，让人有非常舒适的体验。

家中或是学校里是不是有人重男轻女？重男轻女不需要明目张胆地说“男生就是比女生强”，隐性的重男轻女无处不在。“女司机就是笨”“男生大大咧咧的，不像女生心眼儿小”“出差不愿意带女的，事多”，这些话语都是在自觉或不自觉地贬低女性，矮化、弱化女性。女性听得多了，心里也会部分接受女性就是“弱”“需要照顾”这样的观点，但是心中另一部分却又不服气。这样的心态下，对女性特有的生理现象——月经，就很难有正面的评价。

月经总是被“倒霉”“来事儿”这样的负面词汇代替；妈妈会充满

关心地说“一定要……”“千万别……”；闺蜜会带点小神秘地说“最好……”“可不能……”；男生会嫌弃地说女生月经时候“又要……”“又不要……”。这些都是限制、歧视、排挤。每个月都与这些东西作战，谁会快乐呢？很多女生自己都说，当女生挺好的，只要没有月经。

是不是一直以来就有人在你耳边说“月经期会脾气不好”？如此，久而久之，自己也认为月经期发个脾气是正常的。也许，某次发脾气因为是在月经期，所以迅速就得到了谅解和忍让，发脾气便成为经期“福利”。再或许，平常日子的情绪波动也会被人问上一句“来月经了吧”，从而忽视你情绪后边的真实想法和心情，那就不如月经期的时候狠狠发顿脾气。经期情绪波动，固然有它的生理基础，但更多的是这样的文化建构、强化。

你可以多学习下月经的科学知识，破除迷信，甩开伪科学，将种种不合理禁忌抛到脑后，从内心告诉自己：月经是正常的生理过程，不是生病；月经是女性标志性的特征之一，代表孕育生命的独特能力，是女性的骄傲。调整日常生活节奏、保证睡眠时间，加强体育锻炼，均衡营养摄入，穿舒适保暖的衣服，不让自己太热或太冷，这些方法都可以很好地改善身体状况，心情自然也随着好起来；情绪波动的时候做好自我调节和管理，比如深呼吸放松、看个段子转移下注意力、跑个步释放下要爆发的精力等等，情绪稳定、愉快，对于你的学习、人际交往都有好处，你一定会找到适合自己的舒缓情绪的方法，而不会让所谓的月经“神经质”控制你。

第四节 青春期的性冲动

性冲动，也叫性欲，指对性的欲望。性欲是一种本能欲望。性需求随青春期而来。青春期的时候，身体内的荷尔蒙激素水平逐渐提高，性机能趋于成熟，性需求日复一日，更趋强烈。如果性需求受到严重压抑，会造成一定的性焦虑。

性冲动有些时候会通过性梦、性幻想的方式表现出来；有时候会通过自慰的方式得到缓解，有些人自慰的时候会愿意配合色情片或性玩具的使用，使自己达到身心愉悦和高潮；还可以通过转移注意力、适当增加运动和睡眠等方式舒缓性压力。

性梦、性幻想和自慰都是正常的生理活动，不会对身体造成伤害，不需要焦虑。对这些生理活动可能造成身体伤害的担忧和恐惧才是造成伤害的真正原因。在这些活动中，要注意的是不要违反法律，不要侵犯他人权利，保护自己的健康和隐私。

女生也会有性冲动，这是完全正常的生理反应，完全不必为自己的性冲动而感到羞愧。

我经常梦见跟不同的人亲热，感觉自己很下贱，怎么办？

困惑解答老师：许舒婷

性梦是青春期性生理、心理发展的一种正常现象。

性梦是指在梦中与别人谈情说爱，发生与性有关的行为，或者感受到性的愉悦和快感，男生可能伴随遗精，女生可能会有阴道分泌物增多。

进入青春期，由于激素水平和生理发育等原因，对性的感知更敏锐了，无论男生、女生，有无性经验或性生活，都有可能会产生性梦。这是性冲动的一种表现形式，可以缓解性压力。性梦的对象可能是现实中的人，也可能是虚幻人物，但性梦不代表现实，与道德无关。只是因为性梦的内容恰巧与性有关，对性的羞耻感让我们常常羞于谈论这个话题，这样会让你有种只有你会产生性梦的错觉，但这其实是青春期发育的正常现象，几乎每个人都会遇到的，不是你一个人。

梦是离奇的，梦不等于现实，它不是由意识控制的，不代表人的真正意愿。例如我已经大学毕业很多年了，但我还是会时常梦见自己回到高中拼命地刷着高考题，在梦中能真切地感受到那种考试的紧张，但梦醒之后发现我并没有回到高中，梦终究是梦。而性梦也是梦的一种，所以性梦的内容可能是五花八门的，性梦的对象也可能是多种多样的，有时甚至是我们身边很亲近的人。即使是梦见跟不同的人亲热，这也不是道德伦理问题，也不是你的错。我们不必因为觉得性梦内容不堪和对象的出乎意料而感到焦虑和羞愧。你可以像对待其他梦一样，梦了就梦了，坦然地面对就可以了。

性梦对我们的消极影响通常是因为我们对性梦的消极看法，让我们觉得做性梦是不对的、不应该的，再加上传统观念认为女生在性上是被动的，女生如果对性感兴趣就是“淫荡”的表现。其实这是社会对女性的刻板印象。无论男女都会有性的欲望、情感，所以无论男生、女生，有性梦都很正常，不代表你就是“下贱”的。只要我们不强行去实现性梦中的“梦想”，不伤害别人，性梦不会影响我们身上本来就具备的美好品质。

除了坦然面对性梦，挑选舒适的内衣、保持充足的睡眠都有利于减少做梦，尤其是噩梦，有意识地做一些自己感兴趣的事情以转移注意力，适当参加体育锻炼，运动中释放的多巴胺可以帮助你释放一些心理的压力。

希望以上的回复可以帮到你！

我有时会幻想男生的身体，是不是很下贱？

困惑解答老师：郑莉

这是我们常说的性幻想，性幻想是到了青春期的正常心理现象。那你会不会问，这种心理现象为什么之前没有，到了青春期就出现了呢?

我们的身体到了青春期，不仅会快速增重、长个儿、出现第二特征，身体内部还会发生一系列变化，其中就包括卵巢发育导致的激素分泌水平的提高。青春期前，身体会分泌少量的性激素，到了青春期，身体开始分泌大量性激素，促使第二性征的出现，比如女孩出现月经，男孩出现遗精。这些特征标志着我们的生理发育逐渐成熟。

身体发育的逐渐成熟，自然而然会带来性冲动，青春期出现对异性的性幻想就是其中之一。这是我们身体成熟的标志，不是不道德，更不是“下贱”。之所以你会说“下贱”这个词，我想是我们对“性”的错误认知导致的，认为“性”是一件羞耻的事。但是认真想想就知道，“性”创造了伟大的生命，如果说“性”是羞耻的，那我们每一个人都是羞耻的结果。

性幻想是我们缓解性冲动和性压力的一种方式。性幻想的内容也各种各样，甚至会出现些现实层面不可能发生，或不被社会所接受的幻想，但这些都是“想法”而已，只要不产生实际行为，就是你个人的事，不会对别人产生影响和伤害，也无关好坏。不要被自己的幻想吓到。

性幻想和你所有的幻想一样，不能用“对”或“不对”来定义。当我们幻想有一天，梦想实现，一定是满满的成就感。它可以让我们看清目标，脚踏实地地去努力；也可以让我们沉沦其中，浪费青春。性幻想也一样，如果我们认清它并接纳它，它会让我们暂时感到愉悦、满足；如果我们害怕它、咒骂它，它便会打击并阻碍我们前行。

所以，性幻想一点都不“下贱”，它是我们每个人都会出现的心理现象，当我们认清它和所有幻想一样时，就可以和它携手同行了。

我有时候会自慰，丢人吗？

困惑解答老师：王晓斌

自慰并不丢人，自慰是正常的行为。

自慰是一种缓解性欲的自体性行为。有的人会自慰，有的人一生都不会自慰，不管男性还是女性，不管自慰或者不自慰，都是正常的，我们应该尊重每个人自慰与不自慰的选择，既不鄙夷有自慰行为的人，也不取笑没有自慰行为的人。

自慰可能发生在生命周期中的任何年龄段，在婴儿阶段，就有男婴抚弄阴茎，女婴摩擦外阴的自慰现象，还有学者用B超观察，发现女性胎儿在子宫里蜷缩成一团，用手指触摸外阴，主要是集中在抚摸阴蒂的区域，这一活动持续了30～40秒，过了一段时间又再次开始，并伴随着骨盆和双腿的活动。所以，孩子可能在娘胎里就开始自慰了。

女性自慰大都是用手指肚轻揉、按摩阴蒂，随着性兴奋感的提升，阴道会出现湿滑的分泌物，到达高潮时，通常会感到全身肌肉紧张，然后放松，达到性满足。用夹腿、被角摩擦或其他工具辅助，也可以达到一样的效果。自慰是对身体的自我探索，是释放性冲动、缓解性压力的办法，可以获得舒服和满足的体验，但是我们要注意以下几点：

首先，自慰要注意保护隐私，网络时代尤其要注意这一点。自慰是只有自己参与的，不涉及他人的自体性行为，所以自慰要选择在不会随意被人窥视的安全环境里独处，保护自己的隐私。不要在公共场所自慰，否则会构成对别人的骚扰。当别人想在你面前自慰而你不愿意看时，可以拒绝并走开。自慰属于个人隐私，所以在保护自己隐私的同时，要尊重他人的隐私，不能随意打探他人的自慰情况。

其次，自慰要注意清洁。由于女性的阴道容易感染细菌，在自慰前，要把手洗干净，避免手上带有的细菌感染了生殖器官。自慰前，可以准备些干净的纸巾或毛巾，以便在自慰后及时将阴道分泌物擦拭干净，如果沾到内裤和床单被套上，要及时清洗，并将内裤和床单被套在通风处和阳光下晾晒。自慰后，要及时清洗生殖器官和双手，保持清洁。

再次，自慰要注意不伤害自己。自慰时，不要将不干净或不安全的物品放入阴道，也要避免暴力地撞击生殖器官，以免对身体造成伤害。洗干净了的双手是自慰时最安全和健康的工具，但是也要小心过长的指甲成为“利器”。只要采取健康且安全的自慰方式，自慰并不会对身体造成伤害。

自慰之所以“不丢人”，是因为自慰与道德无关。自慰或不自慰都是个人的选择。那些“女孩不应该关注性”“不应该追求性”“不应该喜欢性”的观点都是错误的，都是基于不平等的性别偏见而带来的双重道德标准。如果女性被这样的偏见所束缚而无法悦纳自慰，那么女性对性的探索、追求和热爱将不如男性，性高潮和性的愉悦将会比男性更少。然而，在性治疗中，针对女性唤起障碍和性高潮障碍都鼓励用自慰的方法解决，因为自慰可以帮助女性更了解自己的身体和感受，更好地获得性愉悦，帮助她们在未来与伴侣的性关系中更好地投入和享受性爱。几年前曾有一份调查数据显示，75% 的男性自慰，60% 的女性自慰，而随着女性对性的认识逐渐科学和坦然，女性自慰的人数也随之增加。

女孩自慰，一点也不丢人，要坦然对待自慰，悦纳自慰，安全自慰。

第五节 性生活、避孕、怀孕与生产、流产

青春期的女生身体逐渐发育成熟，应该说就具备了性能力，会产生性冲动，也具有了受孕的能力。

性生活、避孕、怀孕与生产、流产这一系列事情的相关知识，女生是应该了解的，这不是鼓励你们进行性生活，而是要学习保护自己的身体健康，不伤害他人，承担自己该负的责任。我们要认识到，性生活不仅是一种生理活动，更是一个附有巨大责任和后续问题的事情。性生活方式不当会带来身体伤害，不做防护、不注意卫生可能导致疾病，性生活可能导致怀孕，怀孕之后不论是流产还是将孩子生养下来，都是一件可能损害身体、让自己承受巨大压力和责任的事情。

如果出现了感染疾病、意外怀孕等事情，也不要惊慌，寻求家长或其他可以信赖的成年人的帮助，去正规的医院检查，听从医生的建议，尽量将伤害降到最低，不要让负面影响长远地干扰我们的生活。

Q 女生第一次性生活一定会流血和疼痛吗？

困惑解答老师：陈岚

我们先来了解一下性生活中的出血和疼痛来自哪里吧。

第一次性生活流血的主要原因是由于性交时阴茎插入阴道，将阴道瓣（俗称处女膜）顶破，形成裂口，并造成出血。一般情况下出血的量都不会很多，只是裂口处会流一点，很快就会止血，除非出血量过大或出血不止，否则不需要额外的止血处理。有人阴道瓣比较轻薄，血管不丰富，破损也不会出血。有些人甚至根本没有阴道瓣，在初次性生活中不会出血。还有些人在初次性生活之前，就因为剧烈运动、使用内置式卫生棉条不当、自慰用力过大，或是某些繁重的体力劳动，已经造成阴道瓣的破裂，那么在初次性生活的时候当然也不会出血了。大多数人阴道瓣流血只有一次，也有部分人第二、第三次或更多次性生活也有少量出血；还有少部分人在有过性生活之后如果长时间没有性生活，阴道瓣还会部分恢复，再一次性生活时还会有破裂出血。当然，不排除有阴道、宫颈疾病导致出血的可能性，这样的出血一般是持续的、多次的，还有可能伴随红肿、疼痛和异味等症状，需要去医院就诊。

而初次性生活疼痛的原因就是多种多样了，可能是因为初次阴道比较紧，不习惯阴茎插入；可能是因为男性插入的角度、姿势和力道不妥导致疼痛；可能是因为第一次心情紧张（双方都可能紧张）而导致的肌肉收缩甚至痉挛；还有很大可能是长辈从小就给孩子灌输第一次是很疼痛的思想，或者阅读了各种文学作品中夸张的描写导致的压力、焦虑和恐惧，于是疼痛成了一个“自我实现的预言”。你看，针对原因想办法，疼痛并不是必然的。另外，如果这些原因一直存在，性生活可能一直有疼痛。当然，不排除有一部分是生理原因，比如阴道瓣过厚、缺乏弹性或者处女膜孔封闭等，这种情况下，初次性生活的疼痛感会非常强烈，有可能性生活不能正常进行，需要去看医生。

综上，初次性生活不是必然会流血和疼痛，非初次性生活也不是必然不流血、不疼痛。之所以女性会认为第一次都会疼痛和出血，更多的原因是文化建构和性价值观带来的。一些父母为了避免孩子过早发生性行为或者自己第一次有过出血和疼痛的经历，就以此来恐吓女生不要轻易发生性行为。还有一些文学作品中有描绘性爱场景，都把第一次的场面描述得女生都会疼痛和出血，甚至以是否出血来衡量一个女生是否是处女或者是否贞节，强化“处女情结”，从而导致女性对于首次性行为产生巨大的压力。

由于传统的父权文化过度强调忠贞和第一次性行为的重要性，导致女性对第一次看得过于重要和紧张。男性占有欲和对女性的“主权宣誓”，认为女性的身体应该是男性的专属，流血和疼痛仿佛就成了“检验”的标准，以此来证明“我是你的唯一”。所以一些女生在首次性行为中没有出血就会担心男朋友嫌弃自己不是处女或者认为自己有问题，或者曾经有过性行为的女生会担心男生介意而隐瞒性经历，甚至通过手术去进行处女膜修复。

这些性观念的错误认知和对性知识的缺乏就容易导致心理紧张、恐惧，从而容易导致肌肉紧张，无法放松，阴道分泌物润滑度不够，进而导致性交时疼痛感加重。一些女生就会因为对第一次的流血和疼痛产生恐惧，认为每一次都会这样，从而造成条件反射，盆底肌肉紧张，导致性生活无法进行，或者心里抗拒、排斥性生活。也有一些特殊情况，比如非意愿下被动发生性关系，或者遭遇性侵，也会导致身体紧张，疼痛感加剧。

曾经遇到过一个 40 多岁的女性，就是因为第一次太过紧张，导致阴道瓣撕裂严重引起剧烈疼痛，后来产生了心理阴影，每一次还没有开始性交就已经觉得开始疼痛了，又由于羞于启齿，不敢和伴侣沟通，无法和亲人、朋友讨论，没有求助医生或专业性治疗师，以为每一个女性的性生活都应该是疼痛的，从而错失了治疗的机会，忍受了很长时间的痛苦。

从生理层面我们要了解，阴道瓣是在胎儿 3 ~ 4 个月时发育形成，在我们青春期前，由于卵巢分泌的雌激素少，阴道黏膜薄、皱襞少、酸度低、抵抗力弱，阴道瓣具有阻拦细菌入侵阴道的作用。但青春期以后，随着卵巢的发育，体内雌激素增多，阴道抵抗力加强，阴道瓣也就失去了其生理作用和存在的意义，开始退化。

从心理层面我们要认知，我们的身体权是属于自己的，有权利选择和谁发生或者拒绝发生性关系。有没有性生活不是人品、道德、个人价值的判定标准，不要因此否定自己。而如果有男生将是否是处女等同于你的价值，你倒是要思考下，他对你的认知你是否能够接受。

第一次的性经历也只是人生中很多次里的一次，就像我们第一次走路，第一次吃饭，或者第一次考试……只是一个开始而已。

所以，首次性生活最好在考虑清楚了给自己带来的影响和需要承担的后果与责任，双方充分交流和放松，并做足准备的情况下进行。为避免疼痛和撕裂，可配合使用润滑剂，进行适当的放松按摩，之后再进行阴茎插入，就能减少疼痛的产生或者没有痛感。

性生活的经验也和其他生活经验一样需要不断学习、探索、积累和总结经验，所以无论是第一次还是每一次，都要在性爱中做到“自主、健康、责任”，且尊重自己的身体感受。

Q 我听说有人因为性生活导致大出血的，这是怎么回事？

困惑解答老师：王艺

第一句就告诉你，不要害怕。性生活导致大出血的情况的确有发生，不过非常非常少见，原因有二：一为伤，二为病，健康女性正常性生活大出血的可能性不需考虑。

外伤。女性性生活轻微出血，如果是第一次性生活，可能是阴道瓣破裂导致的出血，一般还伴随一定的疼痛；性生活中，双方没有配合好，不小心用力过猛，导致表面毛细血管破裂出血，可能会有轻微的疼痛或没有感觉，出血量很小；自慰时性用品使用不当，可能导致外伤出血；如果性用品尺寸选择不合适、用力过大或进入过深，可能造成卡顿无法取出，也可能疼痛或流血，要及时去医院就诊取出。如果出血量很大，持续很长时间，这意味着阴道、宫颈，甚至更深处的地方有很大的伤口，这种情况绝不是阴道瓣出血或是“不小心”能够解释的，可能性只有一种——暴力，严重如强奸、性虐待这样的暴力才会有的情况。

疾病。引起性生活后流血的常见疾病有阴道炎症和感染、宫颈感染、盆腔炎、宫外孕生殖系统癌症等；生育期妇女在两次月经中阴道少量出血有可能是排卵期阴道出血，不过这是正常现象；产后的阴道流血有可能是产后感染、子宫内膜炎等。上述出血的特点是，由于疾病的存在，没有性生活也有可能有出血，并且会伴随异味、红肿、疼痛等不适的感觉，可能还会有外阴部的外观改变，有性生活会使得出血现象更加严重或明显。如果达到流血不止或出血量很大的程度，往往是严重的疾病或异常，比如生殖系统癌症晚期、严重子宫肌瘤、怀孕胎盘前置等。不过一般来说，身体病到这种程度，应该早有感觉，医生早已告知禁止性生活了。所以，如果你平常很健康，没有任何不适或异常感觉，就不需要担心性生活流血的事，如果有不舒服的地方，及时就诊，遵医嘱进行干预或治疗。

这会儿你应该明白了，没有遭受严重暴力，没有严重疾病的健康女性，性生活出血的概率是很低的，也是很轻微的，不需要过分担心。但是仍有其他需要注意的事情：一是要注意平时的阴部清洁，每天用清水清洗，更换内裤，可以预防很多疾病；二是如果没有怀孕计划，性生活要求男伴使用安全套，如果对方不肯，你要坚决拒绝发生性关系；三是妇科疾病治疗领域是某些“黑医院”“黑医生”泛滥的重灾区，无病看有，小病看大，是他们的常用伎俩。如果你感到不适，一定要去正规的医院，找正规的医生，不要听信路边广告去看病，不要网络看病，切记切记！

不论遭受暴力，还是身患疾病，都不是羞耻的事情，有任何人因此嘲笑你、排挤你，是他的错，不是你的错，因为他太无知、太落伍，不要因为不好意思而不去医院，耽误治疗会造成更大的伤害。有不舒服及时看医生，才是对自己的健康和未来负责任的态度。

最后的小贴士：“大出血”是个大众概念，在医学上不会用这样的词，而会用实际出血量、占全身血液百分比等数据考量，出血速度、是否有其他疾病也是很重要的因素。笼统地说，出血量达到全身血液10% 会引起血色素明显下降，30% 会引起失血性休克。我们普通人，凭感觉，如果有持续的、超出你心理承受范围的出血量，就要及时去医院；如果已经出现面色苍白、出虚汗、心慌、口干等症状，不要犹豫，马上去医院。

HPV是怎么回事，我要去打这个疫苗吗？

困惑解答老师：周秋月

HPV是指人乳头瘤病毒，简单地讲就是一种可以感染人体的病毒，该病毒有高度的特异性，像乙肝病毒一样，也是一种DNA病毒。HPV病毒有以下三种传播途径：

1. 性传播。

2. 母婴传播：婴儿通过孕妇产道时的密切接触。

3. 间接接触：通过接触感染者的贴身衣物、生活用品、用具等。

HPV病毒类型众多，目前已知有130多种，可分为低危型和高危型，其中有14种高危型可导致宫颈癌或其他恶性肿瘤。研究发现99.7%的宫颈癌都是因感染HPV造成的，HPV也可能引发其他癌症，如阴茎癌、喉癌、肺癌和肛门癌等。而HPV16、HPV18属于高危型，是宫颈癌的主要致病因素。需要警惕的是，多数HPV感染者前期没有任何症状，潜伏很多年后才出现病症，所以疫苗的出现给人类带来福音。

HPV疫苗又称宫颈癌疫苗，顾名思义是预防宫颈癌发病的疫苗。该疫苗通过预防HPV病毒感染，进而有效预防宫颈癌的发病，可防止人体感染疫苗所涵盖的人乳头瘤病毒亚型变异。目前HPV疫苗有三类，分别如下：

1. 二价疫苗，可以预防HPV16、HPV18病毒。国内现有的数据表明，84.5%的宫颈癌都是由这两种病毒引起的。

2. 四价疫苗，可以预防HPV6、HPV11、HPV16、HPV18病毒。

3. 九价疫苗，可以预防HPV6、HPV11、HPV16、HPV18、HPV31、HPV33、HPV45、HPV52、HPV58病毒，能预防90%以上的宫颈癌。

目前国内现有的是二价、四价和九价的疫苗。要注意的是，HPV疫苗跟其他的预防针一样，对于疾病的发生是起预防作用的，有条件的话要提前打，也就是要防患于未然，而不要等可能发生感染或已经发生感染了再去打。

那么到底什么时候打HPV疫苗呢？9岁之后到第一次性生活之前是最好的时间选择。疫苗一般分三针打，需要在半年内完成。除了第一针自选时间，第二针为第一针之后的两个月，第三针为第一针后的半年。要注意的是，处于感冒发烧、怀孕等期间不建议打疫苗。另外，HPV疫苗也同样适用于男性。具体疫苗接种事宜可以咨询各社区医院。也有人选择去中国香港、韩国等地注射疫苗。要注意的是，不论选择去哪里注射疫苗，都一定要去当地正规的医院。

那打了疫苗之后，是不是就万事大吉了呢？不是的。因为目前疫苗最多只能预防90%因HPV感染引起的宫颈癌，并不是100%保险的。所以注射了疫苗之后，仍然要注意个人卫生，要有规律的作息、合理的饮食和适量的运动，以提高身体免疫力，不做无防护的不安全性行为等。已经感染HPV的患者也建议去注射疫苗，对现有的感染可以起到减缓作用，还可以预防其他类型的HPV病毒。

另外，HPV疫苗也并非终身有效的，现有证据表明，疫苗的有效免疫期为10年，具体也可以咨询所在接种医院的医生。

有人认为，没有性行为就不需要打疫苗，他们说女孩子主动去打，说明是想要性，是不自爱的表现。这种说法是非常错误的。因为没有性行为不等于不会感染HPV。一方面，目前没有性行为，不代表以后也没有；另一方面，即使没有性行为，依然可能会感染HPV，比如消毒不严格的公共卫生产品都有可能成为传染的媒介。所以我们鼓励那些主动打疫苗的行为，因为这才是科学的、进步的，更是为自己和他人负责的行为。

Q 听说艾滋病患者越来越多，怎样避免被传染？

困惑解答老师：苏新娥

首先我们来了解什么是艾滋病，以及它是如何传播的。

艾滋病全称是获得性免疫缺陷综合征，是由艾滋病病毒引起的一种传染病。艾滋病病毒侵入人体后，会破坏人体的免疫功能，未经治疗的感染者在疾病晚期易并发各种严重感染和恶性肿瘤，最终导致死亡。

自从 1981 年在美国出现第一例艾滋病患者以来，几十年来全世界已经有几千万人感染艾滋病，目前艾滋病病毒携带者大约有四千万人。随着检测水平的提高以及艾滋病病毒感染者和艾滋病人存活期的延长，艾滋病不是“听说”的越来越多，而是真的越来越多！

那么，怎样才能避免被艾滋病病毒感染呢？

艾滋病病毒的传播渠道其实很窄，一是性传播，二是血液传播，三是母婴传播。日常的接触，如握手、拥抱、和艾滋病患者一起吃饭、游泳，艾滋病人咳嗽、打喷嚏产生的飞沫，蚊虫叮咬，都不会传播艾滋病病毒。

过去，由于卖血等现象的存在，血液传播比较常见。近年来国家在这方面加强了管理，艾滋病病毒的血液传播得到了有效的遏制。国家也对艾滋病病毒检测阳性的孕妇提供了相应的阻断治疗，母婴传播的概率也持续地降低。

目前在我国，吸毒者共用针头和高危性行为是艾滋病病毒传播的主要渠道。

首先说共用针头的事，吸毒的危害众所周知，所以不仅仅是不要共用针头，更重要的是不要吸毒！不要吸毒！不要吸毒！重要的事情说三遍！

再说什么是高危性行为。高危性行为就是未采取任何保护措施的性行为。“健康中国行动”明确提出：提倡负责任和安全的性行为，鼓励使用安全套。

负责任的性行为就是：发生性行为前要有足够的知识和能力作出负责任的决策，考虑清楚自己和对方能否承担可能发生的结果。这样才能在发生性行为时做到自主、安全、健康、愉悦等等。

安全的性行为包括情感安全(信任伴侣)、心理安全(感觉安全)、生物医学安全（防止意外怀孕等），最重要的是在性交的过程中坚持正确使用安全套，因为正确使用安全套对预防艾滋病病毒传播有非常好的效果。关于安全套的使用方法，网上有很多教程和视频，本书的其他章节也有讲到，这里就不多说了。

一旦出现了高危性行为，还可以服用艾滋病病毒阻断药，有效预防艾滋病病毒的感染。阻断药最好是在高危性行为之后两个小时内服用，原则上不要超过 72 小时。

如果怀疑自己感染了艾滋病病毒，一定要到当地疾控中心或定点医院检测，以便及早治疗。虽然目前没有完全治愈艾滋病的药物，但是经过全世界科学家的努力，艾滋病已经是可预防、可阻断、可控制的慢性传染病。如果早发现、早治疗，有些感染者可以终身不发病，死亡率大大降低，很多人可以存活到正常的寿命，甚至不会特别严重地影响生活质量。

艾滋病并非洪水猛兽，但是很多人将艾滋病和人品、道德联系起来，形成对艾滋病的污名，以及对艾滋病病毒携带者和艾滋病人的歧视。这会让有过高危性行为的人不敢检测，检测出来之后，也选择隐瞒而不敢持续治疗。这样会给家庭和社会带来更大的风险。

我们国家早已实行对艾滋病免费检测、免费治疗的政策。用爱防“艾”、消除歧视是我们共同的责任，我们的敌人不是艾滋病病人，而是艾滋病病毒。

Q 我现在就可以怀孕了吗？

困惑解答老师：陈岚

你的问题中，“可以”二字是什么意思呢？

如果你问的是生理功能，青春期月经初潮来临后，意味着卵巢发育成熟，开始排卵，女性就具备了生育功能。如果同时满足以下五个条件，就是有可能怀孕的：

1. 女性卵巢排出正常的卵子；

2. 男性精液正常并含有正常的精子；

3. 卵子和精子能够在输卵管内相遇并结合成为受精卵；

4. 受精卵被顺利地输送到子宫腔；

5. 子宫内膜已充分准备，适合受精卵着床。

如果你问的“可以”的意思是：青春期怀孕是否是一件合适的事情，你能不能承担做妈妈的责任，那就要好好探讨一下了。有以下几个问题需要你了解和思考：

1. 青春期的女生有生育功能并不代表生育条件成熟，由于青春期时身体尚属于发育期，身体条件还不够成熟，这个时候怀孕或生产的风险要比育龄期女性高，流产、早产及其他意外发生的概率较大。

2. 一个生命从孕育到诞生也是非常不容易的，从卵子受精，到胎儿着床，再到十月怀胎，直至成熟胎儿娩出，不仅胎儿要面临巨大的生存挑战，妈妈也需要经历孕期的身心变化和妊娠反应，这些都需要妈妈提前做好身体、心理准备。

3. 十月怀胎固然不易，而一个孩子诞生之后的养育，从孩子出生后的生活所需，到后期的教育和身心健康的发展，不仅需要很多的经济支持，更需要付出很多的时间和精力，责任重大。做妈妈之前，要考量自己是否能够承担这样巨大的责任，一个关乎生命的责任。

4. 青春期怀孕、生产还会面临家庭、社会的巨大压力和指责，对自己的身体、学业、事业、家庭乃至整个人生都会带来巨大的影响。哦，不要忘了，一个人是生不了孩子的，孩子的父亲也同样要面临这些巨大的影响，很有可能，两个人的人生轨迹都会就此改变。

所以青春期的女生虽然身体上已经具备了可生育的条件，但是生育孩子是一件责任重大的事情，在没有准备好、没有能力承担的时候，应该在进行性生活时做好有效避孕措施。当然，避孕这件事也是双方的事，如果对方不愿意采取避孕措施，可以拒绝发生性行为。这是你的权利，要学会保护自己的权利。

Q 怎么避免怀孕？

困惑解答老师：邓芳婷

很高兴你提出这样的问题。男生、女生在青春期身体逐渐发育成熟，逐渐拥有生育的能力，不论是否有发生性行为的计划，了解避孕知识对我们的一生都是十分必要的。这有利于我们了解自己的身体，了解可能的选择，了解保护自己和他人的方法，为自己的人生负责任。

如何避免怀孕呢？

如果男女双方没有怀孕的计划，就需要进行避孕，防止女性怀上孩子。常见的避孕方式分为：1. 药物避孕；2. 非药物避孕。

药物避孕多数是指女性口服避孕药、注射避孕药、阴道喷剂避孕药。口服避孕药通过定期服用避孕药来抑制排卵，达到避孕目的，也有性行为前吃短效避孕药，还有发生性行为后 72 小时内服用的紧急避孕药。这些避孕药的使用都要根据说明书和医嘱使用。注射避孕药一般要到医院去在手臂上注射，一般有两个月到一年的不同有效期。阴道喷剂避孕药是近些年来新开发的避孕药物，不需要口服，在发生性行为前喷洒到女性阴道以避孕。

非药物避孕一般有男性、女性使用的安全套、节育环，还有安全期、体外射精等避孕方式。其中，男性使用安全套的避孕方式是目前使用最多的；女性避孕套使用起来相对比较麻烦，使用人数较少。节育环避孕是在女性的子宫内放入一个避孕装置，我们国内常用的有金属单环、麻花环、混合环、节育环、T 形环等，主要用不锈钢、塑料、硅胶、乳胶等材料做成，近年来有人在植入节育环的同时还会配合药物，提高避孕的效果。安全期避孕是指性生活时间避开排卵期，但是女性排卵会受很多因素影响，很难准确判断具体时间。体外射精避孕是指不将精液射在阴道中，而是射到体外的避孕方式，在实际操作过程中非常难以控制。

所以，安全期和体外射精都是极不靠谱的避孕方式，失败率很高，不推荐。如果你的伴侣建议使用这两种避孕方式，要坚决地拒绝他。

特别指出：目前被世界上很多国家的卫生部门，也包括我国卫健委，最为推荐的长期避孕方式是皮下埋植避孕药剂（需要去正规医院完成手术），具有简便（几分钟的门诊手术，无须缝合）、长期（一次手术起效 5 年）、高效（避孕成功率高于 99%）和可逆（将药剂取出后可以很快恢复生育能力）、无副作用（只含有孕激素，不含有雌激素）等明显优势。

而男用安全套因其方便、便宜、易得、无副作用的特点，并且是唯一能够同时避免怀孕和性病、艾滋病病毒的传播感染的方式，成为最适合年轻人使用的避孕方法，只要双方都不对乳胶过敏。

不论使用什么方式避孕，都不可能做到百分之百的不怀孕。在使用药物避孕的时候要去正规的药店或平台购买合格的药物，使用要遵从说明书或医嘱，按时按量服用。使用安全套也要确保自己的购买渠道正规，确保商品在保质期内，并且按照规范的方法和步骤使用。这样可以大大提高避孕的成功率。

怀孕是对生活的影响重大的事情，在发生性行为之前，要和伴侣沟通，在这件事上一定要取得一致的态度。在你没有怀孕意愿的时候，任何人试图在和你发生性行为的时候不采取避孕方式，都不是爱你，而是不尊重、不爱护你，不论他的态度是撒娇卖萌、威逼利诱，还是别的什么，都要坚定地拒绝。

相信你会谨慎处理这件事，作出对自己和他人的人生都负责任的选择。

是不是体外射精就不会怀孕？

困惑解答老师：李秀英

体外射精的问题曾经误导和伤害了太多的青少年，甚至成年人，所以非常有必要做一下科学普及。

1. 何为体外射精？体外射精就是在性交的过程中，男方感觉自己要射精的时候，把阴茎抽出，然后在阴道外射出精液。这是人们在长期实践中积累的自己骗自己、男生骗女生的一种避孕方式。既然用“骗”这个字，就说明这种避孕方式很不靠谱。

2. 体外射精无非以下三种情况。

（1）只蹭蹭不进去

“只蹭蹭不进去”曾经被列为男性五大谎言之首。只蹭蹭不进去真的能避孕？当然不能。为什么呢？因为男性在射精之前会流出前列腺液，如果不仔细观察，很多人根本不会注意，而流出的前列腺液中就含有精子，如果碰巧接触到了阴道，液体乘虚而入，女性就很有可能怀孕。并且，还有一部分人，特别是没有性经验的男人，很可能在如此亢奋的环境下无法抑制地快速高潮，导致精液射出，怀孕的概率可就大多了。

（2）先运动，后戴套

有很多人觉得戴套不爽，又怕怀孕，就先“串串门”，还是来来回回的那种！哦，NO！这种方法也不安全。在射精前，男性的尿道球腺在性兴奋时就会分泌少量液体，这里面含有少量精子，前列腺液里也含有精子，这些精子就能让怀孕变成了可能。所以说，男性可能感觉没射精，但精子实打实地出来了。

（3）不戴套，射外边

男性体外射精无非就是为了避孕，总觉得不射进去就可以万事大吉，既有感觉，又能避孕，岂不是一箭双雕？NO！NO！NO！你要知道，在性生活的实际操作中，精子可不是那么好控制的，前面已经讲了，射精前体液里就会含有精子，并且男人也很难把握射精的准确时间，试想，有多少男性能够掌控准确的时间，在射精之前把阴茎拔出？

从蹭蹭到后戴套，再到体外射精，都是彻头彻尾的大骗局。所以，作为男性，一定要戴套，这是对自己、对女性负责任的行为，而且不光避孕，还避免感染性传播疾病，一举多得！更重要的提醒是：女孩们，一定要爱自己，坚定地维护自己的权利，不论是他说“如果你不做，就是你不爱我”，还是“只蹭蹭”“射外边”，又或是任何甜言蜜语、撒娇卖萌企图以不戴套发生性行为，都请记住，一定要对这样的男性说“不”！因为“不尊重女人的男性，不值得你稀罕”。

有时候可以看到路边的安全套售卖机，我男朋友能用吗？怎么用？

困惑解答老师：何叶盈

很高兴你有留意到周边的安全套售卖机，说明你已经注意到性行为的安全与健康，这是很负责任的想法。安全套是目前公认的唯一可以同时避孕和预防性病、艾滋病的方式，相对于其他避孕方式，还有便宜、易得、无副作用等优点。

从身体这个角度来说，只要你和男友都没有乳胶过敏的话，就是可以用的。使用安全套有以下几个注意事项：

1. 安全套一般分为大、中、小、特小四种型号，需要根据阴茎勃起的状态使用适合的尺寸，拆开包装前请先检查安全套是否密封良好，查看安全套是否还在保质期内。

2. 从边缘撕开包装，注意指甲不要刺破安全套，并要检查安全套是否漏气。安全套凸起的一面为正面，凸起的部分为储精囊，用于储存精液。凹进去的一面为反面，是紧贴阴茎的一面。

3. 在阴茎勃起的状态下，用拇指和食指捏住储精囊，把空气排掉并放置在阴茎上，用手推开安全套至包裹住阴茎，若安全套末端卷曲部分露在外面，则佩戴正确。

4. 射精后在阴茎仍勃起时，就及时用手按住安全套底部将其取出，使用完的安全套需要在开口处打个结并再次检查安全套是否有破损。

要特别提醒你，要在性生活全程使用安全套，而不是临近射精才使用。另外，不要以为同时使用两个安全套能带来双重的保护，两个安全套在相互摩擦中更容易破损，从而达不到避孕和预防性病的效果。同理，如果在做爱的过程中感到安全套逐渐干涩，也应该及时更换，避免破损。到这里，相信你已经大概理解安全套的使用方法了，如果还有不清楚的地方，也可以在可信的网站搜索更多视频教材补充了解。

另外，除了路边的售卖机，正规的商店、药店、可信的线上官网、社区卫生服务站的自助发放机都是可以获得安全套的途径，可以根据实际情况去获取。

能够主动思考是否使用安全套这个问题，相信你是个关爱自己和他人、对双方都负责的人。最后再强调：在没有怀孕的计划及不确定双方身体健康的情况下，安全套是必须要坚持使用的器具，无论对方是生气、耍赖、撒娇或者有其他情绪，不正确使用安全套就应拒绝发生性行为。坦诚和尊重是爱的前提，相信你们一定能作出对自己和对方都负责的选择。

“无痛三分钟”的人流真的那么轻松吗？

困惑解答老师：李秀英

你是在哪里看到或听到类似“无痛三分钟，人流真轻松”这样的广告了吧？你知道的，有些医院，特别是非正规医院，就是靠此盈利啊！但是我负责任地告诉你，人流的危害比你想象的大多了。

人流，是人工流产术的简称。

首先，你肯定最关心的是痛不痛的问题。以前无痛人流还不是很普及的时候，有一些女性患者在人流的过程中会出现恶心、呕吐、头晕、胸闷、面色苍白、大汗淋漓、血压下降、心律不齐等不适症状，严重者还可能出现晕厥、抽搐甚至休克。这是由于在手术过程中对宫颈牵拉的刺激，再加上清醒状态下手术操作所带来的紧张情绪所导致的。预防的办法说简单也简单，说难也难，那就是——不要紧张！但真当你躺在手术床上的时候，想不紧张，哪那么容易呢？不过目前无痛人流已经得到了很大程度的普及，所以除了输液的那点痛，其他流程是真的不痛，无痛人流过程中，麻醉药通过输液进入体内，你人都晕乎乎地睡着啦，哪里还知道痛呢？

看到这里，你可能松了一口气，但是我想告诉你的是，哪里有这么简单！

去做过人流的人都知道，在人流之前，医生会让你签《手术同意书》，《手术同意书》上往往有不低于10项的术后并发症及手术意外告知于你。大多数的女性都是在并未详细了解的情况下就签字了，她们觉得，现在医疗条件好，医疗技术先进，所以这样的风险是不会发生的。但是我想告诉你的是，无论是出于什么原因选择了流产，都或多或少会对身体造成一定的损伤，《手术同意书》上的每一条都有可能真实地发生在每一位手术者身上，比如术中出血、子宫穿孔、感染、宫腔/宫颈管粘连及生育能力降低、异位妊娠等等。对于青少年来讲，因为身体发育尚未成熟，所以上述危害会更大一些。如果多次人流，危害及风险更是会翻倍地增加。

除了我刚才讲到的身体的伤害，可能还有一些伤害是很多人不曾思考的，那就是心理伤害、情感伤害和社会压力。有些人因为做了人流手术，认为自己一次不负责任的性生活扼杀了一个可能的生命，从而背负巨大的心理包袱，这种心理压力有时会持续很多年。在我曾经去讲过性教育课程的学校，我遇到过多起青少年因为意外怀孕被家长辱骂、被同学排挤、被学校劝退甚至开除的案例，那些青少年因为意外怀孕，自己一生的命运都被改变。我当然很反对这样简单粗暴的处理方式，但是在当今中国性教育还不够普及的情况下，这样的大环境难以在短时间内得到改观。所以请你一定要记住，千万千万不要把人流当作避孕手段使用，要懂得保护好自己。

如果真的怀孕了，怎么办？不要害怕，告诉家长或其他可信任的人，以寻求帮助。毕竟人流手术已经是实行多年的手术，非常成熟和安全。请到正规医院就医，正规医院可以将伤害降到最低。同时，不要被压力和歧视压倒，要知道生活依旧美好。

当然，我最想给你说的是，我希望所有的女生都不要面临意外怀孕、流产的状况，有效采取避孕措施，避免意外怀孕才是根本。

生孩子真像电视剧里面那么痛苦吗？

困惑解答老师：秦海燕

妊娠超过 28 周（196 天），胎儿及其附属物从临产至全部从母体娩出的过程称分娩，也就是大家俗称的“生孩子”。其中，妊娠达到 28 周到 36+6 周（196 ～ 258 天）期间分娩称早产，妊娠达到 37 周至 41+6 周（259 ～ 293 天）期间分娩称足月产，妊娠达到 42 周（≥ 294 天）期间分娩称过期产。

决定分娩的因素有产力、产道、胎儿及社会心理因素，各种因素正常并相互适应，胎儿经阴道顺利自然娩出，即为我们所说的正常分娩。

产力是将胎儿及其附属物从子宫内逼出来的力量。它主要包括子宫收缩力（简称宫缩）、腹壁肌及膈肌收缩力（也就是所谓的腹压）和肛提肌收缩力。

产道是胎儿从母体娩出的通道，包括骨产道和软产道两部分，在生产之前大夫都会做好骨产道的测量和评估，判断胎儿能否通过。软产道是由子宫下段、宫颈、阴道及盆地软组织共同组成的弯曲管道。正常情况下，阴道的伸展性良好，一般不影响分娩。

胎儿的大小、胎位及有无畸形也是影响和决定分娩难易程度的重要因素之一，就目前的医疗水平而言，一般孕妇在生产之前都可以通过超声检查予以评估。

其实分娩就是人类繁衍生殖的一个自然的生理过程，但确实可以让产妇产生心理上的应激反应。产妇的社会心理因素可引起机体产生一系列的变化，从而影响决定分娩的重要因素——产力，因此也是决定分娩难易程度的重要因素之一。对分娩疼痛的恐惧和紧张可导致宫缩乏力，宫口扩张缓慢，胎头下降受阻，产程延长，甚至可导致胎儿窘迫及产后出血等。所以，孕产妇和家人在生产之前可以尽量去了解分娩的正常生理过程，尽量消除自己的恐惧和焦虑心理，同时生产时配合助产士的指导，使胎儿顺利生产。

虽然大家都知道分娩就是人类繁衍生殖的一个自然的生理过程，但看到电视剧里生孩子的镜头时，演员痛苦的表情和撕心裂肺的叫喊还是会使产妇感到恐惧和担忧。其实剧情里出现的这些画面和场景，都是导演为了突出剧情和场景的刻画而做了艺术修饰，并不代表真实的分娩过程。如果是苦情剧，编导为了刻画剧中人物生活的困苦，人生历程的艰辛，那么她生孩子的画面将是痛苦万分、九死一生的。如果是欢喜剧，生孩的痛苦镜头则会一闪而过，而更多的则会是孕妈妈享受整个孕育过程的喜悦镜头和宝宝落地时的那种欣慰和幸福的感觉的镜头。如果是古装剧，一定要明白当时的医疗水平和条件跟现在的根本没有可比性。虽然好多电视剧是根据现实生活而改编的，但是不能等同于现实生活，更何况还有一部分电视剧是完全虚构的呢。

即使说了这么多，在实际生产过程中我们可能仍会或多或少的有些许担心，这也是人之常情，但是不用过分担心。当代社会的医疗水平和医疗服务大幅度提高，孕产妇都建有《孕产妇保健手册》，整个孕期定期检查，医生会在孕妇产前根据孕妇和胎儿的基本情况作出评估，给孕妈妈作出分娩指导——自然分娩或剖宫产，并且现在还有分娩镇痛，大大减轻了孕妈妈的恐惧和分娩阵痛。

什么是宫外孕，好像很吓人？

困惑解答老师：李小燕

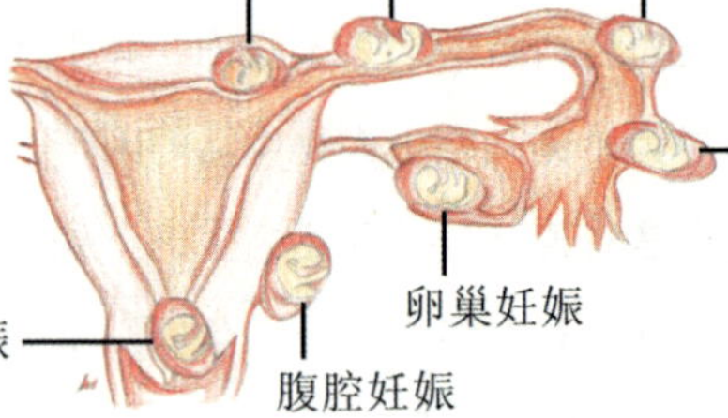

图 1–7 宫外孕示意图

宫外孕，准确地说，叫作异位妊娠，是指胚胎着床的位置没有在子宫内。也可以说，胚胎着床在子宫体腔以外的部分都叫宫外孕。如图 1–7 所示，孕卵在图中标出的每个点处着床，都是宫外孕。宫外孕以输卵管妊娠最为常见。

宫外孕和正常怀孕一样会出现停经症状。早期尚未发生流产或破裂时常无特殊表现，流产或破裂后会出现异位妊娠，典型症状为停经、腹痛、阴道出血，破裂后有急性剧烈腹痛、肛门下坠感。因为宫外孕胚胎着床在不正常的位置，随着胚胎发育会出现破裂或者是大出血。宫外孕是一个妇科常见的急腹症，具有比较大的危险性。

宫外孕有多种发病因素，多次流产、输卵管炎症、有过宫外孕史、吸烟喝酒、避孕方式不当等，都会提高宫外孕的发生概率；青春期生殖器官发育不良也是青春期宫外孕的发生因素之一。

宫外孕是妊娠早期导致孕妇死亡的重要因素之一，所以你认为宫外孕吓人也挺正常的。不过，宫外孕的发生率并不高，大约为 2% ~ 3%。

近年来，随着医疗技术的发展，宫外孕早期可以得到诊断和治疗，患者的生存率和生育能力保留率都明显提高。所以，面对宫外孕，我们不需要过度紧张，但是也不能掉以轻心。如果在性行为之后出现月经推迟的现象，一定要及时就医，遵从医嘱，切不可因为怕被人知晓怀孕、怕被耻笑而不去就医，延误治疗时机，更不可自己购买流产药或去不正规的门诊处理，以免加重对身体的伤害。

需要提醒的是，如果不想发生意外怀孕，性行为一定要采取避孕措施，安全套是比较适宜的避孕方式之一，体外射精、安全期避孕都是不科学的避孕方式，切不可存在侥幸心理。

第六节 关于男生，你该知道的

男生、女生分开做性教育，很长时间以来是一个传统，甚至成为一件自然而然的事情。世界上大多数人都可以被划分为男和女，一般来说，每一种性别各占人口总数的一半。了解另一半人群，本身就是在了解和学习这个世界。

从几岁开始，女生就会有“男生是什么样的”这样的疑问，但这样的好奇心常常被压制了，甚至被批评、被污名化了。不能正确和完整地了解关于男生的知识，成为很多女生受到伤害的原因，甚至有些时候女生受到伤害却不自知，伤害就长久地持续下去了。

另外，在日常生活中，我们和各个年龄、各种身份的男性总是要构成、缔结某种关系，了解对方的身体是了解对方的基础，有利于在相处过程中适当地尊重、理解和帮助对方，对于建立良好的同学关系、职场关系和亲密关系都大有裨益。

传统文化要求女生是内敛的、害羞的。了解男生，有利于帮助女生建立自信和强大的自我价值感。

我有必要了解男生的身体吗？

困惑解答老师：杨东

作为青春期的女生，你一定对自己身体的每一个微妙的、快速的变化感受深刻。当乳房微微隆起，你会惊讶、兴奋，同时也开始去关注其他同学是否也像你一样。突然有一天，你发现自己来了月经，你明知道它会来，却还是忍不住对着妈妈惊叫！然后妈妈高兴地说："祝贺你，宝贝儿，你成熟了！"你知道，这标志着你已经具备了生育的能力。这是一个女性发育成熟的标志。

当然，你一定也发现，身边的男生忽然嗓音低沉了，喉结长了出来，身高、体重都变了，有的变得不再爱闹，也不再与女生说话。你不知道男生都怎么了，你很好奇，你想知道更多关于男生身体变化的秘密，可你又觉得自己作为女生去看男生的身体太难为情，所以你问自己有没有必要去了解男生的身体，对吗?

无论是谁，都会经历青春期这个决定人一生的身心健康的基础黄金时代。这个时期，是一个人从少儿向成年人过渡的关键时期，此间，人要经历三个方面的发育：

1. 生长发育，它的标志是个人高矮胖瘦的体格变化。

2. 性发育，它的标志是第二性征（乳房、喉结、阴毛、腋毛、嗓音高低和粗细变化）开始出现，以及性腺（卵巢、睾丸）和性器官（内外生殖器）进一步发育直至成熟。

3. 心理行为发育，它的标志是精神上更独立，自我意识更强，智力获得更大发展，心理和行为上开始出现性萌动，对异性或同性产生好感，有与他人亲近的渴望。随着身体发育的巨大变化，我们也要开始学习承担更多的家庭、学校和社会的责任，于是心理压力突增，出现更多的困惑、焦虑等不稳定情绪，最终在既想独立又怕独立的躁闷中与人发生种种冲突，并从中获得锻炼和成长。青春期的躁动是强大的生命驱动力在推动着每个人走向成熟。

说到这里，你已经了解了青春期男生、女生都会面临的身体和心理发展的基本方面，从中应该会明白了解男生身体的必要性。

1. 不管是谁，想了解男生的身体是再正常不过的事情，无须纠结和紧张。

2. 要了解男生的身体，需要用科学的眼光和理性的思考去学习，用科学的知识解答自己的疑惑，开启自己的心智，对男生的生理和心理特性进行充分的认知。

3. 在科学地了解了男生身体后，你也会因此懂得与男生们和谐相处的原则——尊重。与男生发展健康的友谊关系，也需要彼此尊重和理解。此外，青春期正是性激素分泌旺盛时期，身体发育成熟的女生会对男生产生好感，并有与对方建立亲密关系的愿望。要处理好两个人的亲密关系，充分了解一个男生的身体的生理发育情况以及心理特征就非常必要了，这是对自己负责也是对对方负责的态度。如男生已经遗精，女生也已经来月经，这说明两个人都已经发育成熟，有了生育能力。那么，两人在亲密交往时，就应该秉持“自主、独立和责任”三原则，为彼此关系里身心的健康成长保驾护航。

4. 了解男生，不仅对你现在有益，对于你在未来的亲密关系当中适当地处理各种关系都是非常有帮助的。

男生的身体和我有什么不同？

困惑解答老师：邓芳婷

男生的身体和我有什么不同？其实，大多数人很小的时候就对男女身体的不同产生好奇了，我想那个时候你没有得到家长或老师的解答，所以你一直心存疑惑。今天我们就来解开这个疑惑吧！

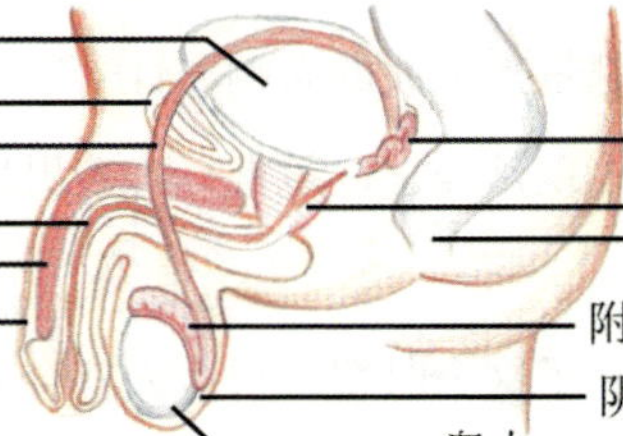

图 1-8 男性生殖系统构造

首先，男生和女生的第一特征不同，简单来说就是生殖器官结构和外观不同。男生生殖器官可分为外生殖器和内生殖器两个部分，外生殖器包括阴茎、阴囊，内生殖器包括睾丸、附睾、输精管、精囊、前列腺。

女生生殖器同样可分为内、外生殖器两个部分，外生殖器包括阴阜、小阴唇、大阴唇、阴蒂、阴道前庭、前庭球和前庭大腺，内生殖器官包括阴道、子宫、卵巢、输卵管，详情可分别查看图 1–1 和图 1–2。

其次，男生和女生青春期身体发育不同，会形成不同的第二特征。男生 10 ~ 11 岁逐步进入青春期，女生会在 8 ~ 9 岁逐步进入青春期，比男生的青春期平均早一两年，而青春期的表现之一就是身高和体重迅速增长，所以在早期会出现男生的身高及其增速小于女生的现象。

我按照从头到脚的顺序说说男、女生青春期的身体变化，注意，不是时间顺序哦。

男生：长出胡须，从上唇的小绒毛开始；喉结突出，声音也逐渐变得低沉；阴茎和睾丸增大，伴随颜色的加深。

女生：当然不会有胡子和喉结，声音会发展得比原先尖细；乳房发育，从一个豌豆大小的硬块开始逐渐长大，伴随有轻微的胀痛；全身的脂肪比例增加，身体开始呈现曲线形态。

以上是从外表上看得出来的变化，更多的变化发生在身体内部，男生、女生的性器官开始发育直至逐渐成熟，身体激素水平变化剧烈，对身体发育包括大脑都带来很大的影响。性器官成熟的标志之一，就是男生出现遗精，女生出现月经，这通常标志着男性和女性从身体上具备了生育的能力。

青春期的你们到了这个时期，很多人就会开始非常关注自己身体的变化，会担心自己是否发育正常，会不会比别人矮，每月来月经是不是自己身体出问题，等等，产生一些焦虑的情绪。其实除了少数患有一些特殊疾病的人，绝大部分的人都会完成青春期的发育，无须过分担心。此外，因为家庭教养环境、社会文化因素影响，男生、女生在心理发展上也会有所不同，这一点在青春期开始有比较明显的表现。

我们和男生都要了解彼此身体的不同，这是我们相互了解的第一步，更是彼此尊重的基础。

男生遗精是怎么回事，该不会是尿床吧？

困惑解答老师：陈岚

遗精是指到了青春期以后的男生，在没有生殖器接触或者性生活的刺激下发生的精液遗泄现象，是一个正常的生理现象。

男性的生殖结构和女性不同，从下至上由睾丸、附睾、输精管、精囊、前列腺、尿道旁腺、尿道、阴茎组成。当男生到了青春期，性器官发育成熟，睾丸就开始产生精子，就像女生卵巢发育成熟了开始排出成熟卵子一样，只是女生一个月排出一个卵子，而男生每一天会产生几亿个精子，这些成熟的精子会通过输精管到达精囊，当精囊里的精子装满了后，男生又没有发生性行为或者获得其他性刺激，就会精满自溢，形成遗精。

遗精一般发生在睡梦中，男生因为做了性梦，大脑受到了性的刺激，刺激性中枢，就会导致遗精，俗称“梦遗”。除此以外，盖的被子过重、内裤过紧，或趴着睡觉等也可能会刺激射精中枢和性中枢，从而发生遗精。有一些情侣或者夫妻由于长期分居或长期无性生活也容易导致男性遗精。睡梦中精液流出，自然会弄湿内裤和床单，的确跟尿床有点像，当然，现在你知道了，遗精和遗尿（俗称尿床）是两码事。

成年男子一个月有几次遗精都属于正常现象。因为每个人的身体情况、生活状况等不同，所以遗精的次数和时间间隔也不同，并且一般没有明显的规律。也有的人一生不遗精，也是正常的。

这并不是什么疾病或生理问题，不会因此就影响男性的性能力和生殖能力，也不是因为男性好色，或是白天做了什么、想什么了，不要因此就嘲笑或者鄙视对方。

有些人把遗精和自慰都说成是意淫和手淫，认为这是不好的，还认为精液是有限并且非常宝贵的，“损失”过多会造成精力下降、阳痿、早泄和各种其他问题。这些都导致遗精“臭名在外”。但其实精液是由精子和精浆组成的，主要成分就是水和一点点蛋白质、多糖、脂肪等，实在不需要特殊对待。

所以，男生的遗精和你们女孩子的月经都是正常的生理现象，都标志着你们的身体逐渐发育成熟。羞耻、恐惧、神秘，都不需要，就用平常心看待即可，像看待血液、口水、鼻涕、胃酸一样，只要记得做好卫生清洁工作，避免疾病就好了。

Q 安全套不是通常给男生用的吗，为什么我也要学习怎么用？

困惑解答老师：何叶盈

很高兴你有了与安全套相关的思考。不过，安全套不是“给男生用”的，而是“用在男生身上”的。使用安全套的目的是避免女性怀孕，避免双方的性病、艾滋病病毒传播，你说跟女生有没有关系？你说你要不要学？

安全套是目前唯一可以既避孕又避免性病传播的工具，便宜，易得，无副作用（乳胶过敏者除外）。

女生学习安全套使用的目的之一：了解安全套相关的知识和正确使用方式，才能判断男生用得对不对，进而在他使用不对的时候提出更正。如果你对安全套不甚了解，避孕和预防性病传播的工作完全依靠对方来完成，非常容易把自己置身于怀孕与感染性病、艾滋病病毒的风险中。

女生学习安全套使用的目的之二：学会正确使用安全套的方法，了解其原因，可以让你在性爱的过程中更加坚定地保护自己。你就不会被“不射里面”的谎言欺骗；不会被“你爱不爱我”的指责绑架；不会被他以不戴套为目的的耍赖、撒娇甚至钱财收买所打动；更不会在被质疑“经验丰富”时感到羞耻。反过来，你能更深刻地认识和判断，他是不是一个尊重你、珍惜你、负责任的人。

女生学习安全套使用的目的之三：当你和伴侣都知道如何正确使用安全套时，双方才能更放心地、健康地选择和享受性爱的过程。

女生学习安全套使用的目的之四：安全套的使用是一项知识和技能而已，并不是什么不可告人的秘密，也不需要刻意去回避。再说，避孕和预防性病传播是男生、女生需要共同承担的责任。坦然地学习“用在男生身上”的安全套的使用，意味着你开放地“拥抱”安全性行为方面的知识，去除性羞耻的错误观念，利于悦纳自己，利于尊重他人，利于建立良好的亲密关系。

男生阴茎颜色深，是不是就说明他有过性生活？

困惑解答老师：胡艺

我们用肉眼就可以看得出来一个人是白皮肤，还是黄皮肤，或者是黑皮肤。我们也可以从白皮肤的人之间看出谁更白一些，从黄皮肤的人之间看出谁更黄一些，从黑皮肤的人之间看出谁更黑一些，当然这都是相比较而言。阴茎颜色的深和浅也是这样一个相对的、比较性的说法。

如果让你用一种颜色来形容一下女性的乳头，你会说它是什么颜色呢?

黄色？粉色？肉色？黑色？或者是棕色?

发现没，我们并不能确切地给它的颜色定一个标准。男性的阴茎也是一样，阴茎也没有统一的颜色。每个男性的阴茎的样子都是不一样的，它们的颜色也是不一样的，这跟个人的人种肤色、体质相关，颜色各有深浅。另外，阴茎的颜色与性机能是无关的。

事实上，多数男性的阴茎的颜色相比起他们自身的肤色来说是要“黑”一些。你会发现小婴儿出生的时候，他的阴茎是肉粉色的，随着年龄的增长，阴茎的颜色也会慢慢地深于身体其他部位的肤色。原因有多种，有因为包皮堆叠，有因为雄性激素分泌，还有一个原因就是黑色素的沉淀，当然还有遗传因素的原因。

但是我们不能因为看到男性的阴茎颜色比较深，就想当然地认为他是有过性生活的。而且有的女性看到男性的阴茎颜色偏深，便会将其与疾病、性能力联系在一起。这些都是没有绝对的根据的。其实你只需要知道：阴茎不是衡量一个男性的唯一标准，而男性阴茎的颜色只要是不影响阴茎的发育和功能就好。

用阴茎颜色判断男生性经历，就和用阴唇颜色判断女生的性经历一样，没有任何科学根据。不过，对于女性，通常有一个判断是否有过性经历的结构，也就是所谓的“处女膜”，最简单的判断方法是初次性生活流的血。虽然这是个被证实并不科学也不准确的方法，但是长久以来被奉为“标准”。这是男权社会对女性身体宣誓所有权的标准，不幸它被很多人接受，不论男生还是女生。

曾经有女生跟我说：“女生有处女膜判断，男生却没有‘处男膜’，这不公平！”你有没有这样的想法呢？你是不是希望找到一个判断男生性经历的方法，才问我这个问题呢？

一个人有没有性生活不能通过他的性器官形状、气味、颜色等去判断，更重要的是，有过性生活也不是一件应该感到羞耻的事情，不论男生还是女生。

所以，我们不接受根据生殖器官被判断是否有性生活，也不以生殖器官去判断别人是否有过性生活；不接受以是否有性生活为基础进行道德和人格的价值判断，也不以是否有过性生活来对别人进行这样的评判。

第二章
拒绝性别暴力

性别暴力是基于性别不平等、性别歧视、社会性别刻板印象的暴力，它体现在我们青春期的学习和生活的各方面。

这一章我们将一起全面认识性别暴力的定义和表现形式，了解性别暴力是如何伤害我们的，从施暴者、受暴者和旁观者等角度全方位地培养自己应对暴力，让暴力归“零”的能力。

第一节 性别暴力的定义及内涵

青春期的我们会或多或少地看见、感受或者遭遇到暴力，基于性别不平等、性别歧视、社会性别刻板印象的性别暴力在我们的学习、生活和周边环境中从不缺少。有些性别暴力是有形的，有些性别暴力是无形的，带来的伤害也不一样。

学习性别暴力的定义和内涵，了解性别暴力的表现形式，有助于青春期的我们掌握识别和应对性别暴力的能力，这对青春期的我们而言很重要。

因为国际社会基本是在同一个意义上使用“性别暴力”和“针对妇女暴力”两个概念，所以我们首先会了解“针对妇女暴力”的定义和体现形式，并从中懂得性别暴力的根源在于不平等的社会性别关系。

与此同时，常见的性别暴力还有性骚扰、性侵犯和强奸等。这些性别暴力包括异性间的，也包括同性间的，也可能存在于跨性别者、生理间性人内部。

跨性别是指性别认同与生理性别不同，或性别表达与性别规范相悖的情形。

生理间性人是指与性别相关的生理特征异于典型男 / 女的个体。间性指的是生理性别，是一种与生俱来的状况。间性人可能有任何一种性别认同、性别表达、性倾向。

青春期的我们将不再停留于从男人和女人的二元性别划分方式上来思考性别暴力，而会充分考虑其他性别的存在，因为忽视其他性别的存在，本身也是一种性别暴力。我们要拒绝针对性别气质的性别暴力、针对性倾向（指一个人对异性、同性或两性产生的持久情感，喜爱、爱情或性吸引的现象）的性别暴力和针对性别选择的性别暴力等。

青春期的我们会更有能力判断家庭暴力与伴侣暴力，我们会认识到家庭暴力（简称“家暴”）包括肢体暴力、言语及精神暴力、性暴力、经济控制四种形式，我们会更清晰地意识到家庭暴力存在于我们的生活或者周边，它不仅是男性对女性的暴力，也有女性对男性的暴力，它同样也存在于同志伴侣关系中，婆媳等其他家庭成员之间的家庭暴力一样不容忽视。这对培养我们应对家庭暴力的能力，学会如何建立未来的亲密关系都很有意义。

性骚扰的问题应该是“骚扰”（这违反人的性自主权），而不应该来自“性”的羞耻感。所以，恋人当众接吻亲热，某人喜欢讲黄色笑话，个人穿着暴露，性邀约（俗称“约炮”），这些只要不是有针对性的侵犯性言行，就不构成性骚扰，性骚扰是有针对性的，明知对方不接受（被拒绝）却依旧强行实施。

此外，青春期的我们也会发现，美貌暴力，拐卖妇女、儿童等其他性别暴力形式也是存在的，我们要拒绝所有基于性别不平等、性别歧视、社会性别刻板印象的性别暴力。

性骚扰只是男生针对女生吗？

困惑解答老师：王艺

不是，当然不是。性骚扰是指违背他人意愿的，带性意味的言语、动作、行为等。你看，关键词在于“违背他人意愿”，可不存在性别划分。性骚扰可能是男性对女性，这的确占了性骚扰事件的大部分，但是性骚扰也可能是女性对男性、男性对男性以及女性对女性实行的不当言语或行为。

性骚扰的本质不在于性，而在于骚扰，在于彰显与获得权力。长久的男权社会，使得男性权力的最好表达方式之一就是对女性的占有和控制，对男性气质“强大”的要求和鼓励，加上女性在力量和速度上的相对劣势，使得一部分男性对女性的性骚扰相当普遍，职场、学校、家庭、公共场所，性骚扰都时有发生。男性将相当部分的性骚扰弱化为开玩笑、不是故意的，还会污名化受害者的穿着、举止、行为等，进而为自己的行为辩解，使之合理化。

男性对女性的性骚扰占性骚扰事件的大多数，事件报道的也多是这类案件，大多数的性教育课程在性骚扰这部分内容上强调的也是这一类，总是告诉女孩们要保护自己，要提防“坏男生”。但是另外两种情况的性骚扰也不容忽视。

一种情况是女性对男性的性骚扰，同样会发生在职场、学校、家庭或其他公共场所。但是由于传统性别气质中男强女弱的刻板印象，使得这类性骚扰比较隐蔽，施暴的女性不认为自己在施暴，受害的男性更加羞于告知他人和求助。有些男性鼓起勇气投诉、报警的时候，收到的往往是质疑、嘲笑，而不是同情和支持。所以这类案件曝光率较低，较少引起公众注意。你要像警惕他人对你的性骚扰一样，警惕自己是否对他人实施了“性骚扰”。引起他人反感的言语、动作、行为要注意，如果对方明确表示不喜欢、不接受，要马上道歉，并停止你的“骚扰”。

另一种情况是同性之间的性骚扰，仍然可能会发生在职场、学校、家庭或其他公共场所。但是，“同性 + 性”这样的组合很容易让人联想到“同性恋”，在社会对于性少数群体仍然不够包容，“恐同”仍然普遍的背景下，被同性性骚扰之后，能够让他人知晓的更是少之又少。尤其是在大家普遍对性骚扰认识不足的情况下，很难将同性之间的行为界定为“骚扰”。青春期就是爱打打闹闹的年纪，好朋友之间勾肩搭背是表示亲密，同性之间有什么不好意思的……这些被普遍接受的观念，都使性骚扰难以界定，有可能成为对方性骚扰的借口和辩解理由。你要把握的就是“违背他人意愿”这一基本原则，即使是室友、闺蜜、姐妹等人做出让你不舒服、不能接受的言语、动作和行为，你也要坚决地拒绝，维护自己的权益。同样的，你也要注意不要开别人不喜欢的玩笑，不要做别人不喜欢的挑逗、身体接触等。

性骚扰可能发生在任何人之间，可能发生在任何场所，这不是吓唬你，而是提醒你，一方面要保护好自己，另一方面，也不要侵犯他人。尊重是相互的，在哪种性别之间都是一样的。

男朋友趁我喝多了，跟我发生了性关系，算性侵吗？

困惑解答老师：韩雪梅

你听过“知情同意”吗？对于你的身体，你有知情权、同意权，这是不能被侵犯的。任何时候、任何人想和你发生性关系，都必须保证你是知情同意的。

当你喝多了或者因为其他原因不清醒时，都是处于不知情的状态，你根本不知道在发生什么事情，这些事情又会产生什么结果，所以，这个时候与你发生性关系，就是性侵。

虽然对方是你的男朋友，你们以前也可能发生过性关系，但这次他还是应该确保你知情同意。你上一次同意了，不代表你这一次也同意。你喝酒前同意了，不代表你喝多了之后还同意。就算是一次性行为已经开始了，你们两个人中有任何一个在中途觉得不舒服，想要停下来时，对方都应该停下来，否则就侵犯了别人的同意权。

所以，当两个人要发生性关系时，一定要确保双方都很清楚现在要做什么，而且都非常愿意去做。

现在，性侵已经发生了。它可能破坏了你对性、对爱情的美好想象。但是，你要确信：这不是你的错。不管你是什么状态，别人都没有权利性侵你。曾经也有其他人遇到过这样的事情。比如，2015 年 1 月，美国名校斯坦福大学学生特纳因性侵了喝醉酒后无意识的女子被判有罪。受害女子告诉调查人员，她在前往“兄弟会”这场派对前喝了 4 小杯威士忌，到那儿又喝了伏特加。她说，她能记得的下一件事情就是在圣荷西一家医院醒来。警官告诉她，她可能被性侵了。受害女子在声明中描述，这起攻击在她心中留下伤疤，让她“不再想要自己的身体”。老师不知道，当你意识到男朋友性侵你之后会有什么感受，不过老师想告诉你的是，我相信未来你会遇到懂得尊重你的人，拥有美好的爱情。所以，不必因此就对性、对爱情失望，你还可以重拾美好！

同时，如果你愿意的话，你还可以选择让侵犯你的人付出代价。你是否保留了他性侵你的证据？如果有证据，你可以选择报警，让他接受法律的制裁。

2019 年 8 月，李某（男性）在约会中强行抱住女友小曾亲吻，并想和小曾发生进一步的关系。小曾躲进厕所并拨打 110，向警方提供了自己所在的位置寻求保护。见小曾报警了，李某这才冷静下来，并对自己的行为后悔不已。他走出房间，在酒店一楼等待民警的到来。2019 年 11 月 13 日，李某被乐清市检察院以强奸罪提起公诉。法院审理认为，李某违背妇女意志，采用暴力手段强行与妇女发生性关系未遂，他的行为构成了强奸罪。但由于他因意志以外的原因未能得逞，属于犯罪未遂。同时，李某又自动投案，如实供述自己的罪行情况。法院一审判决，李某因强奸罪（未遂），获有期徒刑一年两个月。

所以，你男朋友趁你喝多了和你发生性关系，是对你的性侵行为。这样的事情发生之后，你应该考虑如何追究他的责任，也要学着更好地保护自己，去迎接美好的明天。

Q 是不是穿得暴露就容易被性骚扰或者被强奸？

困惑解答老师：许舒婷

穿得暴露不代表就容易被性骚扰或者被强奸。

首先我们来看看“暴露”这个词。其实“暴露”是一个相对的概念，每个国家甚至是每个人对暴露的解读都是不一样的。例如在阿富汗，女性露发、露手就被认为是暴露，有人可能觉得穿膝盖以上的裙子就是暴露，也有人会认为露出脚踝就是暴露。因此，暴露是一个主观的标准，如果我们用一个十分主观的标准来作为侵犯别人的理由，这本身就是不合理的。

长久以来，在女性受到性骚扰或者是性侵的案件中，受到谴责的往往是受害人。很多类似“你穿成这样就该为自己被性侵买单”“晚上出去还穿那么少，活该被骚扰”的言论。

但穿得暴露就容易被性骚扰甚至被强奸的观点是错误的。堪萨斯大学性侵犯预防与教育中心的负责人曾在 2013 年举办过一个名为“被性侵那天，你穿了什么衣服”的展览，展出了 18 个女生在遭受性侵时所穿的衣服。我们会发现，这些衣服都是牛仔裤、T 恤、衬衫等每个人衣柜里都可能有的、再普通不过的衣服。因此，被性骚扰或者是被性侵犯与受害者当时的穿着无关，只是受害者恰好在那个时间、那个地点遇到了那个性骚扰者或性侵者而已。所谓的“女性穿着暴露诱发男性犯罪”的言论，把错误推到了受害者身上，这只是为施暴者开脱的借口，企图将性骚扰、性侵的行径合理化。

性骚扰或性侵的本质就是一种伤害，它的重点在于违背个人意愿，穿什么衣服都不应该成为被性骚扰甚至是被性侵的理由。我们每个人都有权利选择自己穿什么样的衣服，穿着“暴露”并不是在发送可以被骚扰的信号。应该受到谴责和制裁的永远是性犯罪的实施者，而不是受害者。

Q 我想发生性关系，男朋友不答应，他的拒绝算是一种暴力吗？

困惑解答老师：李伟

在我们传统的文化里，女生在性表达上都是被动的，女生不敢表达自己的真实想法。而性文化中对于男生更多的是鼓励，所以男生会表现得更加主动和直接。其实随着人类思想的解放，男女在两性关系上应该是平等的、互相尊重的。你现在主动提出想发生性关系，这证明你在观念上已经突破“性”对女生在思想上的束缚，可以大胆、真实地表达自己的需求，这是值得赞许和鼓励的。

你想发生性关系，男朋友不答应，你听到以后感觉很难过和委屈，询问他的拒绝是不是一种暴力。亲爱的，请先不要伤心，让我们来看看亲密关系中哪些行为属于暴力行为。

暴力包括肢体暴力、言语暴力、行为控制、经济控制和冷暴力（无视你的存在）。

在亲密关系中，无论是男生还是女生，都有提出性需求的权利，也同时拥有同意或者反对的权利。所以当你提出发生性关系的要求时，男朋友没有答应，最后礼貌地拒绝，不是暴力行为。他经过慎重地考虑，表达了自己真实的意愿，是对自己和你负责任的表现。你可能因为他不答应发生性关系，觉得他这是不够爱你。其实，相爱的两个人在一起，应该相互欣赏，互相包容，共同成长，成为更好的自己。在亲密关系里，两个人的身心都是自由的，并不从属于对方。如果需要对方用行动来证明他是爱你的，这恰恰是关系暴力里的行为控制。

还有亲爱的，在你提出发生性关系之前，是否考虑过自己对男朋友是否有充分的了解？如果发生性关系，是否有安全的避孕措施？性关系发生以后，两个人能否进一步地处理好心理和身体的变化？相信在经过这一系列问题的思考和评估以后，你能够更加冷静地选择和应对。

那当男朋友不答应发生性关系的时候，我们该怎么办呢？请不要将委屈和猜疑放在心中，而是大方地对他说出自己的心声。当然沟通的时候，我们要注意方式、方法，选择在一个相对安全安静的环境，不发泄自己的情绪，说出自己真实的想法。在得到男朋友的理解的同时，也认真倾听他的感受和想法。在交流的过程中，也许你会发现男朋友有他的顾虑和担心，或者他并没有做好发生性关系的准备，又或者他对亲密关系有着更深刻的理解和认知。我相信在这个平等交流的过程中，你们会进一步地了解彼此，最后无论是否发生性关系，你们都会作出合适的选择。

在未来的亲密关系生活中，你和对方都可以合理地、大胆地表达“我要”或者“我不想要”的想法。这种彼此尊重的交往会让亲密关系更加和谐。在“自主、健康、责任”的基础上，遵从自己的意愿，既不勉强自己，也不伤害对方，就是正确的选择。最后祝愿你能拥有良好的亲密关系，身心愉悦。

有同学发色情图片给老师，算性骚扰吗？

困惑解答老师：王艺

事件本身非常难以判断性质，我从各方面来帮你分析一下。

同学也许是发错了图片，这种情况要跟老师道歉。

同学也许是恶作剧，这要看老师的态度。如果老师一笑置之，没有感觉被冒犯，说句“玩笑”也就可以了；如果老师很介意，不高兴，学生要跟老师认真道歉。

同学也许是出于对老师的爱慕，将之看作一种示好、示爱的方式，如果老师感觉被冒犯，学生要跟老师认真道歉；如果老师接受了这样的“表白”，要非常小心地处理“师生恋”。因为学生和老师在资源占有、权利、年龄、能力、金钱上不对等，师生恋双方的自主、自愿都带有很大的“可疑”之处，很多地方对于“师生恋”都是持反对态度的，社会压力较大，尤其是对老师的反对态度比较强烈。

同学如果是出于一些目的的试探、挑衅，甚至别有用心地要利用老师的回复作为“把柄”来要挟、胁迫老师，以达到自己的目的，行为就很恶劣了，不是几句道歉所能够解决的事情，严重的话还可能违反法律。

以上是若干可能性，人心复杂，也许还有别的可能性存在。不论学生的目的如何，如果老师感到不舒服、被冒犯，并告知学生，学生却不道歉，且不停止这种行为，那之后的每一张图片、每一句话都是性骚扰。情节严重的，属于违法行为。

最后提醒你和这个同学，这样的行为已经有“传播淫秽物品罪”的嫌疑。现在仅凭你的只言片语无法确定，建议你们学习一下相关法律知识，咨询一下学校老师或其他专业人士，不要做违法的事情。

人与人之间的关系多种多样，人与人之间的交流方式也各有不同，但是相互尊重、平等的基本原则是不会改变的。

被强迫发生性行为时，只有将阴茎插入阴道才算强奸吗？

困惑解答老师：蔡云枝

强奸是违背被害人的意愿，使用暴力、威胁或伤害等手段，强迫与被害人进行性行为的一种行为，是一种性暴力。在所有的国家，强奸行为都属于犯罪行为。而根据我国刑法规定，强奸是指违背妇女的意志，以暴力、胁迫或者其他手段强行与妇女发生性交的行为，或者故意与不满14周岁的幼女发生性关系的行为。强奸罪实施者是达到刑事责任年龄，且具有刑事责任能力的男性。而受害对象是女性（已满14周岁的少女和成年妇女），不包括男性，是男性对女性实施强奸才会构成强奸罪。强奸罪设立是体现对女性性自由权的保护，但当中没有体现对男性的性自由权的保护。直到2017年《刑法修正案（九）》中将强制猥亵侮辱妇女罪条款进行修改，改为以暴力、胁迫或其他方法强制猥亵他人或者侮辱妇女的，处五年以下有期徒刑或拘役。这显示出法律开始对男性性自由权的重视和保护。强制猥亵违法行为的对象不再仅仅限定为女性，而是包括了男性，扩大了保护对象。强制猥亵他人的行为，不仅包括异性间实施的强制猥亵行为，也包括同性间实施的强制猥亵行为。猥亵行为是指以刺激或满足性欲为目的，用性交以外的方法实施的淫秽行为。强奸罪与强制猥亵罪在量刑中处罚起点不同，强奸罪量刑会更重，处三年以上十年以下有期徒刑，严重处十年以上有期徒刑、无期徒刑或者死刑；强制猥亵罪处五年以下有期徒刑或者拘役。

要辨别被强迫发生性行为是属于强奸还是强制猥亵行为，要依据我国刑法中具体条款规定，以及最终司法机关审判而定。而在我国司法实践中对强奸行为的认定是以“插入”为认定标准的，即男性的生殖器官阴茎插入到女性生殖器官阴道的行为是犯罪既遂，射精与否与既遂、未遂无关。但如果在过程中，没有插入性行为，可能会被认定强奸未遂，可能会转为强制猥亵行为，归入强制猥亵罪。但是有一个特例，若受害者为幼女时，既遂标准与受害者为年满 14 周岁以上的女性不一样。当受害者为幼女时，即 14 周岁以下，只要行为人的生殖器与幼女生殖器表皮接触，即视为强奸既遂，故强奸幼女既遂采取的是接触说。

因此被强迫发生性行为时，男性将阴茎插入女性阴道是属于强奸行为，如果被害对象是年龄未满 14 周岁的幼女，即使阴茎没有插入阴道，只要男性生殖器有与幼女生殖器表皮接触，也属于强奸行为。

无论是强奸还是强制猥亵行为都是侵犯他人的性自由权利，都是犯罪的行为，会受到法律严惩，不要以身试法。如不幸遭受侵犯，建议保留证物，在安全的情况下，尽快向父母或信任的成年人求助，及时报警，维护自身权利。

我不喜欢的人给我写表白信算性骚扰吗？

困惑解答老师：黄晓霞

有人给你写表白信，说明你是一个优秀且讨人喜欢的同学，老师替你高兴。

首先我们要分清两个概念：骚扰与性骚扰。骚扰通常指扰乱他人、使之不得安宁。性骚扰是骚扰中的一种，指以性欲为出发点的骚扰，以带性暗示的言语或动作针对被骚扰对象，引起对方的不悦感。只要言语或行为令他人感到不悦或有被冒犯的意图，且被认定存有性相关的暗示，都算是性骚扰。

所以关于这个问题老师只能回答你：有可能是骚扰而非性骚扰，也有可能是性骚扰。为什么是有可能呢，这要从两方面分析：一方面是对方是第几次给你写信，另一方面是表白信的内容。

如果对方喜欢你，第一次用写信的方式向你表白，而且信的内容没有让你觉得特别不舒服，不含有性的意味，只是表达对你的喜欢，说一说为什么喜欢你，你有哪些优点或者这段情感是怎么发生的等等这些内容，这都不算骚扰，更不是性骚扰。但是如果对方不是第一次给你写信，且你已经明确拒绝对方，希望他（她）不要再表白了，他（她）依然持续不断地给你写信，甚至把他（她）的信公布于众，嘲讽你、侮辱你，这个时候不管信的内容是什么，都算骚扰。

而性骚扰不仅限于当面的肢体接触，还包括通过电话、短信、网络、写信这些沟通方式表达一些带有性的意味、让对方感觉很不舒服的语言、文字、图片或者视频。所以另外一种情况，不管对方是第几次给你写信，只要信的内容带有性暗示或者亲密的意味（不管是文字或者图片），并且让你觉得很不舒服，那都算性骚扰。

如果你是第一次收到对方的表白信，且不太确定如何判断是否被骚扰，老师建议用你觉得合适的方式明确地拒绝对方 1 ~ 2 次，如果对方不再持续不断地给你递信，很可能只是表白，不算性骚扰。

如果你拒绝他两次之后对方仍然纠缠，就构成了骚扰。老师建议你可以反思下是不是自己的拒绝处理得不太妥当：

1. 有没有做到礼貌和尊重，不喜欢对方没有关系，但是不要挖苦、取笑对方，甚至把对方的表白信公布于众，嘲讽对方。

2. 拒绝是不是模糊的，让对方产生了误解，仍然抱有希望和幻想？不要暧昧，要把不喜欢清楚地表达出来。如果这些你都做到了，他（她）还是继续纠缠你，你可以保留好这些信，包括你拒绝的文字或者语音作为证据，寻求老师或者家长的帮助。

如何看待表白，要不要接受表白，不想接受表白的时候要不要拒绝表白，如何拒绝自己不想要的表白，等等，这些都是需要我们不断去学习的，愿你在情感的摸索中能正确地分辨他人的表白，对的表白能欣然接受，不想要的表白也有勇气坚定地拒绝。

爸妈天天说我不如别人，我该怎么办？

困惑解答老师：王晓斌

你的爸爸妈妈天天说你不如别人，这是不对的。

父母拿你与其他孩子比较，本心也许是以此对你进行激励，但是这种建立在对你极大的否定基础上的“激励”，其本质是一种语言暴力，是精神暴力的一种。面对任何暴力，我们都要勇敢地说“不”，要建立正确的自我认知，即使你的父母这样说你，也不能说明你就是这样的。

你的爸爸妈妈也许会说你长得不如别人漂亮，但审美观是多元且具有很大的个体差异的，虽然会带有一定的倾向性，但是审美标准不是一成不变的。某类女性或者男性的外貌会得到多数人的好评，这是受社会文化对审美观的影响，但不能代表所有人。至于说“长得不漂亮会嫁不出去”，更是基于物化女性的思想，将女性的成败定义为能否取悦男人，将女性的价值等同于婚姻属性，忽略女性的自主性和独立价值。

你的爸爸妈妈也有可能从内在修养的角度说你各方面都不如其他孩子，处处用别人的优点比你的短处，如果反过来拿你的优点比别人的短处，不就是完全不同的比较结果吗？字面上的“恨铁不成钢”，其实是对你的价值的贬低。

外形并不能从根本上决定一个人的自信，自信反而能够影响外表。我们首先要接纳和认可自己的外形，然后挖掘和增强个人魅力，尝试提升自己的内在素质。衣着打扮、生活习惯、言谈举止和气质风度都会大大地改善一个人的容貌，你自身的成长和内心的强大才是影响你争取幸福的机会和信心的根本，完全不需要将自己的价值建立在他人的评价之上。

至于提升自信，首先，重新审视自己的多面与优势，从小的成功去积累信心；其次，学习交往和交流之道，让自己的人际关系来帮助自己提升自信；最后，学会正确归因，不能遇到任何挫折和人际关系的困难就认为是长相所带来的影响。

你父母对你说的话，是用语言的方式实施的精神暴力，你要对此建立正确的认知。当你再一次面对他们的贬低时，要真实地表达自己被否定时的心情，并将对自己的正确认知传达给父母，表明自己拒绝被精神暴力的态度。同时，注意在对待别人的时候，要避免“学习”父母的说话方式。

第二节 性骚扰及性侵犯的应对

前面一节，我们谈论性别暴力的定义和内涵时，对性骚扰和性侵犯有了全面的认识。青春期的我们，在性别暴力事件中，无论是性骚扰和性侵犯的受暴者、施暴者还是旁观者，都要具备应对性骚扰和性侵犯的能力。

性骚扰除了言语上的和行为上的，我们还要识别不同情境下的性骚扰，再采用不同的应对方法。在人多拥挤的地方要确认对方是否有意骚扰，才能判断是否是性骚扰或性侵犯，若是，表明立场，明确拒绝。

男性、女性和跨性别者都有可能是受暴者或者施暴者。所以我们要认识到身边熟悉的人、亲戚、监护人也可能是性骚扰的实施者，遇到来自熟人的性骚扰或性侵犯，更要及时表明态度，告知信任的家人、老师和朋友，一味忍让和不声张更有可能让自己不断被骚扰或被侵犯。

所有的性骚扰和性侵犯都是权利不对等的暴力，我们学会积极反抗，便是翻转受骚扰者和实施者之间权利关系的一种好方法。无论我们是受害者还是旁观者，在拒绝和制止性骚扰和性侵犯时要讲究策略，当施暴者攻击性较强时，尽量以智取胜，我们要评估危险情境，牢记生命最重要。

如果经常受到性骚扰，我们要懂得把发生的时间、地点和对方的行为、话语记录下来，保留相关证据，以便作为日后起诉的依据。

性侵犯，侵犯的是受害者身体的自主权和尊严，而不是“贞操”，并且不分性别。所以我们不以一个人是否被侵犯、女性是否有处女膜去判断对方是否“纯洁”，我们会在这一节探讨到处女膜本质上是贞操观对女性的压迫。如果我们周边有人受到了骚扰或者侵犯，我们要明白不是他们的问题，错在施暴者。

性骚扰和性侵犯的行为不可饶恕，但是知错能改的施暴者也可以得到我们的原谅。

放学路上遭遇露阴癖，我该怎么办？

困惑解答老师：杨东

露阴癖，也叫裸露症，是一种较常见的性偏离现象，表现为反复或持续地在不适当的环境下对异性公开裸露自己的生殖器，由此引起异性紧张性情绪反应以获得自己的性快感。露阴癖者有女性也有男性，多见于男性。他们大多性格内向、缺乏安全感，也对性能力没有自信。露阴癖者一般没有对“暴露对象”实施性暴力的意愿和行动，他们往往反复追逐的就是大庭广众之下没有戒备的异性看见露阴者生殖器时突然发出尖叫的声音、露出紧张的情绪以及表示厌恶的辱骂声，从中他们会获得性兴奋和性满足。有的时候他们会为此大喊大叫，并伴有手淫行为。

不了解露阴癖行为特征的遭遇者，往往会认为自己的人格受到了侮辱，会在心理上感觉自己受到了伤害，甚至有人会觉得受到了性骚扰和性侵害。

露阴癖也是一种性心理障碍疾病，患病者除了成年人，也有正值青春期发育阶段的未成年孩子。一旦发现身边有这样的学生，家长和老师应给予更多的理解和宽容，不要歧视和排斥学生，并帮助学生转移注意力，让学生获得专业医生的行为矫正治疗。

若遭遇露阴癖，最好的做法是以下四种：

1.不惊不叫，从容不迫，不予理睬，自然地离开。一旦你的反应平淡，露阴癖者反而会备受打击，自感无趣，会停止对你进行裸露。因此，也杜绝了露阴癖从你受惊的反应中获得性满足而反复对你进行裸露，最终造成对你的性骚扰的后患。

2.如果遭遇露阴癖的是陌生的路人，可以离开后报警。

3.如果遭遇露阴癖的是本校的学生，可以离开后报告校方。

4.遭遇露阴癖，你并没有任何改变，你还是你，你的人格并没有遭受对方的玷污，无须为此自卑。

Q 同学开性玩笑，讲黄色笑话，发色情图片、视频，我该怎么办？

困惑解答老师：陈玉梅

首先，要分情况辨别事情发生的情景，通过情景来判断是否构成性骚扰。

1. 安全且私密的情景。

如果你们几个同学都喜欢开这样的玩笑，而且是在一个相对隐秘的空间，大家也并没有觉得不舒服，这其实无伤大雅，就和我们平时玩游戏是一个道理。

2. 在公共场所中不顾他人感受的公然谈论。

如果在公共场所，有其他同学或者朋友在场，那随意开性玩笑、讲黄色笑话是不礼貌而且粗俗的行为，也被很多人视为是违背公德的行为。

3. 已经被明确拒绝了，还继续谈论。

如果开玩笑时，自己或者有同学表现得不舒服，并明确拒绝了，还继续开玩笑或者讲黄色笑话，在聊天群中发送色情图片及视频，这样的行为也是不行的。

以上三种情况，不能视为玩笑，当有人感受到不舒服时，就已经构成了性骚扰。

性骚扰指当他人使用不仅限于身体接触，还通过语言、网络等交流方式发送一些带有性意味的、让对方感到不舒服的表情或者图片、视频等。

其次，根据不同的环境，我们要学习不同的应对方法。

1. 安全且私密的环境中。

如果是在安全且私密的环境中，这说明大家都能够接受，那么你可以不用采取任何行动，继续和朋友们相处便是。

2. 有人感觉不舒服时和在公共场所中。

如果是在公共场所，你可以提醒朋友们，这里是公共场所，要注意自己的言行，并且停止开玩笑或讲黄色笑话。如果你自己或察觉到他人感觉不舒服，你也可以直接告诉同学，这样的行为让你或者其他人不舒服，如果提醒后还在继续开玩笑或者发色情信息，那你便要告诉他们，这已经构成了性骚扰，这是违法的。

关于发送色情图片和视频等，根据《中华人民共和国刑法》第三百六十四条：传播淫秽书刊、影片、音像、图片或者其他淫秽物品都将接受相关惩罚。

3. 寻求支持也是解决方法之一。

如果你没有办法解决这些问题，要第一时间寻求帮助，把这些情况告诉你信任的朋友、家人或老师等。对于色情网站和图片等，可以通过网络违法犯罪举报网站进行举报。

Q 女性被性骚扰之后，该怎么办？

困惑解答老师：黄欣

2019年10月15日，美国女演员艾莉莎·米兰诺在推特上写道："如果所有被性骚扰或被侵犯过的女性都能发一条Me too标签的状态，那么人们或许能认识到这个问题的重要性。"此后，Me too成了一个反性骚扰的标签，在美国掀起了一场反性骚扰的社会运动，曾经沉默的受害者纷纷站出来公开指控加害者，这就是轰动一时的Me too事件。

性骚扰是指带有性暗示的言语或动作或其他形式，针对被骚扰对象，强迫对方配合，让对方感到不舒服。结合我们身边发生的新闻和故事，我们不得不承认，性骚扰已经成为众多地区女性日常生活中担忧的一部分，实际上，男性也是性骚扰的受害者。

被性骚扰后，我们容易产生一些错误的想法，比如"我活该，因为……""我当时应该……这样我就能避免这样的事情发生了""我很脏，我和之前不一样了……""事情已经发生了，我以后该怎么见人"等，这些想法阻止了我们向外界开口求助，内心还因担心他人的看法而承受二次伤害。这些错误的想法是长期以来的父权文化等因素造成的，人们在性上对女性的要求总比对男性苛刻，如要求女性要矜持，保持"贞洁"。还有一些人认为"一个巴掌拍不响""也许你穿得太性感了，才会被骚扰"，事实上，这样的言论是毫无根据的。

因此，在被性骚扰后，不必感到羞耻，要清楚地知道：我们不是犯错的人，而是受到伤害的人，性骚扰我们的人才应该得到惩罚和谴责；性骚扰，侵犯的是我们的身体权，"变脏""见不得人"等想法都是传统文化中的糟粕对女性的束缚所导致的，我们并不会因被性骚扰而变得与之前不同，我们一样值得被爱，一样拥有幸福的可能。

被性骚扰后，除了会出现上述的错误想法，在身体、情感或行为上也会产生一些异于平常的反应，如身体会出汗、头痛等，在情感上感到羞耻、无助等，还可能出现一些自我伤害的行为。我们可以通过一些方式来缓解这些消极反应，如先暂时减少接触与当时事件相关的人或事物，转移注意力，稳定情绪；撰写日记，记录生活中的美好，时刻提醒自己，幸福没有因为这件事情而远去等。当我们无法自我调节时，及时向专业人士求助也是非常好的办法。

当我们情绪平稳后，在信任的人的帮助下，可以寻找证据、证人，进行报案，配合警方调查，让性骚扰者得到法律的制裁。电影《素媛》讲述了一个小女孩在遭受性侵后，通过自身、家人、朋友和专业人士的努力，让性侵犯者受到法律的制裁。如电影中那样，也许被性侵后，我们会在一段时间内产生消极的情绪，但只要我们依然爱自己，用有力量的、科学的方法来应对，被性侵也只是人生的一个意外，不影响我们追求人生的幸福。

Q 我被性侵了，感觉自己不纯洁了，怎么办？

困惑解答老师：姜玲玲

从客观上说，你被性侵是一个意外事件，而在这个事件中，你是一个纯粹的受害者。自始至终，你没有任何过错，完全是实施性侵者的错，是他侵犯了你的身体自主权，你依然是一个纯洁的好女孩，你依然是善良的、完整的、优秀的好女孩，你没有被玷污、被糟蹋，你只是被伤害了，而这种伤害，如同你的手、脚、皮肤等身体的其他部位被伤害了一样，没有任何特殊的意义，因为我们所有的身体器官都是平等的，这些都属于我们的身体权，不管是被性侵，还是被打伤了手、腿、胳膊等身体的其他部位，从本质上讲，都是侵犯了我们的身体自主权。

相信大多数人遭遇这种意外，内心都会有不舒服的感受，都会有不同程度的情绪、情感反应。之所以被性侵会感觉自己不纯洁，心理压力特别大，一方面是因为我们的社会文化和传统思想赋予了“性器官”特殊的意义和价值，是人们守旧的思想观念和“守贞主义”的性价值观导致的，是我们的社会文化建构了被性侵是一件非常可怕的事情，是人为地把性器官特殊化、污名化了。实际上，我们身体的任何部位、任何器官都是一样宝贵的，都是平等的，没有任何器官和部位更珍贵；另一方面是“处女情结”的存在。在父权文化统治下，加上“守贞主义”文化的影响，许多人都存在不同程度的“处女情结”，认为被性侵的女孩不是处女了，就变得不纯洁了，就贬值了，甚至以后很难拥有美好的人生了，但这样的观点本身就有失客观，是一种认知偏见，也是父权文化中男女不平等的表现。这种思想观念本身就是错误的，是父权文化给女性的枷锁，是传统文化中的糟粕，是我们需要摒弃的。因此，如果我们无法改变其他人的想法和观念，无法改变社会文化的走向，至少我们可以平等地对待我们自己的身体器官，用心去爱自己身体的所有部位，维护自己的身体自主权。

我们的身体自主权是人权的一部分，是不容侵犯的，但是，无论任何时候、任何情境，我们的生命都是最珍贵的，只要活下来，我们就拥有无限美好的可能。所以，即使你被性侵了，你什么都没失去，你依然是你，依然是纯洁的、可爱的，你依然是一个值得被爱的女孩，你依然可以前程似锦，依然可以拥有幸福、美好的人生。

《生命的重建》一书的作者露易丝·海，自幼父母离异，5 岁时遭酒鬼邻居性侵，从童年至青少年时代的大部分时间都在饱受凌辱和虐待，多次遭受过精神暴力、肢体暴力、性暴力。她在 15 岁的时候因无法继续忍受性暴力，从家里逃了出来。一次偶然的机会，她接触到心理康复课程，开始如饥似渴地学习，终于成为一名合格的心理咨询员。后来，她边工作、边学习，且在他人的鼓励下开始写书。1976 年，她的处女作《治愈你的身体》出版，奠定了她在这一领域的专家地位；1984 年，她的代表作《生命的重建》出版，很快就被译为 25 种文字，在 35 个国家和地区出版。露易丝·海成为美国最负盛名的心理治疗专家、杰出的心灵导师、著名作家和演讲家，帮助千千万万的人改变了他们的健康状态，提升了生命质量。这位伟大的女性被世界各地的媒体亲切地称为“最接近圣人的人”。可见，被性侵并不能毁掉一个人的大好前程，更不可能毁掉一个人的美好人生，只要我们自己愿意学习、成长，愿意对自己负责任，愿意对未来怀有希望，愿意努力奋斗，我们就一定可以拥有美好的未来。

所以，即使被性侵了，你依然可以活出自己的色彩，成为最好的自己。

知道同学被强奸过，我们该怎么对待那个同学？

困惑解答老师：陈岚

知道同学被强奸过，我们该怎么对待那个同学？这确实是一个值得思考的问题。有人选择假装什么事都没有发生，却还是慢慢疏远这个同学，害怕自己也被当成受害者一样。有的人选择在私下议论，对受害者指指点点。有的人选择勇敢地和受害者站在一起，觉得这不是什么丢脸的事，受害者没有做错什么。也有的人主动帮助和陪伴受害者走出受害的阴影。

首先我们要做的事情是求证消息的真实性。你是如何知道那个同学被强奸的？是新闻媒体报道？是网络帖子传播？还是听别的同学传言？或者是当事人亲口告诉你的？为了避免成为谣言的传播者和语言暴力的帮凶，即使是事实，我们也需要了解。

第一，强奸是一种性暴力、性侵犯，是一种违背他人意愿使用暴力的非法手段，胁迫或强制与被害者发生性关系的暴力行为，被强奸的人是暴力的受害者，她们是无辜的，甚至在这个过程中遭受了巨大的身体和精神创伤。有些同学可能会觉得那些被强奸的受害者是因为她们自己行为不检点，或者穿着暴露，才会遭受这样的伤害。然而，任何人的穿着或者行为习惯都不是暴力行为的理由和借口。我们不应该对受害者进行质疑和批判。

第二，强奸和其他暴力对身体的侵害是一样的，只是针对的部位不同，强奸针对的是性器官的侵害，导致生殖器官受到暴力伤害和风险。但由于大家对性器官的特殊化、神秘化、贞操化、污名化，使得受害人除了遭受身体的伤害，还有精神的伤害，觉得被强奸了就变“脏”了，变得不好了、不再纯洁了，被强奸的人往往因为羞耻感且没有力量支持，从而选择隐忍、隐瞒，导致施暴者没有得到应有的惩罚。其实，性器官和身体任何器官一样，只是功能不同而已，是我们一辈子要用很多次的身体部位，偶尔被别人胁迫或者暴力使用了一次，但并不代表它就不好了。就像我们被暴力胁迫吃了自己不愿意吃的东西一样，可能当时觉得恶心、想吐，或者感觉被凌辱，但是并不妨碍我们以后依然可以享受美食。

第三，任何在非意愿情况下强行和对方发生的性行为都是强奸，有些在交往中的恋人，女方可能不愿意发生性行为，但是男方不顾女方的意愿，觉得是自己的女友，错误地认为对方是半推半就，就强行发生了性关系，觉得只有这样才真正地拥有了对方。这也属于强奸行为，强奸侵害的是我们的身体自主权，女生有权利拒绝一切非意愿的性行为。

不只是强奸，其他的性骚扰、校园欺凌和暴力也都可能会发生在每一个人的身上。在面对这些事情时，每个人都有自己的选择，我们可以选择冷眼旁观，可以选择明哲保身，也可以选择勇敢地站出来支持对方。历史的任何一次革命，一次制度的推进，一个法律的改革，都离不开那些勇敢站出来发声的人，一切的选择都是基于自己想成为一个怎样的人！想象一下如果受害者是你，你又会希望别人怎么对待你呢？相信你会有自己的答案。

微信收到性暗示语言是性骚扰吗？我该怎么办？

困惑解答老师：韩雪梅

性暗示语言到底是不是性骚扰，取决于你的感觉。回想一下，当你收到这样的性暗示语言时，你是哪种感受呢？

1.觉得不开心，很生气，很讨厌，不希望对方再给自己发这样的东西。

2.无所谓啊，他爱发就发呗，反正不想理他，他发了我不看、不回应他就好啦。

3.感觉还好，有人发这样的内容给我，是不是喜欢我啊？说明我很有魅力吧？

4.第一次看到这样的信息，感觉挺有趣的，想转发给其他人。

你看，不同的人收到性暗示语言的时候反应是不同的。

假如你的感觉和第一种类似，觉得很反感，那这个信息对你来说就是性骚扰。你要明确告诉对方，你不希望再收到这样的信息。如果你告诉他之后，他向你道歉，并且以后都不再发了，那这也许只是一个误会。但假如他在明知你不喜欢的情况下还继续发送类似的信息，你就要告诉家长和老师，让身边的成年人知道这件事，帮助你解决。必要时，你还可以报警，让警察来保护你。

假如你的感觉和第二种类似，觉得无所谓，是不是就真的没有关系，可以对这件事置之不理呢？不是的。你的置之不理可能被对方认为是胆怯、默许，对方的行为可能会升级，骚扰可能更加严重。所以，不要“不理他”，而是明确地告诉他，你觉得这些信息很无聊，请他以后不要再发给你了。

假如你的感觉还好，类似第三种、第四种，那么这个信息对你没有构成性骚扰。但是，仍然有些情况需要你注意。假如你的感觉与第三种类似，在喜悦过后你还要冷静地想一下，他这样的表达是否妥当。大多数情况下，如果一个人喜欢你，会直接表达他的感情，而不会发性暗示语言给你。所以，你要谨慎对待，可以问问对方，为什么发这样的内容给你，通过更多的沟通，了解对方的真实意图。也许他是喜欢你，但不知道该如何表达；也许他只是假装喜欢，实际目的还是性骚扰。

另外，不管你是什么样的感觉，性暗示语言一定不要随便转发给其他人，更不要转发到微信群中。因为别人收到这样的信息的时候也会有和你一样的困惑，而且一定会有人认为你发性暗示语言是性骚扰。我们一定要学会保护自己，同时也要避免自己成为性骚扰的实施者。

Q 有一个女亲戚每次见到我都又亲又抱，我很抵触，怎么办？

困惑解答老师：张群英

你好，看到你说女亲戚对你又亲又抱，你很抵触，我猜应该是她的触碰让你感觉不舒服，只要是不舒服的触碰，都是对身体权的侵犯。

那么，什么是“身体权”呢？我们每个人都拥有身体权，我们身体的所有部位或器官都是属于自己的，任何人触碰，无论同性还是异性，是熟悉的人还是陌生人，如果让我们感觉到不舒服，我们都有权利拒绝。

当然，在某些时候，如果对方是无意中或者由于人流拥挤等客观原因碰触到你的身体，让你不舒服，那时你可以采取远离措施，同时告诉对方这样让你很不舒服。如果在你明确告知后，对方依然故意碰触你，那就是对你身体权的侵犯了，此时你应该坚决地拒绝和制止。

你的这位女亲戚可能并不懂得人与人的身体界限，或者她误以为只有异性之间才需要身体界限，她忽略了同性之间也要保护和尊重他人的身体权。

首先，你可以明确地告诉她，她的行为让你感觉不舒服了，请她以后不要这样。如果她不以为然，并认为这是喜欢你的表现，那你要告诉她你喜欢和接受的方式是什么，明确你身体的哪些部位是可以被触碰，哪些部位是不允许被触碰的。

其次，你要告诉你的父母，寻求父母的支持。如果父母也不懂身体权，对女亲戚的行为不以为然，甚至责备你，你要告诉父母，这是你的身体权，你有权制止他人的侵犯。

在这件事上，你没有错，错的是女亲戚。忍耐与沉默都是对这种行为的纵容，我们要勇敢且坚定地对侵犯身体权的行为说“不”，学会自我保护。

我想买一个新款手机，有人让我传裸照给他，他就借钱给我，我该怎么办？

困惑解答老师：韩雪梅

你能问出这个问题，说明你也觉得这件事很奇怪吧！为什么借钱还需要传裸照呢？！如果朋友之间借款，通常是写个借条就可以。如果是到正规银行去贷款，需要身份证明和一些能够证明你还款能力的材料。总之，借钱和拍裸照应该没有什么关系的。从债权人的角度出发，他需要一些资料证明两点：你是谁，他要确保今后他能找到你，让你还钱；你是否有能力还钱，如果你不具备还款能力，他借出去的钱收不回来了怎么办。

当你站在他的角度来思考的时候，你觉得他要你的裸照可能是出于什么目的呢？他的目的不是简单地让你还钱，他还可能会用照片来威胁你，让你做其他的事情。

2016年10月，山东省淄博市某投资咨询有限公司的员工李某，以“裸贷”（借款人手持身份证和借款协议拍摄裸照）的方式借给山东某学院边某6000元钱。因边某无力偿还贷款，自2016年11月起至2018年10月期间，李某以公开边某裸照相威胁，要求边某与其发生性关系。经淄博市临淄区人民检察院提起公诉后，李某被法院以强奸罪判处有期徒刑6年。

2019年12月，浙江省宁波市中级人民法院公布的一起“裸贷”犯罪案件中，被告人熊某在宾馆内通过“裸贷”形式，借给未满18周岁的被害人小晶3000元。小晶归还部分款项后，因未能按要求继续还款，熊某以借款逾期为由逼迫小晶签署19000元的借款协议。随后，熊某以发裸照给家人相威胁，强迫小晶多次卖淫。之后熊某再次逼迫小晶签署26000元的借款协议，小晶报案。最终，宁波市北仑区人民法院以敲诈勒索罪、强迫卖淫罪判处熊某有期徒刑 7 年，并处相应罚金。

类似事件告诉我们，一旦把裸照传给了别人，那个人就可以随时要挟你。虽然他这样做是违法的，但追究他的责任需要花费很大的精力。

所以，老师建议你不要传裸照给他，保护好自己的隐私。就算那个要借钱给你的人是你的朋友，如果他需要你传裸照，也同样是不安全的。因为有些人在自己深陷“裸贷”“裸条”（在进行借款时，以借款人手持身份证的裸体照片替代借条）困境后，会介绍更多的人来借款，通过这种方式偿还自己的债务。而且，只要照片传出去，就有泄露的危险。2016年12月，有人将10G的“裸条”照片及视频打包并在百度网盘上发布，167位女大学生的个人信息、亲友联系方式以及私密照片遭到泄露。因此，不管是熟人还是陌生人，以裸照的方式作为借款条件的，都应该拒绝。

同时，老师也建议你想一想，一定要买新款手机吗？学会管理自己的欲望，是一个人成长的重要内容。幼儿园小朋友向爸爸妈妈哭闹着要买糖吃的情景你见过吗？那个时候，孩子还小，是家长帮孩子决定什么应该买、什么不应该买。随着孩子一天天长大，家长会把决定权逐渐交给孩子。与此同时，孩子就应具有与行使这种权利相对应的能力，能够区分“必需”和“想要”。有些东西是生存的必需品，而有些东西我们想要，却只是为了一时高兴，或者是为了跟风、攀比等其他目的。对于这些“想要”又不“必需”的物品，在购买时都需要再三思考，假如它超越了自己当前的支付能力，就更要慎重了。对于幼儿园小朋友来说，吃多了糖果可能只是牙疼；对于即将长成大人的你来说，如果管理不了自己的欲望，受到的伤害可能会严重得多。请一定三思而后行。

我有时也想性骚扰一下男生，怎么办？

困惑解答老师：刘清珊

爱美之心，人皆有之，老师也不例外，见到电视里的吴彦祖、易烊千玺，我也想摸他们一把；在路上见到帅哥和美女，也想亲近美好的肉体。有这样的想法都是正常的，无须愧疚、羞耻。但是，我们需要明白“幻想”和“做”是不一样的。

幻想是大脑里的行为，有时不受我们的控制。当你越是不接纳自己的想法时，它就越是在你脑海里扎根长牢。如果你能用“想想又如何”“想过了就放心”的心态来看待，它就不会对你的生活造成困扰了。

在青春期感受到性的吸引，对男生产生好感，产生性幻想，都是正常的，比如幻想恋爱、亲密接触，甚至性爱，这些称之为性幻想。幻想什么、幻想谁和幻想做什么都是正常的，都是可以被允许的。只是当我们所幻想的事物，如果会伤害到别人或者伤害到自己，我们就不能将它变为现实。

你说你想要性骚扰一下男生，性骚扰是指在当事人不愿意的情况下，别人对他做出与性有关的动作，说有关性的话语，强迫他面对与性有关的情境，等等。性骚扰的重点不是“性”，而是“骚扰”。由此可见，性骚扰是对别人的侵犯，是不可以的。

所以，当“性骚扰一下男生”的幻想停留在幻想层面是可以的，但是要将性骚扰男生的幻想变为现实是不可以的。任何时候，我们都要做个遵纪守法的好公民，不侵犯他人，不做违法的事。

看到公交车上的咸猪手对别人侵犯，我该怎么办？

困惑解答老师：黄晓霞

在任何场合，做出任何违背他人意愿、侵犯他人身体自主权的行为均是骚扰。面对这种行为，一定不能选择沉默，一定不能忍气吞声，一定要大胆地、有技巧地对“骚扰（包括性骚扰）”这种行为说“不”！

人民公安大学王大伟教授曾经分享过性骚扰的类型和应对方法。公共场所的性骚扰一般会分为三类：偷鸡摸狗型、浑水摸鱼型和胆大妄为型。我们碰到的大多数骚扰者都是前两种类型，只要掌握这两种骚扰者的心理状态就方便应对了。一般这样的人，内心其实并不强大，当有人干扰或者揭穿他们的行为时，他们往往会停止其行为或者逃走。而如果当事人或者旁观者不敢声张，他们会变本加厉。

考虑到举证不易或者防止事后报复的情况，你如果直接指出骚扰者的行为，可能他会否认，所以行动之前你可以在静音状态下偷偷地拍个照片或者录个视频，必要时作为证据提供出来。我们还可以运用一些技巧，比如假装大声说，我的钱包不见了，这个时候你会把全车所有人的眼光都吸引过来，然后趁机把那个女生拉过来或者走到他们旁边，问“你看到了吗”；或者你假装要下车，大声地说“借过”，请别人都让一让，再趁机走到受骚扰者旁边，主动搭讪或者换位置都可以；也可以用眼神、动作等方式，叫上周围的乘客，用众人的力量一起制止其行为；还可以直接报警，交由警方处理。

如果你的一些小举动就制止了骚扰者的行为，并且迫使他（她）下车，那恭喜你行动成功；但如果他并没有下车，你自己也需要当心，比如在下车时留心有没有被跟踪，若此情况发生，务必待在公共场所，必要时让亲人和朋友来接你，千万不要进人流量小的巷子或者街道。记住，在所有的过程中，你自己的安全是最重要的。

实习老师说我如果不同意跟他约会，他就让我口语考试不及格，我该怎么办？

困惑解答老师：王艺

不知你心中感受如何，我心中是很气愤的，还有些担忧，担心你的情绪，担心你是不是会受到伤害，还担心你会不会对教师这个职业、这群人失去信心。这位实习老师的行为堪称恶劣，但是绝不代表大多数老师。

实习老师找你约会，你不同意，他就说“让你口语考试不及格”，这是性骚扰，是在用他手中掌握的权力胁迫你就范。我相信，他一定是用类似“我喜欢你”这样的话作为开头来跟你提要求的，日后你采取措施，他也一定会用这句话为自己开脱的。不要把这看作“师生恋”。“师生恋”该如何看待，各国各地对此争议很大，都有不同的规定，但是总体来讲，还是持反对意见者居多。这当中的主要原因就是老师和学生在学校学习期间，权力、对资源的掌控、金钱、能力、年龄等是不对等的，这就不可避免地给“恋爱”蒙上了阴影，撇开权力、利益的师生恋爱当然是有，只是其中的界限很难划分得清楚而已，你这次的事件就是表现。

恋爱是建立在双方自主自愿的基础上的，这个自愿的意思是：自己能够提出，并且尊重对方提出的、明确有效的“同意”或“不同意”。以你现在的情况，面对老师时有意识、有能力、有胆量提出明确有效的“同意”或“不同意”，明显是困难的。这下可以清楚认识到：实习老师对你实施了有针对性的、违反个人主观意愿的、带有性意味的行为和言辞，在你拒绝后以成绩胁迫，性骚扰成立。你要采取措施保护自己，也保卫自己的成绩。

坚定且礼貌地拒绝实习老师，并远离他，避免和他单独接触，在不得不接触的时候，找要好的同学陪同；建议你求助的顺序是，家长、其他老师、学校领导；证据保存包括但不限于微信、短信、纸条、微博评论、电话录音等等；适当向同学调查，看看这个老师是否也对其他同学这样做过。当然，需要你对形势做个判断，选择最合适的求助人和方式。

在这件事中，有两件事要提醒你注意：一是在你维护自己权益、保护自己的过程中，也许会有人说你“故意引诱老师”“想换取好成绩”之类的话，这是不对的。怪罪受害者是施暴者和看热闹的“愚众”常用的手法，尤其在性骚扰、性侵犯实践中，受害者污名化时有发生。但是没有人是“活该”遭受性骚扰的，将责任推到受害者身上是不对的。二是在你投诉、举报了实习老师之后，他有可能会面临实习期成绩不佳的麻烦，甚至他的教育职业发展都可能被影响。这时会有人指责你“毁了他的一生”，或找你求情“不要毁了他的一生”，你要知道，是他自己犯的错误“毁掉”了他自己，不是你，你没有错。

任何人遇到这样的事都不会好过，任何人处理这样的事情都会很艰难。祝福你早日走出来，继续很好地学习和生活，拥抱并创造属于自己的美好未来。

Q 老师拍我的头、搂我的肩膀，我不喜欢，该怎么办？

困惑解答老师：姜玲玲

老师在未经你同意的情况下拍你的头、搂你的肩膀，确实不太恰当，老师可能是下意识的动作，并没有什么恶意，或者是想表达对你的鼓励、赞同和欣赏，如果你不喜欢，你有权利拒绝，你可以坦诚地把你的感受和观点清晰地表达出来，可以直接告诉老师："您这样拍我的头、搂我的肩膀，我感觉有些不舒服、不自在，我不喜欢这样的身体接触，请您以后不要这样了，好吗？"如果老师是无意的动作，或者只是出于对你的鼓励和欣赏，听了你的话，老师会意识到自己的行为冒犯了你，会为此向你道歉，并且应该不会再像以前那样拍你的头、搂你的肩膀了；如果你清楚地表达了自己不舒服、不喜欢的感受以后，老师对你的话置之不理，还依然我行我素的话，那应该就是故意的，显然这样的行为就是侵犯了你的身体权，甚至有可能构成性骚扰。如果是这样的话，需要你进一步采取一些措施保护自己，尽量避免和这位老师单独相处，实在不得已时尽量把门打开，或者让同学、朋友陪同一起去，也可以直接向老师表达反抗，勇敢地说"不"，并且把老师的行为告诉家长、同学和其他的老师，也可以告诉校长等校领导，总之要通过多种途径和方式寻求其他人的帮助和保护，确保自己的人身安全是首位的，必要时也可以拨打 110 报警。

你的问题涉及人际距离、身体边界和身体权，而每个人对"安全人际距离"的感受是不同的，即身体的边界是因人而异的，有的人只能握手，其他什么身体接触都让他感觉不舒服、不喜欢；有的人可以握手、可以拥抱、可以摸头等等。两者没有哪个好，哪个不好，更没有是非对错之分，只是不同的人有不同的感受而已。我们在人际交往中，要澄清自己的身体界限，保护好自己的身体权，与此同时也要尊重他人的身体界限和身体权，坚决不做侵犯他人身体权的人。

身体权即我们的身体自主权，是人权的一部分，它是不容侵犯的，任何人都不能侵犯我们的身体权，即使是父母、老师也不行，因为我们每个人的人格和人权都是平等的，任何人都没有特权去侵犯他人的身体权。所以不要害怕，不要觉得老师是权威而不敢反抗，老师也是普通人，也会犯错，老师犯错同样要受到惩罚，需要改正错误，老师也需要不断地学习、成长和自我完善。

在日常生活中，与人交往时恰当地运用“距离语言”至关重要。人与人之间的和谐相处，大都建立在平等、尊重的基础上，我们需要恰当的人际距离，需要清晰的身体界限，需要认识和保护好自己的身体权。

综上所述，一方面我们要明确自己的身体界限，保护好自己的身体权，保持恰当的人际距离；另一方面，我们也要警惕在反性骚扰的强大话语下，对人际交往过于敏感、多疑、紧张，避免引起不必要的人际交往恐慌，保持和谐的师生关系。

第三节 让校园欺凌归“零”

我们在校园内外会经历或者听说一些校园欺凌事件，青春期的我们，每个人都有可能成为校园欺凌事件的当事人。那么什么是校园欺凌，如何拒绝校园欺凌，如何具备让欺凌归“零”的能力，建立一个让欺凌归“零”的环境，是我们这一节要一起来探讨的。

校园欺凌作为校园暴力的一种，是发生在校园（包括中小学校和中等职业学校）内外、学生之间，一方（个体或群体）单次或多次蓄意或恶意通过肢体、语言及网络等手段实施欺负、侮辱，造成另一方（个体或群体）身体伤害、财产损失或精神损害等的事件。

所以，欺凌事件不只发生在校内，也可能发生在校外；欺凌的加害方可能是个人，也可能是群体；欺凌可能是重复性的，也包括单次的；欺凌具有伤害性。

我们将学习从力量的不对等、旨在伤害、进一步侵害的威胁和制造恐惧四个要素入手，清晰识别校园欺凌。我们将从深入了解身体欺凌、言语欺凌、社交欺凌、网络欺凌、性欺凌和“同意”的欺凌（由于力量不对等，担心进一步被伤害、被某个群组排斥或除名，受害者在面对欺凌时逆来顺受，甚至主动表示自己是“愿意”的，称为“同意”的欺凌）等校园欺凌的形式开始，探讨如何应对各类欺凌。

有些校园欺凌是有形的，有些是无形的。其中，最难以从外显行为来觉察的是社交欺凌，社交欺凌通过忽略、孤立、排除或回避，系统地降低了被欺凌孩子的自我意识。我们也会在这一节的探讨中，学会区分欺凌与玩笑（调侃），学会区分欺凌与冲突、暴力。从深入了解它们的定义到学习如何应对，从被欺凌者、旁观者、欺凌者等不同的角度去全方位地培养让欺凌归“零”的能力。

Q 被同学欺凌，我该怎么办？

困惑解答老师：赵丹

校园欺凌包括言语的、肢体的、社交的、网络的、性方面的、“同意”的欺凌这六种形式，虽然不知道你遇到的是哪一种形式的欺凌，但不论哪一种欺凌，都一定使你感到非常沮丧、非常气愤、非常莫名其妙，你可能会怀疑自己，为什么是我？我是不是做错了什么？

你没有做错什么，很可能只是很不巧地在错误的时间出现在了错误的地点。那些欺凌你的同学，他们就是想要别人难受来彰显他们的与众不同，别人越害怕，他们越享受，就越感觉仿佛自己拥有了某种“特权”——能掌控别人情绪的权力。他们对此上瘾。因此，欺凌行为是不会主动停止的。所以，你一定要想办法，打破这个恶性循环。

人与人之间本应和平共处、相互尊重，更何况是难得的同学之缘。欺凌你的那些同学，需要为他们的行为付出应有的代价。你可以根据所受到的欺凌的严重程度，选择适合你的方式来终结欺凌。

如果欺凌开始没多久，如果你感觉自己有足够的勇气，在下一次遭遇欺凌的时候，你可以直视对方的眼睛，很严肃地告诉他们：“你们这样做是违法的，我是可以选择报警的。”警告他们，国家目前对校园欺凌非常重视，公安部要求各地公安机关要及时打击、有效处置涉校案事件，积极参与校园欺凌事件处置。对涉校案件坚持四个优先：优先受理、优先出警、优先立案、优先侦办。如果你报警，等待他们的将是法律的严惩。

假如你感觉对方“太强大”，无法直面交流，你可以请求你信任的人来帮助你，比如家长、老师，请他们出面联系对方的监护人；如果家长、学校都不能公平公正地解决问题，你就可以直接向更有力量的组织寻求帮助，比如公安机关（报警电话 110）、青少年保护组织（各地 12355

青少年心理咨询和法律援助热线）等。

相信通过以上的方式，你一定能渡过目前的难关。渡过难关后，我们需要加强我们的自身能量，避免再次受到欺凌。或许，可以尝试以下方法：

1. 努力结交朋友。无论在校园里还是社会上，都是多个朋友多个帮手多条路。主动打招呼、真诚助人是不错的交友方法。交友范围不局限于同班同学，学长、老师、长辈都有可能成为你的朋友。

2. 发挥自己的特长。无论自己有哪方面的优势，都去加强，一个独特的、有优势的人更容易获得老师的关注、同学的拥戴，也就更不容易落单，被欺凌者盯上。

3. 寻求专业人士的帮助。遭遇欺凌，会让人变得不自信，有时还会责怪自己，以为是自己哪里不好、不对，时间长了影响心理健康。建议找心理咨询师帮助疏导情绪、调整认知、优化行为。

祝你早日走出被欺凌的创伤，成为更加勇敢、坚强、阳光的人！

班级有同学合伙欺凌别人，我该怎么办？

困惑解答老师：李春芳

欺凌事件的当事人包括欺凌者、被欺凌者、协助者、附和者、旁观者和捍卫者，你作为旁观者，对欺凌现象的回应和表现对欺凌双方产生着惊人的影响，所以我不希望你成为协助者或者附和者。看到别人成为欺凌事件的受害者时，忽视欺凌的存在是懦弱者的行为，我们希望旁观者都成为捍卫者。虽然面临的情境不同，但我们找到的解决方法基本是一致的，即应该在保证自身安全的前提下，设法帮助受欺凌者。

如果遇到欺凌事件正在发生，比如肢体欺凌，你可以尝试这样劝说："别打了，老师快来了""你们再这样打下去，警察会来抓你们的，打人是犯法的""停止你们的行为，否则有可能会进监狱的"，等等，看能否制止欺凌，千万不要太冲动，也不要贸然上前制止。

如果欺凌者是你朋友，当时你没能阻止，事后你可以找个合适的机会劝说他们，用真诚的语言和态度与欺凌者交流，可以减少冲突，不会引起欺凌者情绪的失控和事端再次被挑起，对于避免校园欺凌的发生，减少欺凌的伤害，都有重要的作用。

如果你害怕成为下一个被欺凌的目标，如果你想让校园欺凌事件不再发生，你也可以尝试以下方法：你可以将欺凌事件告诉你的老师，或者写一封匿名信给老师或者校长，也可以将此事告诉你的家人，给学校或者教育主管部门打电话检举校园欺凌行为。在所有的方法中，匿名检举欺凌行为是相对安全的，尤其是在欺凌者有可能会报复你的情况下。

当然，除了直接面对肢体欺凌者，当你看到有的同学被欺凌者孤立在群体之外时，比如关系欺凌，在班级集体活动中或者体育课的分组活动中，你可以邀请被欺负的同学和大家一起参与活动，一起做游戏和体育运动，用这种行为来对抗欺凌事件。你可以告诉他，你愿意帮助他，愿意倾听他的苦恼和心事，也可以分享自己曾经被欺凌，然后如何走出来的经历，来帮助他排解被孤立、被排挤的状况，安慰他受伤的心灵。如果有人正在进行言语欺凌，用语言侮辱、戏弄、诅咒或者威胁别人，或者散播“八卦”，我建议你慢慢接近被欺凌的同学并试着和他成为朋友，因为即使只有一个人支持他，情况也会得到改善的，并给予被欺凌的同学信心。你可以这样说：“你是很棒的人，你应当受到尊重。”“你不应该被欺凌，欺凌你是他们的不对，你没有错。”“在我眼里，你是独一无二的。”“你画的画真特别，我特别喜欢，能教我一下是怎么画的吗？”电影《悲伤逆流成河》中，女主角易瑶受到欺凌时，朋友顾森西就没有听信满校园的流言蜚语，而是选择相信她、支持她、陪伴她，这种支持成为易瑶生命中的一抹绿色和一份希望。

欺凌形式还有网络欺凌，即使在虚拟的环境中，我们也要反对欺凌，传播正能量，不做“键盘侠”，尊重他人，做到宽容、理解，不随意评价、侮辱和攻击别人。还有就是性欺凌和“同意的”欺凌。总之，我们每个人都有可能遇到欺凌事件，我们都应该学习用正确的方式去面对和应对欺凌事件，反对欺凌，对欺凌零容忍。

我是传说中的“欺凌者”，我也不想这样，又改不了，怎么办？

困惑解答老师：王艺

你就是传说中的欺凌者？你做了什么？你也许打人了吧；你也许说人坏话了，而且不仅是“坏话”那么简单，而是侮辱、谩骂、诋毁、蔑视、嘲笑等等；你也许“号召”大家不跟你不喜欢的同学交往，不论是下课一起玩、午休一起吃饭，还是放学一起回家；你也许把这些事情放到了网上，谩骂对方，曝光对方的照片、地址、电话……造成更大的影响和伤害；你也许不是一个人做这些可怕的事情，而是和几个“要好”的朋友一起做，且做了一次又一次。

你收获了什么？被欺凌者的痛苦和恐惧让你感到强大吗？追随你的小伙伴的赞扬和敬佩让你感到有成就感吗？其他人见到你就躲让你感到自己不会被欺负，感到安全？我猜想，你在欺凌他人的过程中，这样的感受都会有一些。可是，这样的感受并不持久，不能让你安心，更重要的是，并不真实。让人痛苦和恐惧，不等于你强大，也许恰恰相反，是因为你不够强大，没有足够的力量解决争端；小伙伴的“臣服”也无法让你判断他们对你的“忠诚度”，用“作恶”来“找乐”凝聚成的小团体，让你怀疑在你真正需要支持和帮助的时候能否得到他们的支持和帮助；你更是无法忽视身边的其他人躲闪你时眼中的厌恶。这样是很不好受的。

你也不想这样，我相信你，你一定是真的不想，因为并不快乐。你说改不了，下定决心，是能改的。欺凌的行为是对他人人权、身体权的严重侵犯，会对他人的身心造成严重的伤害，并且可能是触犯法律的，要受到法律的严惩。你真心明白了这一点，真心认识到自己是“不对的”，内心信念改变了后，外在行为也就会随之改变。

请你审视周围的亲人、老师、朋友，是否有人一直习惯于使用暴力解决问题，如果有，尽可能地远离他们，以免不自觉地“学到”暴力处理问题的方式。同时，请认真思考：暴力解决他们的问题了吗？暴力被一次次使用，正是因为它没有解决问题，反而制造了更多的问题，陷入了强迫性重复的漩涡中。好的人际关系必然是平等的、互相尊重的、非暴力的，认识到这一点，是你纠正自己行为的基础。

好好学习，不仅是为了取得好的考试成绩，学习运动、乐器、手工、美术、诗词、历史等任何一个或几个方面，是为了让自己的心绪平静而喜悦，为了通过小爱好交真正的朋友，为了让自己的内心优雅而强大，真正提升自己的内心力量，而不是靠暴力带来“虚假繁荣”。

练习管理自己的情绪，当你感到愤怒的时候，找到不伤害自己和他人的合适的宣泄方式，比如跑步、跟朋友吐槽、做瑜伽、唱歌、大吃一顿美食、捶两下毛毛熊……总有一款适合你。要做自己情绪的主人，而不是被情绪控制。管理好情绪，心平气和地处理人际关系，你会发现很多事情能迎刃而解。

去向被自己伤害过的人真诚地道歉，可能的话，尽量弥补他们的损失。即使不能获得原谅，也要将歉意传递过去，并保证永不再犯。如果对方仍然表示厌恶你、抗拒你，你要在道歉的同时主动远离，不给他们造成压力。周围的人也可能仍然会用厌恶的态度对你“敬而远之”，这是你之前种下的恶果，要自己慢慢消化。上课、下课、运动、午休……在日常生活中，默默传递你已经放弃暴力，你对自己从前的作为感到羞愧的态度，并积极传递善意。假以时日，你会渐渐被大家重新接受，收获自己的良性人际关系。

这过程很困难，但你内心决定放弃暴力，鄙视暴力，就是改变的第一步。

欺凌者拉着我去欺凌别人，我该怎么办？

困惑解答老师：蔡云枝

和谐、安全的校园环境是同学们安心学习与身心健康成长的保障。校园欺凌的频发会给校园环境造成很大的威胁。

判定是否属于校园欺凌，可以参考校园欺凌的三个要素：恃强凌弱，双方在力量上存在差异；有重复性且长期；造成伤害后果。欺凌不只是身体攻击的身体欺凌，还包括言语欺凌、社交欺凌、网络欺凌和性欺凌等。

欺凌者拉着人去欺凌别人的行为属于校园欺凌，是对他人的人身权利的侵犯，是不对的，情况严重的话可能会触犯法律，受到法律的严惩。在校园欺凌事件中，无论是被欺凌者、欺凌者，还是旁观者都会受到伤害，不对校园欺凌行为沉默，一起阻止校园欺凌行为对大家都有好处。

在面对被欺凌者拉着去欺凌别人的情况时，我们要根据欺凌种类进行应对，前提是我们不要做沉默者或欺凌行为的协助者。面对身体欺凌、言语欺凌的情况，你可以假装有事迅速离开，不参与其中，同时向班主任、学校心理老师或家长求助，告知他们欺凌者的行为与自己的担忧，让他们为你保密并协助解决，避免事件升级，造成伤害，必要时报警求助。你也可以态度坚决地表示不参与，同时劝阻欺凌者，告知他校园欺凌的危害与影响，告知他校园欺凌是不当的行为，劝说欺凌者学习尊重他人，接纳差异，提议健康娱乐方式，做个真心真诚的同学。如了解到他们之间有误会，协助他们寻找解决办法，向老师、家长、心理老师或信任的成年人求助解决。如受到威胁，就需要在安全的情况下及时报告老师。

面对社交欺凌和网络欺凌，你可以向欺凌者表示不参与、不传播，劝阻欺凌者停止欺凌行为。如欺凌者没有停止欺凌，需向学校老师和家长报告，让老师和家长处理。

而性欺凌包括性言论、不恰当的触摸，以及对身体的过分关注，乃至性侵犯。性欺凌可能会通过身体性欺凌、言语性欺凌、社交性欺凌等形式出现。在面对性欺凌时，建议你表明拒绝参与，及时向学校老师和家长报告，情况严重时报警求助。

面对欺凌事件，除了拒绝参与，及时报告求助外，你可以增强自身能量，去支持被欺凌的同学，主动邀请被欺凌的同学跟你一起玩、结伴同行，鼓励、陪伴被欺凌同学，欣赏、肯定被欺凌者的优点，给予他支持。

面对校园欺凌，我们不要做欺凌者，也不要做沉默、不作为的旁观者。若纵容欺凌行为存在，欺凌最终会伤害到每个人。人人都可以为预防校园欺凌出一份力量，在评估自己的能力与人身安全的情况下，尽力提供协助，共同向校园欺凌说“不”，营造一个和谐、安全的校园环境。

Q 有一群女生威胁我不可以和闺蜜小丽好，我该怎么办？

困惑解答老师：李春芳

这一群女生想让你成为社交欺凌的参与者。你这个问题明显就是社交欺凌。社交欺凌又称为关系欺凌，是通过排斥、剔除和孤立行为来破坏某人在社会群体中的地位和关系，比如分派系结党，孤立或者排挤受害者。社交欺凌所造成的痛苦是具有隐藏性的，因为它将阻止你和闺蜜之间的自由交往，使你的闺蜜小丽产生被孤立、沮丧和尴尬的情绪。男孩和女孩都有可能存在社交欺凌。

中学时期是社交欺凌发生的高峰期，青春期是一个探寻“我是谁”的年龄，你们都在努力试图融入同龄群体当中去，此时如果你的闺蜜小丽被排斥，尤其你是她最信赖的好朋友，如果你孤立她，不理她，会给她带来很深的伤害，也许她从此不再信任朋友，拒绝和别人交往。

首先让那些女生了解排斥同伴是不友好的行为，让她们了解排斥小丽将给她带来什么伤害；其次，不要屈服于那几个女生给你施加的压力，要鼓足勇气大声说“不”。如果你和那群女生比较熟，你可以告诉她们：“你们是我的朋友，小丽更是我的好朋友，我是不会和你们一起去孤立她的。你们的这种行为已经属于欺凌了。谁都没有理由去孤立别人、欺凌别人，我不会做那样的事。如果有人这样对待你们，你们会是什么感觉？”

在学习、生活中，如果他人提出的是正当的请求，力所能及的范围内，我们应该尽量去帮助别人；如果他人的请求危害到了别人或社会，我们一定要选择拒绝。拒绝的过程中要注意保证自己的安全，若情况危急，还要迅速告诉同学、家长和老师，寻求外界的帮助。每个人都该有一条说“不”的底线，超过了线，就应该对对方说“我做不到”“这不可以”。学会说“不”，这不仅仅是对自己负责，也是对他人负责，不要害怕拒绝对方，选择合适的方法说“不”，有的时候一次好的结束，反而是一次好的开始。

对校园欺凌的沉默，也是一种欺凌吗？

困惑解答老师：刘瑛

一起校园欺凌事件，牵涉到的学生的主要角色包括：欺凌者、受害者、协助者、附和者（又叫煽动者）、保护者、局外者。局外者是唯一不对欺凌事件有任何动作，当欺凌行为发生时，总是不在场，或者是装作若无其事，甚至从未看过欺凌行为的人。对校园欺凌的沉默就是一种局外者的行为。

在校园欺凌题材的电影《少年的你》中，女主角陈念一开始对同学胡小蝶遭受欺凌的事情保持了沉默。最后因为受不了欺凌，孤独、无助的胡小蝶选择了跳楼自杀。由于陈念给小蝶的遗体盖上了衣服，在之后的调查中，陈念被警察问话，开始遭受欺凌。当她被欺凌者同学推下楼梯受伤，在校医那里包扎时，她的同学李想（典型的旁观者）对她说："再熬一个月，我们就可以去北京了。"陈念说："熬不过去了怎么办？比如说胡小蝶。"李想说："她是太懦弱，不应该被那些人影响。"陈念说："懦弱的不只她，有你，还有我。"陈念不断回忆起胡小蝶跟她说的点点滴滴。当胡小蝶问"他们一直在欺负我，你们为什么不做点什么"时，陈念只是端着装牛奶的箱子沉默着，不知所措。当陈念遭受到欺凌后，她感受到了小蝶曾经的感受，最后打破沉默说出真相的时候，陈念得到了班主任的支持、郑警官和小北的保护。沉默可能会有各种各样的原因，但是旁观者的态度有时候会决定整个事件的走向：打破沉默，可能会阻止一场校园欺凌事件；保持沉默，也可能会让一个活生生的生命就此消逝。

打破对校园欺凌的沉默需要勇气，也需要智慧。如果你还没有足够的信心公开帮助受害者，你可以私下安慰他，给他力量，鼓励他向老师或他的家长告发欺凌者的恶行，甚至告诉他拿起法律武器保护自己；你也可以直接报告老师或者给学校领导发邮件；你还可以联系其他同学，让他们跟你一起帮助受害者。如果你已经有足够的勇气和实力与欺凌者面对面，你可以告诉他们欺负人的后果；你也可以多多关心欺凌者，跟他们谈一下心，了解他欺负人背后的心理。其实，有些欺凌者也很需要别人的关心，他们有时候不知道用什么样的方式来让他人看见自己，通过欺负别人来满足自己被关注的需求是他们觉得最酷的方式。当然还有一种很好的方式就是向老师建议在班级里开展认识及防范校园欺凌的课程。这样，大家都学习了，事情自然变得更容易解决。

就像《少年的你》结尾所说的那样：校园欺凌是全世界范围内普遍存在的现象，老师和学校是抵御的前线，而家长、公安机关乃至社会则构成了守护校园安全的后盾。当家庭、社会、法律及你我他，每个人都能贡献力量，让欺凌归零也就越来越近了。

有同学说我评上“三好”学生是靠美色，我该怎么办？

困惑解答老师：王艺

恭喜你评上“三好”学生，你一定是个非常优秀的女生；也“恭喜”你被人说是“靠美色”，这说明你长得漂亮。这话虽然有调侃的成分，但是你如果像我说的这样想，是不是有点“豁然开朗”的感觉呢？

看到别人评上“三好”学生，就说别人是“靠美色”，大概率讲有这么几种情况：一是他妒忌，或是妒忌“三好”学生称号，或是妒忌你的“美色”；二是你评上了，他没有评上，或是他支持的人没有评上，心生不满；三是他想借机攻击你或是攻击有权利根据“美色”水平决定“三好”学生归属的人；四是他真的是这样认为的；五是他不当回事，只是随口说说；六是他觉得造个谣看到被伤害的人的反应很好玩……

你也许要吐槽了，这都是些什么乱七八糟的理由啊！是的，很多时候有些谣言的理由是非常站不住脚的，有些人捏造谣言是不需要理由的。很多时候，这样的谣言，我们除了忍受，几乎很难找到反击的办法。大多数的谣言传开之后，很难找到那个“源头”，传播的人一句“听说的”，轻飘飘地就推卸了责任。即使找到了源头，别人也很容易用“开玩笑”来开脱。面对这样的谣言，挺胸抬头、目不斜视地从谣言前面走过，不给制造、传播谣言的人看笑话的机会，做自己该做的事，时间久了，谣言自破。

有些谣言实难用“玩笑”解释，因为其中带着对当事人的诋毁、攻击和人格的侮辱，在传播过程中还可能被添油加醋地增加“细节”，尤其是再借助网络，传播得又快又广，“细节”也补充得越来越“完整”。如果你遭遇的谣言是这种，那会给你的生活造成很大困扰。这样的谣言可能导致你被同学排挤、被老师瞧不起，引发校园欺凌等恶性案件，严重的可能还会影响你的学业和人生发展。

这时候，你要做的第一件事就是绝对不要放弃学业，尽一切可能将外界大干扰排除，努力学习。你有好的发展，就是给造谣、传谣者最响亮的耳光。在保证好好学习的同时，寻求保护、抵抗和反击的办法。首先寻求信任、支持你的朋友、老师、家长的帮助，如果他们每个人在遇到谣言的时候，都平静地说一句“那是假的”，并尽量将真相告诉大家，就会拉拢不明真相的那部分人，渐渐就会扩大影响，形成一种对抗谣言的正向的力量。

与造谣、传谣者沟通，消除可能存在的误会，要求他们道歉并停止传播谣言。去找对方的时候，最好有值得信任的人陪同，避免出现意外或伤害。也可以请学校的老师、领导出面，制止造谣、传谣者，并要求对方道歉，在全班、全校学生面前公开讲清楚事实，有必要的话，请父母出面跟学校沟通，跟上级主管部门沟通。如果事态愈演愈烈，谣言转变为人身攻击、诽谤，你可以积极收集证据，寻求法律手段维护自己的正当权益。

这些话说起来容易，实际操作起来可能会非常困难。谣言的传播可能给当事人及其朋友、家人带来很大影响，严重的还会影响当事人的学习、工作、家庭。除了采取各种方法抵制、消除负面影响，还需要非常强大的内心力量来顶住方方面面的压力。这时，你需要朋友、家人的陪伴与支持，如果需要的话，寻求学校的心理老师或专业的心理支持也是很好的办法。

另外，再多说一句：自己感受到了谣言的压力，知道那是多么可怕，就要在生活中注意，不要做一个制造、传播谣言的人。听说什么消息，若不能核实、不能确定来源的，不要轻易传播，“不知道”不可以成为传播谣言的借口。正所谓“谣言止于智者”。

Q 同学把我的照片 P 成半裸照传到班级 QQ 群里，我该怎么办？

困惑解答老师：杨东

毋庸置疑，你遇到了校园欺凌，具体涉及的是社交欺凌、网络欺凌和性欺凌。

校园欺凌是不仅会发生在校园内，也会出现在校园周边的，在学生之间或者师生之间的暴力现象。欺凌者有个体也有群体，个体或群体故意通过肢体、语言及网络等手段，对他人（个人或多人）进行一次或者多次的欺负、侮辱，这些行为往往会带给被欺凌者身体上的伤害、财产上的损失或精神方面、心理方面的损害。

无论欺凌以何种方式出现，都会对和谐、美好的校园学习环境和人际关系造成不可估量的破坏——校园欺凌不仅让我们看到被欺凌者遭受最直接的身心伤害，还让我们看到，即便是貌似强势的欺凌者，以及并未被直接欺凌的旁观者，其身体、学业和心理健康方面也直接或间接地遭受了不同程度的损害。

可见，你的同学擅自把你的照片 P 成半裸照传到班级 QQ 群里，是有意用暗含性暴露意味的身体图片来羞辱你，以达成贬损你人格的目的。这不仅是性欺凌，还是社交欺凌和网络欺凌！这种利用集体社交网络实施的欺凌行为首先会对你个人的名誉和人格造成直接的伤害！你的同学敢公然这么做，一方面说明他的法律意识淡薄，另一方面说明他自以为很强势，所以无视你的尊严。他自以为强于你，能够对你为所欲为，故意要伤害你。所以，让我们对这种恃强凌弱，以伤害别人为目的的欺凌行为坚决地说“不”！

如何说不呢？当欺凌发生时，请从容淡定、不卑不亢、义正词严地应对，你、家人或可信赖的朋友都可以按照以下五种方法这么做：

1. 制止：欺凌发生的第一时间，你或你们要在群里对欺凌者发出严正警告的文字或者语音，责令对方立刻撤回故意侵犯你个人肖像权、公然侮辱你人格的照片，并要求对方在班级群里公开向你道歉，消除影响，并告知对方你将保留诉讼的权利。

2. 报告校方代表：与此同时，向群里的班主任或班级老师发出呼叫，请求老师对事件进行妥善解决。

3. 取证：妥善、全面地保留群里的图文信息、语音等证据，以便向校方、家长及警方举报，依靠校规和法律法规坚决维护自己的合法权益，拒绝欺凌！

4. 报警：如果前面两个步骤依然无法制止伤害，请报警。

5. 向法院起诉：根据伤害后果决定是否请求司法仲裁，恢复名誉。

记住，作为被欺凌者，应该勇敢地站出来捍卫自己的尊严，也可以找自己信赖的成年人协助！

第四节 拒绝家庭暴力

家庭暴力是发生在家庭成员之间的造成身体、精神、性或财产上损害的行为，有肢体暴力、言语及精神暴力、性暴力、经济控制四种形式。我们将在这一节深入了解家庭暴力的体现形式，从家庭暴力具有普遍性、隐蔽性、习得性、反复持续、周期循环、高度容忍、习得性无助等几个特点中，认识到家庭暴力的根源在于不平等的社会性别关系。

当我们认识到家庭暴力深植于传统的社会性别制度中，认识到施暴者和受暴者之间的权力控制关系，将有助于青春期的我们培养反对家庭暴力的基本态度，如家庭暴力不是个人私事而是社会公害；家庭暴力是侵犯人权的行为，是不能容许的；不平等的权力制度是家庭暴力的根源，这决定了绝大多数家庭暴力是男性对女性的暴力；除了身体暴力之外，精神暴力、性暴力和经济控制也是家庭暴力；暴力没有理由，施暴者要对自己的行为负责；指责受害者是对她们的二次伤害；反对家庭暴力是全社会的共同责任；消除暴力需要每个人的积极行动。

我们将拥有预防家庭暴力的全方位视野，逐渐增强反对家庭暴力的能力。当我们成为家庭暴力受害者，我们也更有力量行使自己的权利；当我们作为家庭暴力旁观者，我们也更有能力帮助受暴者。

青春期的我们已经不再停留于男人和女人的二元性别划分方式来思考家庭暴力，而会充分考虑其他性别的存在，家庭暴力不仅是男性对女性的暴力，也有女性对男性的暴力，同样也存在于同性伴侣关系中。与此同时，婆媳等其他家庭成员之间的家庭暴力，我们一样不容忽视，这对培养我们减少家庭暴力的因素、应对家庭暴力的能力、学会如何建立未来的亲密关系都很有意义。

爸爸经常打妈妈，听说家暴会遗传，我应该怎么办？

困惑解答老师：蔡云枝

根据2016年我国颁布的《中华人民共和国反家庭暴力法》，家庭暴力是家庭成员之间以殴打、捆绑、残害、限制人身自由以及经常性谩骂、恐吓等方式实施的身体和精神等侵害行为。爸爸经常打妈妈是家庭暴力类型中的身体暴力。家庭暴力本质是一种权力关系，施暴者试图以暴力的方式控制受暴者。家庭暴力是侵犯人权的行为，是不能容许的。

暴力是后天习得的，与生活环境密切相关，没有研究数据显示家庭暴力具有遗传性，但家庭暴力的其中一个特点是原生家庭的代际传承。爸爸经常打妈妈，这可能与爸爸的原生家庭存在暴力环境有关系。父母是孩子的第一任老师，孩子天生就具有模仿的能力，会模仿和学习父母的生活理念和日常处理问题的方法。当孩子看到爸爸在处理压力或者亲密关系的矛盾时经常采取打妈妈的暴力方式，而妈妈没有反抗，周围的家人没有积极干预，孩子就容易错误地认为暴力是解决问题的有效方法，形成对暴力的错误认知。当孩子长期生活在暴力的环境中，长大后变成暴力传承者的概率会增大。

想要改变和打破家庭暴力的传承，需要外力的支持系统，主动学习，从意识与观念上进行改变，认识到家庭暴力的本质与危害，学习有关处理情绪压力和经营和谐家庭关系的方法，积极应对挑战，主动寻找解决办法。

首先，要认识到爸爸经常打妈妈是不对的，是侵犯了妈妈的人权的做法，是触犯《中华人民共和国反家庭暴力法》的表现，不要学习父亲处理问题的方式，而要了解令人产生情绪的并非事情本身，而是看待事情的态度，所以要学习建立积极思考问题和处理问题的方法，在遇到负面情绪时，善于运用情绪调节的方法，如离开触发情绪的现场与人物、进行自我对话、深呼吸放松、散步、写下令自己烦躁的感受、转移注意力、听轻柔的音乐、做自己喜欢的事情或者找人倾诉等，待情绪稳定下来再处理事情。

其次，学习非暴力的沟通方法。非暴力沟通的公式为：我现在观察到的具体事情 + 我的情绪感受 + 我的需求 + 我请求得到帮助。在表达的同时，关注和倾听对方的需求和反馈。在日常生活中，灵活运用非暴力沟通的方法，主动表达自己的情绪和需求，避免用暴力的方式解决。

再次，在父母遇到矛盾和冲突，产生家庭暴力时，快速远离现场。父母是成年人，他们之间的矛盾可以让他们自己处理，在我们自身力量薄弱的情况下，尽量不要介入，要优先保证自身的安全，在必要时主动向身边的人求助，情况严重的时候也可以报警。

此外，在必要时可以向心理咨询师、家庭暴力当事人辅导师等专业人士求助，通过外在的支持系统，增强改变的力量。

家庭暴力事件中，只有受害者，没有得益者。和谐、平等和互相尊重的家庭关系才会让每个家庭成员受益，让家成为每个家庭成员温暖的港湾。让暴力在我们这一代终止吧！

Q 爸妈嫌弃我是女生，我该怎么办？

困惑解答老师：李曼

在农耕社会，需要男性的力量去胜任捕鱼、狩猎和务农等工作，所以尤为看重男性的社会地位。至今，很多地区的很多家长依然保留着“重男轻女”的思想。

爸妈嫌弃你是女生的观念我们暂时无法改变，我们也不必急于说服父母，我们只需要认识到你作为女生，没有比男生差。男生和女生在智力上没有任何区别。两性在体力、身高和体重的差距，在机械化、自动化和人工智能等方面发达的今天，几乎可以忽略。女性越来越能胜任各类社会工种，如格力电器的董事长董明珠女士、富华国际集团董事局主席陈丽华、美国前国务卿希拉里·黛安·罗德姆·克林顿、英国前首相撒切尔夫人、芬兰前总统塔里娅·哈洛宁、德国现任总理默克尔……

老师也有过类似的经历，现在回想起来，发现痛苦的根源不是对父母观念的在意，而是对父母的爱的渴求，希望得到父母更多的爱与肯定。如果你也如此，我教你两个方法：一是可以尝试着列举出父母爱你的事件，去看见父母对你的爱，再次回味和感受父母对你的爱；二是继续做好自己的“本职工作”，好好学习，让学习之路带你去到更广阔的地方，去打造属于自己的舞台，绽放属于自己的光彩；三是寻求专业的心理咨询师的帮助，帮你提升自我价值，弥补在父母那里缺失的爱和肯定。

另外，在中国“重男轻女”的观念中，除了有“自古女子不如男”的偏见外，还有一个“嫁出去的女儿泼出去的水”的隐忧。很多父母担心女儿出嫁后不能很好地照顾父母，无法做到为父母养老送终，所以“重男轻女”。你若能洞悉这一点，表达出自己的孝心，就能在一定程度上缓解父母的焦虑，改变“重男轻女”的观念。

我该怎么帮助被父母家暴的好朋友？

困惑解答老师：魏徐红

你对好朋友的关心和为好朋友求助的举动，令我感动。处于青春期的你们最看重和在乎同伴关系，好朋友很需要你的支持、关心和帮助。你可以去看她、陪她、听她倾诉，这就是一种帮她的方式，朋友有你真好。

家庭暴力不是家务事，而是违法行为。我国《中华人民共和国反家庭暴力法》于2016年3月1日实施，但是类似“把孩子当成私有财产，想怎样就怎样”“棍棒底下出孝子”“打是亲，骂是爱”“不打不成才”等错误的传统观念已根深蒂固，由于普法不到位，许多家长不知打骂孩子是违法的行为。

我咨询的案例中，许多是因为家暴导致亲子、夫妻关系破裂的。给你分享一个案例。

小小，31岁，中学教师，爸爸退休，妈妈退休。

小小的爸爸对亲朋好友非常客气、礼貌，回到家却像换了一个人，经常打骂她和妈妈，喝醉酒后，打得就更狠了。有次小小趴在妈妈身上保护妈妈，被爸爸吊起来打，她爸爸边打边骂：“臭丫头片子，吃里爬外，竟敢向着你妈，我养了一个白眼狼。”小小和妈妈盼着爸爸出差，爸爸不在家的日子是小小和妈妈最幸福的时光。一次，爸爸出差半个月，有天，小小和妈妈吃晚饭，小小听到楼道里的男人咳嗽声特别像爸爸的声音，吓得直哆嗦。妈妈听到后也吓得心跳过速。原来，咳嗽的男人是楼上新搬来的租户，他咳嗽的声音与小小爸爸的声音很像。小小大学毕业后，在外地找到工作，之后5年没回家……后来经过长期咨询，小小与爸爸和解了。

请你转告你的好朋友。

1. 她没有错，任何事情都不可以作为家长施暴的借口，暴力没有理由，是实施暴力伤害她的父母做错了。

2. 家庭暴力是违法行为，必要的话，可以通过法律手段解决。

3. 不要忍让，忍让不会终止暴力，反而会纵容它。跟父母明确地说“你这样做是违法的”；同时向好友、亲戚、学校老师、妇联、警方求助，一次求助没有结果，一定要再一次求助，直到取得效果。

4. 长期遭受家暴会感到恐惧，还会影响学习和人际交往，她可以找学校的心理老师谈谈，以调节自己的情绪。如果需要的话，还可以让心理老师为她介绍赋权型性教育高级讲师来帮助她。

5. 把自己心中的愤怒、委屈、恐惧等情绪写在纸上，写什么都可以，写好后将其撕碎。心里难受就写，反复写，这是一个缓解压力的好方法。

6. 可以搜索白丝带公益热线微信号：bsdgyrx（每天 10：00~20：00），这是专门向遭受家庭暴力的人提供帮助的热线。

另外，你继续跟她做好朋友，你的支持、陪伴和关心会对她有很大的帮助，有利于她走出暴力的阴影。

被家里长辈猥亵，我该怎么办？

困惑解答老师：张群英

你好！看到你的问题，我都能想象到你内心的挣扎与痛苦。你不知该如何处理，告诉家长的话，怕不被信任，又怕影响关系，不告诉家长的话，又无法忍受。非常值得肯定的是，在这个时刻，你选择了求助专业人员。

首先，发生这样的事不是你的错，完全是猥亵你的长辈的错。他/她的行为已经触犯了《中华人民共和国刑法》有关“猥亵罪”的条例，你有权通过法律来保护自己。至于是否一定要通过法律来解决，你可以根据事情的严重程度以及你周围可以支持你的社会资源而定，最好在考虑周全后再确定。

如果对方是采用暴力和威胁手段猥亵，周围无人可以制止，那么法律是可以保护你的。

如果是非暴力的，那你可以将此事告诉你的父母。当然，为了让父母相信你，同时避免他们反过来指责你，你可以先试探一下，感觉有把握了再告诉他们。如果感觉不被信任，那就采取“曲线救国”的策略，先找到你信任的亲戚、老师或者咨询师等成年人，由他们转告你的父母，这样可能会避免你和父母的冲突，然后大家齐心协力，共同协商解决方案。

在这里，我想给你分享一个真实的案例，也许会对你有所启发。

一个美丽善良的女青年，在她青春期时，她的姑父总是有意无意地触碰她的乳房，她很害怕也很羞愧，就跟妈妈说了。她本想寻求妈妈的支持去制止姑父，可妈妈却说是她多心了，姑父不是有意的，并且不让她把这件事对别人说。她很无助。之后，姑父这种“有意无意”的动作不但没有收敛，反而有所增加，她很愤怒，但又不敢说，一是担心姑姑、姑父生气，影响两家人的关系；二是担心说出来不但不会得到支持，反而会被家人误解。这件事一直持续地困扰着她，使得她羞愧而自卑，同时恨家人没有保护她，以致她成年后无法选择伴侣。在意识到问题的严重性后，她终于开始求助于心理咨询师，在专业人员的指导下，她学习到“身体权”等概念，懂得“我的身体我做主”，只要他人的触碰让自己感到不舒服，自己就有权拒绝！于是，她开始捍卫自己的身体权，勇敢地告诫姑父：“你这样做是对我身体的侵犯！是触犯了刑法的！请你自重！”在她坚决的态度下，姑父终于停止了这种侵犯行为！

这个案例中父母的态度，是典型的受到传统文化中某些糟粕影响的父母态度，例如“守贞”“廉耻”“家丑不可外扬”等，导致他们宁可让孩子受伤害，也要顾及家族名誉，他们这是错误的认知。目前，社会上依然还有很多人也是这样的认知，你的父母也有可能会是这样的。如果真这样的话，你首先要相信自己，不必自责，你没有错，错的是那个长辈，错的是父母的认知，你一定要勇敢地捍卫自己的身体权，按照上面老师的建议，找到可以支持自己的所有资源，坚决、果断地制止那个长辈的猥亵行为！捍卫自己的身体权！

Q 妈妈被家暴后转而打我，我该怎么办？

困惑解答老师：王艺

我很难过，你和妈妈都是家庭暴力的受害者，妈妈是家庭暴力的受害者，她被家暴，不是因为她做错了什么，没有任何事情可以成为家暴的理由。但是她转而打你，她就大错特错了。

有些人认知水平低，法律意识淡薄，认为关起门来自家的事情想怎样就怎样，认为自己生的孩子自己想打想骂都自己说了算，别人管不着。这是完全错误的想法。家庭暴力不是家务事，是违法行为，2016 年 3 月 1 日施行的《中华人民共和国反家庭暴力法》明确界定了这一点。伤害行为严重的话，甚至有可能违反《中华人民共和国刑法》，可能被判处虐待罪甚至故意伤害罪。不论是家里的成员打妈妈，还是妈妈打你，都是违法行为。

你的妈妈遭受家庭暴力，我能理解你的伤心和心疼，但是你要记住，那是妈妈的亲密关系出现了问题，和你没有任何关系，不是因为你做错了什么。而她挨打之后转而打你，将自己的气愤和痛苦发泄到你身上，是她的错，不是你的错，不论她在打你的时候说了你什么。如果她将她生活的不幸怪罪到你身上，你不要自责，要知道那不是你的错。妈妈作为你的监护人，在抚养、教育你之外，还必须对你承担起保护的责任，而不是反过来伤害你。

但是，我们国家的现实情况是政府、相关部门和法律执行等各方面对于家庭暴力的干预和惩治都严重不够，所以有些时候被家暴的女人和孩子不能得到有效的支持和帮助，尤其未成年人离开父母就意味着无处可去，这样的困局真实存在。所以，你一定要判断形式，多方求助，作出对自己最有利的选择。

你可以尝试跟妈妈单独沟通一下，跟她聊聊你看到她被家暴时的感受，聊聊你被她家暴时的感受，尝试鼓励她勇敢起来，拒绝暴力。同时，你要告诉她你被她打骂的时候有多么难过，希望她不再打你，你们两个应该互相帮助和支撑。你可以明确告诉你的父母和其他家人（确定说了不会挨更多打的话），他们之间的家庭暴力和对你的打骂是违法犯罪行为，是不对的，希望他们反省并停止。你还可以求助你最信任的邻居、亲戚、长辈、老师，尤其是在你的家族中比较有地位、令人信服的人，请他们劝诫、教育你的家人不要实施家庭暴力，不要打骂你。你还可以找村委会、学校、妇联组织的工作人员、领导帮助你，还可以直接报警。在你妈妈被家暴的时候，或在你被你妈妈家暴的时候，都可以打报警电话，尽量保护你们的身体、生命权利不被侵犯。寻求帮助的时候要勇敢，要理直气壮，做错事的不是你，是打你的人，而帮助你是这些被求助的单位和人的责任。

110是全国免费报警电话，座机、手机都可以拨打，电话欠费也可以拨打。你苦恼的时候也可以拨打妇女维权公益热线：12338；青少年心理咨询和法律援助热线：12355；免费心理咨询热线：4006012338，或者搜索白丝带公益热线微信号：bsdgyrx。这些咨询和服务热线可以同时为你妈妈和你提供法律、心理上的帮助，你也可以把这些方法告诉你的妈妈，让你和你妈妈既能获得支持和帮助，也能获得学习和成长。

长期遭受家暴会让人心生沮丧、恐惧，有可能影响睡眠、学习、人际交往。你如果有这方面的感受，可以找学校的心理老师谈谈，调节一下自己的心理情绪。如果需要的话，还可以让心理老师帮忙介绍专业人士帮助你。你的妈妈也会面临这样的问题，你可以问问学校的心理老师，有没有帮助妈妈的办法，或者让妈妈跟你一起找学校的心理老师寻求帮助。

抵抗家庭暴力的关键是自身的成长和强大。如果妈妈能够和你一起寻求帮助、努力工作，提高自己的力量，停止打骂你，多爱你、关心你，和你相互温暖、支撑，相信你们可以一起反抗家庭暴力。

如果妈妈不这样做，你也不要灰心，不要放弃自己。你要做的事情是尽最大可能减少伤害，尽量减少或降低家庭对你的影响，好好读书，增强内心的能力，实现自我成长，勇敢地追求自己的学业以及美好的未来。你的人生大书的前几页有点灰暗，但是后边还有好多好多页呢，坚持努力，把未来掌握在自己手里，摆脱前边的灰暗，书写自己闪亮的后续篇章。

爸爸一直通过打我来教育我，我该怎么办？

困惑解答老师：王晓薇

父母虽然是未成年人的监护人，对未成年人承担抚养、教育和保护的责任，但他们没有打骂和伤害孩子的权利。每个人的身体自主权、生命权等基本人权是一出生就拥有的，不能被任何人剥夺。

我们国家2016年颁布的《中华人民共和国反家庭暴力法》中，“家庭暴力”被界定为“家庭成员之间以殴打、捆绑、残害、限制人身自由以及经常性谩骂、恐吓等方式实施的身体、精神等侵害行为”。该法适用范围规定为家庭成员之间，所以爸爸一直通过打你来教育你，是违反法律的。原因具体如下：

1. 任何事情都不可以作为家长施暴的借口，暴力没有理由。爸爸这样一直打你是暴力行为。

2. 家庭暴力不是家务事，是违法行为。爸爸一直打骂你的行为违反了《中华人民共和国反家庭暴力法》，如果伤害严重，甚至还会违反《中华人民共和国刑法》。

3. 青少年长期遭受家庭暴力会感到恐惧，还会影响青少年的学习和人际交往，所以维护自己的权利很重要。

我们应该要积极应对，建议你可以从以下几个方面去拒绝家庭暴力：

1. 不忍让。你可以明确告诉爸爸，打骂你是违法犯罪行为。

2. 及时求助。你可以求助你身边最信任的人，比如你的好友、邻居、长辈、学校老师、社区社工、村委会、妇联等，你还可以直接报警，保护自己的身体自主权、生命权不被侵犯。

3. 如果感到困扰，可以找学校的心理辅导员或社工谈谈，及时调节自己的情绪。如还有需要，可以让心理辅导员或社工为你介绍专业人士来帮助你。

4. 善于转化。可以把自己心中的愤怒、委屈、恐惧等情绪写出来或画出来，然后将其撕碎，还可以通过运动减压，如跑步、打球或进行正念瑜伽、冥想静心等。

5. 接纳自己的情绪，把情绪当成流动的液体。首先，用描述性的自我对话表达自己，用“我看到……”“我听到……”“我感到……”等句子开头，如实地描述所见、所闻、所感。例如，你可以如实地描述当下的感受：“我看到爸爸打我的手，我感到疼痛，回到房间时，我感到悲伤。”其次，用存在的状态体验情绪。悲伤时全身心地去体验那份悲伤，焦虑时全身心地去体验那份焦虑，慢慢地，你会对各种情绪体验熟悉，对消极感受的耐受力也会增强。

6. 被家暴的你没有错，不需要自责。任何理由都不能成为你被家暴的理由，错的是你的爸爸。

7. 拨打热线电话。如有需要，可以拨打本书建议的各类热线电话。

以上热线电话都会为你提供法律上、心理上的帮助。

爸爸打你，他既是家庭暴力的施暴者，也可能是家庭暴力的受害者。爸爸应该为暴力行为本身承担责任，同时爸爸也需要专业机构和专业人士的帮助。你可以建议爸爸参加“白丝带”等专业团体组织的反家暴个人成长小组。当然，你有需要时也可以寻找“白丝带”的帮助。“白丝带”是一个强调消除男性对妇女、儿童的暴力行为的组织。“中国白丝带志愿者网络”由本书的主编方刚博士发起，提倡“不使用暴力，并对暴力不保持沉默”，只要作出承诺者都可成为志愿者。

Q 家里的保姆打我妹妹，算家庭暴力吗？

困惑解答老师：张智慧

你提的问题非常好！这说明你对家庭暴力的敏感性相当高！我们知道，我国的《中华人民共和国反家庭暴力法》自 2016 年 3 月 1 日就开始实施了，因此反家暴是有法可依的。法律界定的家暴是指“家庭成员之间以殴打、捆绑、残害、限制人身自由以及经常性谩骂、恐吓等方式实施的身体、精神等侵害行为”，比如夫妻间经常性的辱骂，父母殴打孩子等都是法律禁止的家暴行为。《中华人民共和国反家庭暴力法》第三十七条同时指出，“家庭成员以外共同生活的人之间实施的暴力行为，参照本法规定执行”。你说的保姆符合法条所谓的“家庭成员以外共同生活的人”。也就是说，法律禁止保姆打骂雇主和雇主家人。你家的保姆打你妹妹，这严重侵犯了你妹妹的人权，已经违法，属于法律干预的范围。

建议你直接向家长或值得信赖的老师反映这个情况，详细说明保姆打你妹妹的频率、次数和严重程度等。在条件允许的情况下，如果能收集到一些录音、录像等证据就更好了。比如你和妹妹单独相处的时候，你可以询问她事情的经过并录音，如果她身上还留有伤口，请及时拍照并保存。总之，请家长或老师出面干预能更及时、有效地制止暴力。

当然，你还可以拨打 110 报警或向村委会、居委会的妇联干部求助。在你觉得自己的人身安全没有受到威胁的情况下，你也可以当场予以制止。你还可以考虑培养妹妹的反家暴能力，帮她认识到：任何人都应该尊重她，即便她有错，保姆也不可以打她。如果她因被打而伤心，你可以考虑尽可能多地陪伴她，让她明白这不是她的错，你会一直支持她。

此外，如果你还有无助感或其他疑惑，比如因为看到保姆打妹妹而担心害怕，影响了正常的学习和生活，你也可以拨打妇女维权公益服务热线 12338、青少年心理咨询和法律援助热线 12355，或者搜索白丝带公益热线微信号 bsdgyrx 等进行咨询，这些热线的咨询师会为你碰到的家暴问题提供更有针对性的建议。总之，不管做什么，请记住先要保证自身的安全。如果保姆的暴力行为能够及时得到干预，相信你的家人，尤其是你妹妹，会非常感谢你的。

最后，再补充一点，你因此事来询问，是打破沉默的勇敢之举，我非常欣赏。其实我们每个人都应该认识到，不管出于什么原因，打人都是不对的。我们需要对暴力行为坚决说不，对暴力零容忍！只有每个人积极反暴力，我们的家庭与社会才有可能变得更加和谐。

Q 奶奶总是指责、谩骂妈妈，看妈妈忍受得很痛苦，我该怎么帮她？

困惑解答老师：马文燕

你的问题让我想起了我的奶奶。她在人生最后几年瘫痪卧床，我妈妈负责照顾她，非常辛苦，可奶奶却对她有很多不满。人们常说“久病床前无孝子”，我却感受到奶奶和妈妈各有各的不易。

亲人之间的不和，想必令你痛苦。奶奶骂妈妈这个情况，我不知道是多年来一直如此，还是近年突然的变化。如果是近年才发生的，要考虑到也许是老人产生了某些心理疾病，或者脑部肿瘤的可能，因为很多疾病都会影响到情绪与行为。你可以提醒爸爸，让他带奶奶到正规医院进行诊断。

除此之外，我再给你一些建议。

1.不评对错。评判对错，只会让家庭的裂痕扩大。家不是讲理的地方，你也不是法官。家人矛盾中不管谁赢了，都是全家人输。家是讲感情的地方，解决家人的矛盾要用爱来沟通。

2.不容忍暴力。不管老人有没有病，心情烦可以理解，但是并不意味着允许老人的暴力行为。

也许你要问，骂人怎么是暴力呢？

暴力有多种形式，除了肢体暴力，还有精神暴力、经济控制等。言语上的指责、嘲讽、否定、说教等等，给我们带来情感和精神上的创伤，甚至比肉体的伤害更加令人痛苦。精神暴力包括语言威胁、恐吓、贬低、辱骂；限制受害者行动、交往的自由；损坏物品吓唬对方等。你奶奶总是指责、谩骂你妈妈，是属于精神暴力中的语言暴力。

我国《中华人民共和国反家庭暴力法》已于2016年3月1日施行。你可以和全家人了解这部法律，提高对暴力的认识。孝顺长辈是美德，但容忍暴力并不是我们的义务。在法律面前，大家都是平等的。长辈并没有对晚辈施暴的权利。要告知奶奶，骂人属于精神暴力、语言暴力，是违法的行为，请她停止。对家庭暴力，容忍只会助长其气焰。

经常谩骂他人的人，往往是用谩骂的方式在发泄负面情绪。如果老人是多年的习惯，改变起来不容易，要动员爸爸、妈妈一起来阻止。

3．与全家人非暴力沟通。你可以和爸爸妈妈一起学习非暴力沟通的技巧。这是美国沟通专家马歇尔·卢森堡提出的方法，被联合国推荐用来在很多场合解决冲突。你可以看看他写的《非暴力沟通》。

非暴力沟通有四个要素：（1）观察和描述事实；（2）表达自己的情绪感受；（3）体会他人需要；（4）表达自己的需要，提出具体请求。

举个例子，如果奶奶骂妈妈做菜咸了，用非暴力沟通可以这样说："我听您骂我妈太笨，我感到很不舒服。我觉得妈妈干活很辛苦，需要大家体谅，应该得到尊重。您想吃淡一点，要不我给您拿个碗倒点水，把菜冲淡一些？我希望一家人能和和气气。请您不要骂人。吃饭时情绪不好会影响健康。"

一般老年人对健康比较关注，你可以提醒她，骂人对身体不好，让她认识到需要克制暴力行为。老人如果无所事事，就容易出现心理烦躁。你不妨帮助奶奶培养一些爱好，比如教她使用智能手机，听听老歌，看看小视频，养花，做手工，让生活充实起来。这样她就有了更多的舒缓情绪的方式。你还可以多陪老人聊天，表达你的关爱，了解奶奶有哪些需要没得到满足，设法满足她的合理需要。

在奶奶和妈妈的矛盾中，爸爸是很关键的人物。你可以和爸爸沟通，动员爸爸多用非暴力沟通，关心奶奶，安慰妈妈。

妈妈痛苦时，你可以告诉她，奶奶骂她不是她的错，帮助她舒缓情绪。万一奶奶和妈妈之间有误会，可以帮助妈妈给奶奶解释，也可以让她向白丝带公益热线微信号 bsdgyrx 咨询。

第三章
爱情

人生是花，爱是花蜜。提到爱情，谁不向往？多少人为爱情歌唱，写下美妙的诗篇。然而，爱情是什么？你憧憬的爱情，和心仪的他向往的爱情是否一样？

爱情观念的差异往往会给我们的恋爱带来许多烦恼与困难，只有穿透这重重迷雾，我们才能找到爱的真谛。

女性的性成熟是爱情降临的重要条件。然而，成熟意味着更多的责任。负责的爱与性，才会与安全、健康为伍。

爱情有开始，就有结束。真正的智者，拥有时懂得如何珍惜，失去时也懂得如何放手。愿你在享受美妙的爱情的同时，也有智慧女神的护航。

第一节　爱情观

爱情，被称为永恒的主题。《诗经》开篇道：“关关雎鸠，在河之洲，窈窕淑女，君子好逑。”德国大诗人歌德也感叹：“哪个少男不善钟情？哪个少女不善怀春？”古今中外，多少人歌颂，多少人感叹，多少人询问：爱情是什么？爱情在哪里？步入青春期的少男、少女们更是对爱情充满着无限的憧憬。如果没有爱情，恐怕作家都会失去灵感，文艺作品黯然失色。而且，不只诗人、作家描绘爱情，还有很多心理学家、社会学家、哲学家、思想家研究爱情。

有人说，爱情就是性激素分泌的结果。

有人说，爱情是友谊发展的必然。

有人说，爱情是责任、尊重和关怀。

有人说，爱情是激情、承诺和亲密。

…………

有学者已经设计了心理量表，做做选择题就能知道你的情感是爱还是喜欢。

虽然有很多人研究爱情，但遗憾的是，爱情目前仍然没有标准答案。

人们对爱情的看法就是爱情观。爱情观是一个人对恋爱对象和爱情关系所持有的一种多面性态度，对一个人爱情关系的建立和发展有重要作用。

爱情观是随着时代不断变化的。中国古代强调婚姻要遵守“父母之命，媒妁之言”，那个时代自己追求爱情的结果，很可能就是“徘徊庭树下，自挂东南枝”。而在现代社会，大家普遍认为追求爱情幸福是每个人不可剥夺的权利。

同一个时代的人，爱情观也是有个体差异的。在提倡性别平等、尊重多元的现代，爱情展现出更多的多样性。

有人认为郎才女貌，有人相信一见钟情，有人认为日久生情；

有人认为爱情是要考虑物质条件的，也有人强调爱情与金钱无关；

有人认为爱情是必须排他的，也有人认为爱情是可以多元的；

有人海誓山盟，追求爱情的永恒，也有人只在乎刹那间拥有。

…………

爱情是人生很重要的一门必修课。

请你用智慧去描绘你的爱情地图吧。

小说和影视里那些感人的爱情是真的吗？

困惑解答老师：任晓玮 李春芳

古往今来有很多描写爱情的文学作品，比如最著名的罗密欧与朱丽叶、梁山伯与祝英台，他们始于互相喜欢和吸引，不管遇到什么困难，都愿意生死相随，他们的爱情轰轰烈烈，美好、纯粹而伟大，令人向往。欣赏这些作品时，我总是情不自禁地被深深打动，心情也跟着情节跌宕起伏。我们都知道，这些艺术作品中的人物都有现实生活中的原型。

现实生活中钱钟书和杨绛先生的爱情令人羡慕，他们一生挚爱，相濡以沫。很多热烈的爱情都抵挡不过每天的柴米油盐，但是他们俩却乐在其中。钱钟书先生生活自理能力差，不管是打翻墨水瓶还是砸了台灯，杨绛都会说："不要紧，我来修。"而杨绛婚前本也是个很多事都不会做的娇小姐。在杨绛生宝宝后，钱钟书为了给她增加营养，竟然学会了炖鸡汤。这种爱不是盲目的，是互相的理解与支持，所以他们几十年来共同经历着人生的曲曲折折，依旧做到了在平凡中品尝幸福。

我们也看到很多小说和影视剧里都把人们在现实生活中不够令人满足的爱情美化、理想化了，比如金庸的武侠小说《神雕侠侣》和《天龙八部》，描述了很多江湖中超凡脱俗、全能睿智的女性，都是那种"此女只应天上有，人间哪得几回闻"。这些很大程度地满足了人们对美的幻想。还有像韩国的一些偶像剧中的男主角总是以霸道总裁的身份出现，而且无所不能，女主对男主痴迷得无法自拔。我们向往爱情没有错，但如果我们受这些小说、影视剧的影响，不懂得互相尊重、信任，那么在现实中也难以建立良好的亲密关系。

我们渴望的爱情是什么样的呢？这更值得我们去认真思考。爱情最初是由激情开始，经过一段时间的发展，最终会回归于平静。如果不了解这个发展过程，就会误以为爱情是永恒的。想要维护长久的亲密关系，不能单纯依赖幻想和承诺，需要经受现实生活中的各种考验，也需要双方有承担责任和义务的能力，内心一味追求浪漫、爱情至上的人往往会被现实中的琐碎所打垮，也会发生很多悲剧。

放眼娱乐圈的明星伴侣，比如文章和马伊琍、王菲和李亚鹏……他们开始时甜蜜幸福、如胶似漆，后来还是分手、离婚。这让很多人怀疑爱情是否真的可以长久、浪漫而美好，但我们每个人又不甘心放弃对爱情的向往，是不是？

人生是一本大书，需要我们慢慢读，细细品。其间，必然有很多幸运，也有很多遗憾。所以，如果遇到爱情，就一定要好好珍惜。我们要提高经营亲密关系的能力，要不然即使有钱、有地位、有成就、有颜值，也不一定就能拥有浪漫、长久而美好的爱情。

让自己活出精彩，一切的美好将会不期而遇。

Q 人为什么一定要结婚？可以一辈子不结婚吗？

困惑解答老师：莫海琛

人不一定要结婚。

在我国的婚姻法中有这样的表述："结婚必须男女双方完全自愿，不许任何一方对他方加以强迫或任何第三者加以干涉。""结婚年龄，男不得早于二十二周岁，女不得早于二十周岁。晚婚晚育应予鼓励。"这说明结婚这件事不仅是每个人的权利，它还要符合一定的条件，包括年龄、性别等多种因素。因此，结婚不仅是一个人权利的行使和选择，还涉及伴侣的权利行使和选择。

当然，在传统文化中会有这样的说法——"男大当婚，女大当嫁"。似乎结婚是一个约定俗成的习惯。这是因为古代的社会发展需要大量的劳动力，人口的增长只能来源于异性之间的交配繁衍，婚姻可以将这样的异性关系保护起来，让社会得以更稳定地发展。但是在科学技术日新月异的今天，人口数量不再是社会发展的必然需求。古代的俗语也不再是今天人们的行为准则。在年轻人群体中，很多人也意识到了这一点。但有些父母可能仍然受到传统文化观念的影响，希望自己的孩子能够结婚，能够为家族"传宗接代"。因此，在现实生活中便会看到很多"催婚""逼婚"的情况。其实，这些行为侵犯了年轻人的婚姻自主权。每个人都有选择自己是否结婚、和谁结婚、什么时候结婚的权利，任何人不得干涉。

有很多有成就的女性都是没有结婚的，比如我国著名妇科专家林巧稚、前国务院副总理吴仪，她们都是终身未婚。不结婚，既不影响她们的成就，也没有影响她们的幸福。

需要提醒你的是，除了婚姻自由权的问题，在一些社会观念中，也有对婚姻的一些错误认识，比如"婚姻是爱情的坟墓""婚姻意味着占有"等，还有一些观念认为女性在婚姻中处于劣势地位，这些都是错误的婚姻观，是对婚姻的曲解和误读。婚姻中的女性和男性拥有相同的权利和义务，他们是平等的关系。

是否一辈子不结婚，取决于个人的选择。结婚是两个人幸福的选择，不结婚也可以拥有幸福的人生。在我们成长的过程中可能会发生很多变化，此刻的想法不一定是一辈子的想法。人生很长，相信你一定会找到适合自己的生活方式。

被同学传绯闻该怎么处理？

困惑解答老师：李元

知道自己被传绯闻，你可能会感到无辜、困惑甚至恼怒，多数人得知自己被传绯闻时都会有这样的情绪反应。这说明你在乎自己的声誉。但是被传绯闻，错不在你。

青春期的心理变化之一，就是对恋爱非常敏感，在关注自身情感需要的同时，也开始关注周边人之间的亲密关系。这是正常的心理发育现象。传绯闻也反映了这一点。只不过传绯闻没有尊重他人隐私，是不正确的。

你的问题让我想起我女儿的一件事。她上六年级时有同学私底下传她和一个男生谈恋爱，而且传得飞快，很快半个年级的同学都知道了这件事。一开始，我女儿很生气，一个一个地去质问那些议论她的同学，想彻底把事情搞明白。我就提醒她：一个一个质问、追查本身就是很麻烦的，会破坏你与同学之间的信任感；二是这么做反而可能会让事情越闹越大，绯闻越传越广。经过我的提醒和她自己的思考，她逐渐冷静下来，最终决定不再理会传绯闻的那些同学。找到了解决办法之后，她就淡定了许多。后来她还挺感谢那次经历，因为她从中学到了一些很宝贵的经验。如果下次再遇到类似的事情，她也有了对付的办法。更重要的是，这件事让她的内心强大了起来，让她相信所有绯闻迟早会过去的，而她还是原来的自己。

从我女儿的经历来看，她是对绯闻采取了冷处理。一是自己冷静，态度超然；二是让事态自然冷却下来，让绯闻自生自灭。当然，在这个过程中，自己内心的强大是非常必要的。

构成绯闻的内容可能是事实，可能部分是事实，也可能完全是捏造的。但不管如何，制造和传播绯闻的行为都侵犯了他人的隐私，会对当事人产生名誉、人格和心理的负面影响。为什么有人会传绯闻？可能有人是无聊而议论，可能有人是别有用心的诋毁。不管哪一种，都是背后偷偷摸摸，不敢光明正大的，是懦弱者的行为。认清绯闻的这一本质，对正确处理绯闻十分重要。

虽然绯闻来源于他人，但破坏力是取决于你对它的感受。你觉得它的影响很大，它就会对你影响大。你觉得它左右不了你，它就真的很难影响到你。要知道“谣言止于智者”，绯闻也是如此。绯闻貌似强大，但在真正的强者面前，绯闻是只纸老虎。如果能够认清绯闻传播者的无聊和懦弱，轻视甚至忽视他们，让他们感到自讨没趣，那他们自然就不会继续传播绯闻了。这也是成本最低的处置方式。与此同时，历经了绯闻的考验，你的心理反而会变得更加强大。

生活中绝大多数的绯闻都是可以这样有效化解的。当然，如果绯闻超过了法律的范围，对你造成了很严重的后果，你也可以寻求家长、老师的帮助，对绯闻彻查到底，确定责任人，要求其道歉、消除影响、赔偿损失等，还可以追究其法律责任。到底采取何种方法，需要你根据自身的实际情况进行选择。

相信这段经历会让你感觉自己长大了很多。

男孩是不是都喜欢白富美？

困惑解答老师：李曼

你能提出这个问题，我猜测你也许正在向往美好的爱情。

现在社会中，很多商家大肆渲染“白富美”，告诉人们：要成为“白富美”，才有人喜欢、有人爱。这都是商家的陷阱，是为了激发人们消费的欲望，从而多卖产品。这是对个性的极不尊重。

很多人认为，美女应该是眼睛大、嘴巴小、皮肤白，可意大利的影星索菲亚·罗兰有出奇的大嘴；香港影星张曼玉，眼睛很小；还有很多非洲裔的模特，皮肤非常黑。长相并没有妨碍她们成为明星，反而随着她们的出名，让时尚界掀起了新的潮流。美，从来没有统一的标准。

即使成为白富美，是否就能保证人生幸福呢？奥斯卡影后伊丽莎白·泰勒童年就是小明星，公认的白富美，追求她的不乏高富帅，然而她八次婚姻，除第三任丈夫飞机失事遇难，其他婚姻都以离婚收场。她晚年遗憾地说：“上帝给了我美貌、财富和名气，却没有给我幸福。”

脸书的创始人扎克伯格，他的妻子普莉希拉·陈皮肤偏黑，长相普通，出生在难民营，根本算不上“白富美”，很多人认为她高攀了小扎，但小扎却说：“我爱她：强烈而又和善、勇猛而又充满爱，有领导力而又能支持他人。我爱她的全部，我和她在一起感觉很舒适、很自在、很放松。她除了情商高，智商也很高，如果说高攀，那只能是我高攀她。”

看了这些案例，你恐怕就明白了——“白富美”不是幸福的必要条件。

当你问“男孩是不是都喜欢白富美”时，我也猜测，你是否担心自己不是“白富美”而没有人喜欢？现实中，一定有喜欢白富美的男孩，也一定有看重内涵的帅哥。关键在于，如果你对自己不够自信，那么别人也很难爱上你。所以最重要的是你将要成为怎样的自己，你想吸引怎样的恋人。

如果目前你对自己不太满意，那么你可以想一想自己有什么优势、特点，可以在哪些方面提升自己。提升自己，才是最值得的投资。比如你可以学习服饰打扮的技巧，这样会吸引来重视外表的人。如果多看书丰富自己的内涵，就会吸引来注重内涵的人。如果学些才艺，就会吸引来有共同爱好的人。一个人 30 岁之前的相貌是父母给的，30 岁以后的相貌是自己修来的。俗话说"腹有诗书气自华"，当你拥有了知识的积淀，才艺的熏陶，一举手，一投足，都会展示出令人无法阻挡的魅力。

也许你目前还没找到提升方向，那也不必着急，跟随自己的内心，不必为讨好他人而委屈自己。你不必要天下所有的男孩都喜欢你。当你充满自信地爱自己，做真实的自己，慢慢就会有人发现你独特的魅力。

最后，我送你一首美国诗人芭芭拉·安吉丽思的小诗《爱》：

爱源自你自己，它真实而自由，它与你同在，没有人能夺走它。
邀请别人进入你的爱，不要寻求他们的爱。
你才是爱的源头。

别人会来到你的海洋里游泳。
但请记住，海水是你的。
爱你自己，为了你的来处，为了如何到达，你要爱你自己。

为了你现在的位置，你要爱你自己。
当你离开这里，为了前行的过程，你要爱你自己。
无论遭遇什么事，只要在过程当中爱自己。
这是一种方法，它让你敬重你本来的样子。

你就是爱。
你就是爱。
你就是爱。

独立思考，而不是人云亦云。谈恋爱，外貌的吸引只能维持一时，内心的和谐才能维持长久的幸福。

如何才能让我受异性欢迎？

困惑解答老师：姜玲玲

正值青春年华，你想要受异性欢迎、赞赏，对爱情充满憧憬，这是很正常的心理需要，恭喜你长大了！

可是异性的范围太广了，俗话说得好，物以类聚，人以群分，我想你肯定不是要追求吸引异性的数量，而要看重质量吧。你想吸引怎样的异性呢？

我先说两个女性的故事吧。

民国时期的名媛林徽因，不仅美貌，对绘画、钢琴也很有造诣，还是建筑师、诗人和作家，诗作《你是人间四月天》闻名天下，与人合著有《中国建筑史》、英文《中国建筑史图录》。新中国成立后，她参与中华人民共和国国徽、人民英雄纪念碑等的设计。追求她的众多异性中有三位最出名，一个是浪漫诗人徐志摩，一个是建筑学家梁思成，一个是哲学泰斗金岳霖。她也都真诚地面对每一位追求者。如果她学无所长，心胸狭窄，又怎么能赢得这些杰出人物的青睐？她的魅力来自她的真实、坚持做自己、开阔的胸襟和博学广识。

2019 年《奇葩说》总决赛中，哈佛大学法学博士詹青云荣获冠军。她每次辩论总能让我们感受到她的机智、凛然正气、责任与使命感，许多人都膜拜她，称她为女神。工作中她是拿高薪的名律师，还为许多贫困人士提供公益法律服务。詹青云出身贫困农村，为了追求梦想，放弃北大的免费入学机会，就读香港中文大学。在香港她与男友相识相恋，本可以长相守，但因为她要贷款百万去美国攻读哈佛博士，男友不愿跟随而分手。她的魅力来自她的拼搏与智慧，敢于追求，善于取舍。

了解了以上两个故事，也许你已经悟出了一些道理。

每个人都是这个世界上独一无二的生命，都有自己独特的价值。无论什么年代，要想吸引他人，先要有自信，不必迎合别人。自信的人是最美丽的，自爱的人是最珍贵的，独立自主、勇敢追梦的人是魅力四射的。

你想吸引怎样的异性，那就要成为怎样的人。

当你内外兼修，真诚待人，有独立思考的能力，有持续学习的毅力，有自己的梦想、追求和爱好，你必然吸引来这样的人。

当你热爱生活，琴棋书画、种花养草、跑步游泳、天文地理、游戏编程、动漫戏曲、cosplay（角色扮演）等等广泛涉猎，你必然吸引来这样的人。

当你热爱阅读，博学广识，正所谓“粗缯大布裹生涯，腹有诗书气自华”，你必然吸引来这样的人。

“你若盛开，蝴蝶自来。”吸引他人的路，就是自我成长之路。

建议你去发现自己喜欢的事，坚持探索、钻研和学习，这些兴趣爱好可以让你享受生活，感受生命的丰富多彩。相信你一定可以成为一个有情趣、懂生活、有着鲜活生命力的人。当你充满自信，幸福地享受生活的时候，也必然是一个可爱的、受欢迎的人，一个非常有魅力的人。

被好几个人表白，都是很好的男生，我该如何选择呢？

困惑解答老师：王艺

被好几个男生表白，你一定是个非常优秀的女孩子，我听了都替你高兴。不过如何选择这事，得你自己做决定，我只能跟你分析一下各种情况，帮你理一理思路，你一边看，一边问问自己，你到底想要的是什么，才好做选择。

第一种情况，你目前无心恋爱，只想专心学习。那么，不论是哪个追求者，对你而言可能都成为困扰，占用了你的时间和精力。这时候，你最好的办法就是直接拒绝，表明完全不想谈恋爱的心意。处理的过程中，要尊重对方的感情，言语要礼貌，态度要坚定。

第二种情况，众多追求者中有你心仪的男生。对自己喜欢的男生，你是选择接受、发展，还是因为担心影响学习，迫于外部压力而拒绝，或者彼此做个“大学见”的约定，需要你们两个充分沟通、协调、权衡利弊之后再做决定，当然还有其他的可能。对于你不喜欢的男生，直接拒绝，参考上一段。

第三种情况，虽然追求者众多，哪个都不喜欢，但是贪恋被追求的虚荣，或是物质上的满足，所以并不想明确拒绝他们，也不想付出感情，于是跟大家玩暧昧。这种选择的好处显而易见，但是面临的风险也比较大。首先是有比较高的道德风险，这样只“享受”其中而没有“回报”给对方，被对方或其他人察觉，一定会将你视为人品、道德有问题的人，并且有可能指责你。一旦事情被公开，对你的舆论压力也会很大。其次，虽说是没有付出，但是你必然要在众人之间协调时间，说一些“哄”他们继续追求你的话。不要小看这些事情，其实耗费的心思、精力和时间还是很多的。再次，你对自己的认知和情感不易把控，容易在对男生的“敷衍”中迷失，失去爱的真心，时间久了，就不太会问自己“到底想要什么”，甚至可能不太关心这一点了。

第四种情况，你对不止一个男生心动，互相比较之后，发现A有A的好，B有B的好，难以抉择。通常，“真爱”被认为是有“排他性”的，但是并不绝对，同时喜欢两个或更多的人的现象，其实还蛮常见的。当然，如果拥有多份感情，可以享受不同类型的感情带来的不同感受和体验，多方面的满足和优势互补，这些都是非常显著的好处。但是坏处也是不容忽视的：同时处理多份感情，需要大量的时间、经历和感情付出，种种付出，不是简单的数量上的N倍，而是多种类型需求放在一起，对你的要求一定是大于N的；而男友们不一定满意这样的局面，“争风吃醋”是你必须经常面对的情况，恶性事件也有可能发生。两边（多边）都想要你，可能最终两边（多边）都没有得到，你的情感也有可能受到伤害。

感情是复杂的，亲密关系除了情感双方，还涉及学业、家长、学校、同学等方方面面的事情。处理感情问题需要多方思考，权衡利弊，不论你如何选择，如何操作，最好都要尊重对方的感情，也尊重自己的感情；拒绝要礼貌，切不可用贬低、侮辱的方式；接受要真诚，切不可欺骗。

我相信，你提这样的问题就是在思考，我相信你会作出对自己和他人都负责任的选择。

Q 女生恋爱经验多了就不正经吗？

困惑解答老师：李伟

在我们传统的性观念里，一直对男女方都是双重标准。如果男生情史丰富，感情经历较多，就会戏称其“风流”。如果女生恋爱经验多了，可能就会被贴上“不正经”的标签。作为一个女生听到这样的议论，内心也许会感到委屈和愤怒吧？我能理解你的感受，我们一起来看看遇到这样的情况可以如何应对。

当你听到别人说“不正经”的时候，可以用温和而坚定的语气和其探讨各自对“不正经”的定义和理解。

“不正经”是指随便的性行为吗？首先，恋爱中不一定发生性行为。即使发生性行为，那“随便”的标准是什么？只要是不违法的，没有刻意伤害他人的，那就是当事人的隐私，他人无权干涉，只有尊重别人的选择。

“不正经”是指感情不专一吗？可是感情的事情是可遇不可求的，有的人第一次恋爱就遇到很适合自己的人，彼此相爱，琴瑟和谐。有的人刚开始觉得对方很好，但随着交往的深入，发现两个人分歧太多，只好分手。结了婚都可以离，为什么恋爱要从一而终呢？

“不正经”是指伤害他人感情吗？两人感情上的事，别人怎么能说得清谁伤害谁呢？即使是感觉被伤害的一方，也可以通过和对方沟通去调解矛盾、分歧，化解误会，光对别人进行道德指责又怎么能解决问题呢？

“不正经”是指骗取他人财物吗？恋爱时送礼物给恋人，那是自愿的，无可非议。如果送礼一方要求恋人答应某些条件才送、结束恋爱就要求退还财物，等于把恋爱当成买卖交换，那才是不道德的，为什么责怪收礼的人不正经呢？如果是故意欺骗财物，那不仅是错误的，更触犯了法律，仅用“不正经”来指责又太温和了吧？

那么，“不正经”是不是指女生太主动呢？传统文化认为，女生应该矜持和被动，男生在感情上可以主动和直接，这种不平等的标准是旧时代的产物，新时代的年轻人，何必遵守旧时代的规则呢？

我有一位朋友，她期待能找到平等、互相尊重、和谐相处的伴侣。她敢于主动地追求喜欢的人，在每段恋爱关系中都做到了既尊重对方的想法，又不会委屈自己的意愿。每次恋人的个性不同，她都努力沟通调整，但发现两人不合适后，就理智地好聚好散。在恋爱中，她建立亲密关系的能力得到了锻炼和提升，最终找到了合适的伴侣。这是所谓的“不正经”吗？不，这正是对自己和他人负责任的选择。

所以你看，谈几次恋爱都不是问题，重要的是你要了解自己在恋爱关系中可以接受什么，应该坚持什么。无知不等于纯洁。无谓地牺牲自己就是愚蠢。是让别人用他们的道德观来评判你是个“正经人”，还是坚持自己的原则，为自己人生幸福负责，你选哪一个？相信你一定有智慧的选择，快乐地做自己。

同时爱上多人，这正常吗？

困惑解答老师：杨宇

爱情是一个美好的概念，它带给我们快乐和幸福的感受。吃美食也是一件美好的事情，让我们开心愉悦。我们可以同时想吃冰激凌、奶茶和烧烤，那为什么不可以同时爱多个人呢?

首先我们应该明确一个概念，爱上多个人和同时与多人谈恋爱是不一样的。爱上一个人是主观的感受，而谈恋爱是当事人在一起的客观关系。我们可以同时想吃很多美食，但只要不吃，我们就不会胖，而我们如果经常同时吃很多食物，能不能吃完先不说，撑坏胃、长肉是肯定会发生的事。

在实际生活中，很多情感是无法完美地区分、比较的。就像一般人很难严格区分自己是更爱爸爸还是更爱妈妈，更喜欢哪位一起玩耍的好朋友，更喜欢烤鸡翅还是炸鸡腿……我们无法精确排序并且保持不变。大部分人的选择往往是“我都挺喜欢”。在爱情的最开始，我们会对一个人产生好感，被对方吸引，经常思念对方，但那个人往往不是唯一的人选。爱情可以理解为一种特殊的友情，毕竟所有的恋人最初肯定都是朋友。那么在爱情的友情阶段，同时喜欢多个人显然是合理的、正常的。

说完实际再说理论。有一种比较经典的爱情理论是“斯滕伯格爱情三角形”，认为爱情有三个要素：激情、亲密、承诺，这三个要素里并没有所谓的“唯一”。就像市场经济一样，我们选择商品或服务都要经过对比和挑选，才可以最终确定合适的对象。恋爱也是如此，我们经常难以抉择，每个人都有闪光点，每个人都是独一无二的人，我们只有通过不断的相处和沟通，才能作出最合适的选择。

Q 和好朋友喜欢上同一个人，怎么办？

困惑解答老师：王晓斌

从你的提问里，我感觉到你对目前的情况有些担心：会不会因为喜欢同一个人而破坏了和好朋友的友谊？或者因为友谊而影响了对爱情的追求？我能理解，遇到这种情况也许会有很多顾虑，可能在纠结要不要表白，或者要不要接受喜欢的人的追求。

有可能有哪些情况呢？我们来分析一下。

第一种情况，假如你表白成功了，或者你喜欢的人选择追求你，你可能会内疚，担心影响和好朋友的友谊。其实，你不必为此自责。你和好朋友，以及你们喜欢的人，都是平等的，有喜欢任何一个人的权利，也同样有表白或者不表白、接受或者拒绝一段感情的权利。表白还是拒绝，要根据自己对这段感情的评估，再对自己的情感和内心负责。

第二种情况，如果你喜欢的人选择追求你的好朋友，不喜欢你，你可能会感到挫败。那么，你想一想，每个人本来就有选择的权利。如果你喜欢的人和你的好朋友在一起很开心，难道你不愿意他们幸福吗？你完全可以祝福他们。“萝卜青菜，各有所爱。”你喜欢的人选择谁，只是其个人喜好，并不能表示你比朋友差，不要感到自卑。你有足够的吸引力，将来会遇到更合适的人。

第三种情况，如果你们喜欢的人拒绝了你们俩，也只有尊重对方的选择。你和好朋友感受到失恋的痛苦，刚好可以“抱团取暖”、互相安慰。每一段感情都有失恋的可能，失恋的感受会让我们成长，总结好经验教训，未来才会成功。

第四种情况，如果你和好朋友都表白，而你们共同喜欢的人并不明确回复，同时与你们俩玩暧昧。你们是否能接受对方同时和两个人交往？你们有可能会感受竞争的压力。你们也可能会重新审视那个共同喜欢的人。

爱情并不是靠竞争来的。爱情是需要考虑两个人价值观是否一致，基于两个人的平等相待、互相接纳和尊重的结果。你们的爱情与友情都有可能面临长期的考验。

第五种情况，你和好朋友都不表白，互相谦让。猛一看，这好像道德很高尚，非常令人感动啊！但是好好想想，这样对自己、对喜欢的人诚实吗？恋人不是紧缺的物品，不够了可以谦让给对方。

每个人真正的爱，是认识到对方是一个独立的人，尊重对方的人权，理解对方的感受，明白对方的需求，为对方着想，让对方开心、快乐和自由地活出自我。建议你和朋友好好沟通，不管爱情还是友情，都要共同真实面对的好。全面综合地考虑后，谁有把握能担起爱的责任，能给喜欢的人幸福，就去追求。如果都没把握，就只有把喜欢藏在心里，默默地提升自己。

总之，要记住每个人都有选择的权利，彼此真诚、尊重、平等地相处很重要。可以把选择权交给你们共同喜欢的人，不必因爱情影响友谊，也不必因友谊放弃爱情。友谊与爱情可以一起经营，共同成长。

因为谈恋爱了，多年的好朋友突然和我绝交，怎么办？

困惑解答老师：陈玉梅

从你的问题中，我感受到你正陷入在朋友关系中该何去何从的矛盾和担忧。

在我们的一生中，会遇见各种各样的人，会因此而产生友情、爱情……无论哪种感情，都是需要积极沟通才能让彼此更加了解对方，更能够明白对方是否适合做自己的朋友、恋人……

那么，对于好朋友绝交这件事，我认为你可以先设法与朋友沟通，了解他/她"绝交"的理由，再根据情况采取行动。

我分析大概有这么几种情况：

1. 也许是你谈恋爱忽略了朋友，朋友会认为你不想和他/她继续交朋友了，因此而绝交。那你就要把你的时间安排好，做到既能够不忽略恋人，也能让朋友感受到你对他/她的重视。

2. 也许他/她和你的恋人有矛盾。那么你可以设法帮助他们化解矛盾。如果化解不了，那么你可以告诉朋友，你希望他们俩能友好相处。或者，会不会是你的朋友暗恋着你的恋人？因为嫉妒，不愿意祝福你，也不知如何与你相处，因而只有疏远。你可以和他/她深谈一次，了解他/她心中的想法，也坦率地告诉朋友你的想法。最终无论是恢复关系还是绝交，你都可以释怀了，毕竟你们都彼此真诚对待了。

3. 因为他/她根本不赞同你恋爱。生活中，许多长辈认为学生不能谈恋爱，会因此影响到学习，谈恋爱的都是"坏孩子"。你的朋友也许受到这种观念的影响而疏远你。每个人观念不同，总会在生活中出现矛盾。那么，你可以先听听朋友的想法和观点，你也把你的观点陈述出来与其沟通、协商。如果观念差别太大，不能互相说服，也不能彼此包容，也只有分道扬镳了。

4.有人添油加醋传谣，或者曾经有些误会影响了你俩的关系。只要戳穿谣言，澄清误会，坦诚相见，就可以重归于好。

当然，也有可能你和朋友沟通不理想，没办法协调并统一意见，那这时候你需要做的便是接受现实、调整心态。

我们的一生会与不同的人建立各种各样的关系。在生活中，我们的亲情、友情、爱情都可能因为各种各样的原因而失去，在这个时候，我们会伤心、难过……这些情绪都是正常的，不必压抑，我们要允许这类情绪的产生和流露，同时我们要学会走出这些情绪的影响，积极面对生活，你可以尝试以下行动：

1.在合适的场合发泄情绪，比如在自己的房间捶打枕头，在没有人的地方大吼或大哭一场。

2.扩大自己的交友面，结交更多的朋友，找信任的朋友倾诉。

3.多运动，保持心情舒畅。

4.寻找心理支持，比如老师、心理咨询师等。

我们遇见的爱情和友情，都是非常美好的事。期待这些风风雨雨能为你的成长之路浇灌出更多的花朵，带去更多的精彩。

网络恋爱靠谱吗？

困惑解答老师：黄晓霞

网络突破了时间和空间给我们在现实世界中的限制，给我们带来很多便捷，让我们可以扩大交友圈，多结识志同道合的朋友，已经是这个时代不可缺少的交流渠道之一。现在有很多的恋人是通过网络相识、相爱的。

你提出这个问题，说明你是一个注重安全的人。事实上，线下恋爱也会有安全隐患，比如有人不接受分手，各种纠缠，有人各种精神暴力，有人强迫对方发生性行为，等等。

下面我分享两个网恋的例子。

我的一位朋友，医学专业，经常上网浏览医学论坛资料。几年前在考研复习时，她遇到难题就在论坛上询问网友，有个网友多次为她解答，既专业又及时。一来一往她和网友就熟了。后来她了解到对方是位帅哥，已经在其他城市读研，他俩就这样在网上擦出了火花。帅哥毕业后，不远千里到我朋友就读的医科大学找到了工作，两人见面后顺利牵手，婚后一年又添了宝宝，非常幸福。他们非常感谢网络这位“媒人”。朋友们戏称他们是真正的“千里姻缘一线牵”。

某职校有个女生，就叫她小丽吧。某天小丽回学校晚了，进不了门，她就在校友群里问大家该怎么办，某男生热心地给予了建议，还加了小丽好友，豪爽地给她转账 200 元，让她先去校外找个宾馆休息，并嘱咐她保护好自己。小丽觉得这位男生十分体贴、仗义，一周后就答应做他的女朋友。最初，男生每天对她各种关心，令小丽感动。过了几天，小丽得知他不是本校学生，心里稍微有点怀疑他的身份，但被甜言蜜语冲昏头脑的她并没有多想。某天晚上，男生请小丽发一些裸照以解决生理需求，小丽比较谨慎地拒绝了。他就率先发了“自己”的照片，又向小丽要生活照。小丽看着“他”的照片，想想这个要求不过分，便同意了。谁知第二天，这男生就拿出了小丽的裸照，要挟小丽陪他去宾馆开房，否则就将这些照片散布到小丽的班级和学校。小丽大吃一惊，仔细一看，所谓的“裸照”都是自己昨天发过去的生活照PS出来的。小丽后悔莫及。在闺蜜的建议下，她求助了心理老师和班主任，他们协助小丽迅速报警，避免了更大损失的发生。

其实，网络恋爱本身并不是什么洪水猛兽，它和现实中的恋爱一样，会驾驭的人自然能遇到真爱，而处理不当的话，的确会带来危险。针对网络的特点，老师建议你注意以下几点：

1. 恋爱前先要了解对方的身份，是学生还是社会闲杂人员？是成年人还是未成年人？他的身份信息是真实的吗？要对不知底细的人保持警惕。

2. 不轻易泄露自己的真实身份信息，如姓名、学校、家庭住址、照片等。

3. 不轻易接受不知底细的人的转账红包，也不轻易给他人转账，不轻易见面。如果要见面，最好先听取家长的建议。见面要有朋友陪同，选择人多、宽敞的公共场所。

4. 可以多谈兴趣爱好，多了解对方的价值观、人生目标等。和三观接近的人恋爱，更容易幸福和谐。

5. 网络上传递性爱图片、视频等是违法的。情侣之间的网络交流也要注意遵纪守法。

6. 遇到对方敲诈勒索、威胁恐吓，那就不是恋人，而是敌人了。截屏保留好证据，迅速报警。

不管哪种恋爱方式，在恋爱过程中遇到任何困惑都可以找信任的同学、老师、家长求助。

长得漂亮，追求者多，被大家嫉妒怎么办？

困惑解答老师：周秋月

每个人都有烦恼，长得漂亮的同学也不例外，因为长得漂亮，追求者多，容易被大家嫉妒，感觉被孤立，这时该怎么办呢？

首先，我想告诉你，长得漂亮是你的优势，绝对不是你的错。但在人际关系中，如何来应对被大家嫉妒的情况呢？我有一些建议。

1. 明智的女生懂得什么才是自己最需要的。面对众多追求者，你是否有过心动？如果你选择了其中一个当恋人，就请拒绝其他的追求者，态度要果断、坚决，不玩任何暧昧。如果你选择不谈恋爱，就要明确告诉大家，以杜绝再出现追求者。俗话说“身正不怕影子斜”，当你所作所为都正大光明时，就不会被别人的嫉妒所吓住。

2. 漂亮和追求者多是否让你拥有特殊待遇？比如追求者张三帮你扫地，李四送你鲜花，王五又给你买早餐，等等。这些优待会不会让你跟其他同学相比，产生优越感？你是享受其中，还是感觉不胜其扰呢？有得必有失，当你享受这些优待的时候，那些追求者就会不断献殷勤，争取获得你的爱慕，加深其他同学的嫉妒；当你放下内心的优越感，彻底回绝这些“好意”时，也就能够和其他同学一样获得平静了。

3. 提升自己的内在能力。好看的皮囊千篇一律，有趣的灵魂万里挑一。父母给了我们好的容貌，但真正能让人信服的是你个人的内在能力。嫉妒你的人可能觉得你徒有爹妈给的好看外表，长得好看不算你的真本事。你可以把更多精力放在看书和有益的课外活动上，不断增长见识、充实自己，同学们也会对你的内在实力刮目相看，不会单纯因为外表而嫉妒你了。

4. 真诚待人，尊重他人，与人为善，也包括嫉妒你的人。嫉妒者由于自卑，总是感到自己不如别人，因此会对别人有恶意。要想摆脱被人嫉妒的苦恼，最根本的是自己的胸襟要宽，气量要大，不去斤斤计较。

即使是嫉妒你的人，也不必疏远。在生活学习中，与人为善，力所能及地帮助他人。时间久了，大家了解了你的为人，闲言碎语就会减少。当你取得一些成功和荣誉的时候，不要居功自傲，要多发现他人的优点，真诚地感谢大家，让大家一同分享荣誉。

你这样的修炼自己，我相信，你的美德、你的才华最终会超越你的美貌，赢得更多人的尊重和欣赏。

第二节　学习处理爱情中的难题

恋爱中，有许多难题需要我们学习如何处理，比学校考试中的难题还多、还难。爱不仅需要勇气，更需要能力。这些难题会引导我们思考，提升我们的能力。

当一份感情摆在面前，表白还是拒绝？这是一个复杂的问题。不管是表白还是拒绝，都需要考虑好自己的目的、责任与相应的结果，倾听自己内心的声音。

一份亲密关系的变化会带来一系列的连锁反应。

当我们开始一段恋爱，开始和恋人相处，我们会寻找两人之间的共同语言、共同爱好、共同价值观，也会随着了解的深入，发现彼此的差异和分歧，还会产生一些矛盾。恋爱不仅会体验到美好，也必然会体会到烦恼。

我们与恋人的交往会影响到我们与老师、家长、同学的关系，甚至还有我们和金钱的关系。不管是哪一种关系，想要好的结果，就需要我们秉持尊重、信任、真诚、平等的原则，好好沟通。

爱情不是人生的全部。我们还要兼顾学习、生活、娱乐等等，让我们的人生更加丰富起来。

我们需要思考，我们如何与恋人相处得更和谐？我们如何平衡自己的内心？如何选择，能让自己更好？能让恋人更好？能让世界更美好？

爱是一种力量，让我们成长。当我们能力越强，爱情也会更美好。

暗恋要不要表白？

困惑解答老师：陈岚

暗恋是一种情绪上的独特体验。当我们开始对某人产生了特别的好感和爱慕时，会有各种原因想靠近对方，经常有一种心动的感觉，但这份好感又被藏在心中没有表达出来。这几乎是每个人都会产生的一种感情。每个人都有追求爱情的权利，当然也有表白的权利。

暗恋大多数发生在性格比较内向的人身上，常见的原因有：没有勇气，害怕被拒绝，不知道如何表白恰当，怕恋爱影响学习，等等。有一些人认为恋爱一定是男生主动追求才是好的，女生要矜持，不能主动。这些观念是错误的。

历史上男尊女卑，女性在很多事上都没有发言权，无论是王公贵族还是平民百姓，结婚都是“父母之命，媒妁之言”，即便有心仪的对象也只能藏在心里，听从家里的安排。那时，女性作为男性的附属品，只能被动、消极地等待，男性才能主动积极地挑选。这导致女性习惯压抑自己的情感，不敢主动表达。

随着时代的发展，性别平等逐步实现，女性越来越独立自主，无论是学习还是工作、生活，都已经能够掌握主动权。恋爱、婚姻发展成为建立在性别平等的基础上的亲密关系，是双方的互动，不存在谁主动谁被动。女性有了更多的选择机会和权利。

作为新时代的女性，在思考要不要表白时，先要分析自己有没有受传统观念影响，阻碍了真情实感的表达。在排除了传统错误观念的影响后，要不要表白当然就成为个人自由的选择。

无论暗恋还是表白，在选择之前，先要考虑清楚自己的动机、目的、有可能出现的各种结果，以及如何应对各种结果，如何在这个过程中调整好自己的状态，不影响正常的生活和学习。

我给你讲两个故事。

某女生暗恋一个男生后，由于害羞不敢说出来，将喜欢压抑在心里，但她时刻都关注着他的动向，生怕他喜欢别的女生，看到他跟其他女生来往就变得很紧张、很生气，用圆规把自己的手划出血，使自己的手留了很多疤痕，还用墨水在自己的手上刺上对方的姓名字母，根本无心学习。父母知道后，立马给她办了转学手续，她再也见不到心中的他。

另一个女生，她暗恋自己的同桌，却一直没有表白，只是享受跟他坐在一起的快乐，默默欣赏他，像普通同学一样互相帮助、互相学习，刻意保持着距离。一学期下来，两人的成绩都大幅度提高。下一学期，班主任仍然让他们做同桌。

以上两位都是选择不表白，结果差异是不是很大啊？当然，表白带来的差别就更大了。

暗恋是单方面的行为，而恋爱是两个人的事。这个过程中你不能只是考虑自己，也要考虑对方的感受。如果对方接受了，你们如何交往？如果对方拒绝了，你又会如何面对？是继续追求，还是选择放弃？能否坦然地接受和面对失恋，继续做朋友？这其中有太多的变数，太多的选择。

我们的人生总会充满各种选择，面对每一次选择，你都要先问问自己的内心，是否分析了利弊？是否有能力实现最好的结果？是否有能力承担选择导致的最坏的结果？我想，当你把上面的问题都想清楚了，就会知道如何选择了。

所以，暗恋一个人，表白或不表白都是可以的，重要的是在这个过程中，你要积攒经验教训，提高能力，逐渐成熟起来，学会为自己的人生负责。

Q 爱上一个不喜欢自己的人怎么办？

困惑解答老师：魏秀

《神雕侠侣》中的郭襄一生都在追随杨过的身影，最终选择削发为尼，孤独终老。《神雕侠侣》的作者金庸在文坛上辉煌得意，却在情场失意，为了追求影星夏梦，屈就于夏梦所在的电影公司做小编剧，最终仍然是“即使‘流水有情’也毕竟东流去”。《少年维特之烦恼》中，维特热烈地爱着绿蒂，最终绿蒂还是选择了拒绝，承受不了多重压力的维特选择了自杀……我们可以看到，无论是文学作品还是现实中的名人，都有可能爱上不喜欢自己的人。

大学时的我也是这样，爱上了一个才华横溢、略带忧郁的老乡。我表白后，他并未直接拒绝，却又一直对我若即若离。大学毕业时，我们一起坐火车回到家乡，他的女朋友来接站，两人四目相对的那份深情，是他从未给过我的。那一刻我知道了，他心里一直没有我；而我，也从他的身上看到了，爱情应该是什么样的，我需要追求的是怎样的一份爱情，要找怎样的一个人。那一刻，我选择了放手，祝他俩幸福。我们没有成为路人，反倒成了淡如水的君子之交，平日里虽然没有通过电话、短信联系，但如果我有事请他帮忙，他一定全力以赴。

我不清楚你是如何知道对方不喜欢你的，是否表白过，也不知道你喜欢对方到了什么程度。如果真的很爱很爱，到了离开对方就焦躁不安的程度，那么你可以试着去表白，让对方知道你的感情，你才有机会知道对方的真实感情。

或者还有一种可能，在你表白之前，对方根本没注意过你、不了解你，那么你可以尝试多多沟通、默默付出，让对方感动……增进了解后，也许对方会改变态度，喜欢上你。

如果对方已经明确表达了不喜欢你，你也可以毅然决然地放弃。放弃更是给自己机会，把爱留给今后遇到的有缘人。

当你爱上了一个人却得不到丝毫的回应，内心有失落和悲伤也是正常的。这个时候，你要给自己的情绪找到一个出口，既不伤害自己，也不伤害对方，还不损害财物。同时你要相信，不是你不够好，只是彼此不合适；要爱自己、做自己，不因为追求对方就迎合对方，失掉真正的自己。

爱上一个不喜欢自己的人有这么多种可能，每一种可能都可以创造一些美好。究竟选择哪一种，需要你倾听自己内心的声音来决定。

选择的时候，一定要记得——

爱一个人，只是我们的权利；

是否接受我们的爱，那是对方的权利，我们要尊重对方的选择；

爱一个人，也要有独立的自我，不为了取悦对方而失去自己；

感谢他 / 她在我们的青春年华，带给了我们不一样的色彩。

想拒绝一份求爱，怎么做才更好？

困惑解答老师：魏秀

被人求爱，不论你是接受还是拒绝，都是一件令人开心的事。求爱本身是对你的一份认可、赞美，甚至是崇拜，说明你确实有自己独特的魅力和许多的优点。先偷偷高兴一下吧！

如果你并不想接受这份求爱，那么拒绝的时候一定要注意以下几点：

选择恰当的方式、时机、场合。拒绝对方时，要考虑用怎样的方式既能清晰地表达自己的拒绝，又不至于让对方受到伤害，比如对方用信件的方式表达爱意，说明对方可能没勇气直接面对你，也不愿意让其他人知道，建议你用信件来回复；如果对方是当面或用电话、微信等信息工具示爱，你可以选择立即拒绝；如果是在公开场合表白，那么你要公开地拒绝，避免他人误解。

尊重并感谢对方。拒绝求爱是你的权利，同时要注意尊重对方的人格，不做伤害对方自尊心的事，比如取笑、挖苦、贬损、侮辱对方，而是要真诚、委婉地感谢他的喜欢，并且坚定地说“不”。毕竟他喜欢你，也是对你的充分认可。尊重对方，也是对你自己的尊重。如果你没有足够的魅力和吸引力，又怎么能让他喜欢上你呢？

态度一定要坚决，拒绝时一定要表达清晰。想好拒绝的简单理由，清晰明确地告诉对方，不要含混不清，不要欲言又止，不要暧昧，避免让对方产生“如果我继续坚持追求，如果我改变一些做法，是不是还有希望”的错觉。表达拒绝之后，日常交往中要注意与对方保持安全距离，避免单独在一起走得过近。这是为避免对方再次表白让你尴尬。当然，也不要刻意疏远，与他形同路人，导致对方难堪。

拒绝了之后，他仍然有喜欢你的权利，只要没有伤害你，他依然应该得到你的尊重，你们仍然可以做朋友。

他公开了我的求爱信，大家都嘲笑我，我该怎么办？

困惑解答老师：李凡

看来这件事情真的很让你困扰，我特别能理解。因为在我上高中时，班上有一位女同学也遇到过类似的事。当时她把对一个男生的爱慕写在了日记里，后来日记被几个男同学偷看了，将她暗恋男生的事拿出来开玩笑，这让她觉得非常丢脸，于是在自习课时，她站起来大声澄清，呵斥那些男生，结果很多并不知情的同学也因此知道了这件事。她和同学们疏远起来，甚至于澄清这件事，变成她每天在学校里最重要的一件事，最后她的学业受到了严重的影响。

在我们的成长过程中，总会遇到一些不符合我们意愿的事情。这些事情的出现，当时可能会让我们烦恼，但换一个角度看，这正是让我们学习如何面对不如意，获得成长的好机会。

青春期伴随着性的发育，我们开始喜欢和欣赏他人，这是很正常的。表白这件事，在很多人眼里也认为应该由男人来主动。这些都是传统的旧观念。你选择了把爱慕、欣赏表达出来，是没有任何错处，是非常勇敢的。对方可以选择拒绝，但选择公开，就是侵犯了你的隐私权。那些嘲笑你的同学，没有尊重你，那是他们的错。

你可以去和那个男生谈谈，让他意识到自己的错误，要求他道歉。如果他拒绝道歉，你完全可以就此放下对他的欣赏，因为不懂得尊重别人的人是不值得爱的。你唯一的错，就是看错了人。

人生的路很长，会有很多被拒绝的经历，不光我们求爱会被拒绝，以后找工作也可能遇到被拒绝的情况。很多情形不会如我们所愿，但那并不意味着我们不好，更不意味着我们没有价值。我们需要学会面对现实，调整情绪，去安排好自己的学习和生活。

那些嘲笑你的同学，你也可以去沟通。我的高中女同学当时的做法就不好，她觉得大家都在打击她，把所有同学划到了对立面，封闭了自己。而同学们都忙于学习和各自的事情，没有人主动去关心她，她就越来越孤立了。

所以我建议你主动找同学沟通，平静地表达你的想法："喜欢一个人没有错，也不是丢人的事情，希望大家能尊重我。"你的坦然和勇气一定会获得很多人的理解和认同，说不定还会多一些好朋友呢。

在成长的过程中，总会有人反对你、嘲笑你。那些只会反对与嘲笑的人，随波逐流，是没勇气做自己的。让我们勇敢地面对这一切。我们可以尊重他人与我们的不同，也要坚守自己的独特，勇敢地活出自己的样子，创造自己想要的生活。

希望这个解答能带给你更多思考和经验，也祝福你收获一个坦然、成熟、自信的自己。

Q 如何兼顾恋爱与学习？

困惑解答老师：李春芳

青春年少的你们，正是情窦初开、爱情萌芽的阶段，也是心理、生理逐步迈向成熟的阶段，很多人这时候开始有了自己喜欢的人，互相吸引、爱慕，或者开始了一段美好的恋爱，是非常好的体验和经历。爱，是人生很重要的必修课。

很多人认为恋爱和学习不能兼顾，但你能问到如何兼顾恋爱与学习，这是个很好的思考方向，那我们就一起来探讨一下。

你如果在网络上搜索，可以找到很多情侣学霸的消息，比如 2015 年广西大学的蔡炜浩和周婧怡分别被保送北大、清华研究生。大学期间成绩优异的他们因参加英语辩论队而结缘，两人在一起后，他们约好周一到周五是学习时间，周末是休闲时间，学习期间互不影响，即使一起去图书馆看书，也会在不同的楼层学习。他们平衡恋爱和学习的方式就是“学习的时候努力学习，玩耍的时候尽情玩耍”。

从他们的故事中，你能收获哪些启迪呢?

我的总结是，首先，要和恋人有共同的志向。你们有没有交流过两人的未来？比如在哪里上大学？要不要考研究生？想选择什么职业？未来要过怎样的生活？有什么梦想？如果你们有共同的目标，那么你们不仅是恋人，还是战友，遇到挫折能互相鼓励，携手成长，更容易做到恋爱、学习两不误，长期坚持一起努力、奋斗。

其次，经营感情和提高学习成绩都是要付出时间精力，需要做好时间管理。人们在谈恋爱中往往想整天都能在一起，体验甜蜜和幸福。其实，在一起的时间除了卿卿我我，也可以一起看书学习，练练英语，互相帮助讲讲难题，遇到困难给对方加油打气；还可以根据两人的特长，一起打球、下棋、唱歌、画画……培养共同的爱好和兴趣。很多有意义的事需要你们两人去开发。在这些经历中，你们彼此成长、彼此欣赏，你追我赶，那么会离梦想越来越近。

除此之外，我还提醒你，恋爱中有矛盾、分歧也是很常见的，矛盾、分歧容易造成情绪的波动。有矛盾，要主动积极沟通，不要隐瞒自己的想法，认真倾听对方，互相尊重，互相包容，这样解决矛盾就会比较快。情绪的稳定，对学习也是至关重要的。

如果两个人目标一致、兴趣相投、志向远大，又互相督促、互相鼓励、积极上进，在恋爱中做到平等、尊重，爱情就会化为前进的动力，一定能恋爱和学习双丰收。

Q 恋爱中如何把握财物往来的“度”？

困惑解答老师：魏徐红　马文燕

很多恋人和夫妻都会因财物问题发生纠纷。把握不好财物往来的“度”，会导致亲密关系出现问题。怎么理财也是每个人成长中都要学习的功课。

我先给你分享一个案例吧。女大学生小 A，家境一般，人很朴素，大学时和一位男生坠入爱河。男生家里开公司，家境殷实，经常给小 A 买高档化妆品和服装等。小 A 从小到大没穿过高档服装，没用过高档化妆品，看着花钱如流水的男友，拒绝礼物怕他不高兴，接受礼物又暗暗担忧，担忧如果分手了欠男友的人情怎么还，想劝阻男友花钱吧，可那又不是她的钱，还考虑如果以后结婚了，他还这样花钱自己会不会受不了。小 A 各种纠结，压力巨大，于是来约我咨询。

听了小 A 的倾诉，我建议她与男友好好谈谈。

首先，要交流各自家庭的金钱观，表达自己的金钱观。每个人的金钱观受家庭影响很大，家庭条件不同，成长经历不同，肯定会有差异。我们要理解这些差异，不要强求完全一致，可以求同存异。

其次，了解男友开销的来源，是自己挣的钱，还是完全依赖家庭。可以对他强调，希望等他工作后能自立时，再送贵重礼物。要诚恳地感谢男友送这些礼物，知道礼物是爱的表达，同时强调自己不愿意有亏欠和内疚感，所以在恋爱期间不愿意接受高档的物品，自己太有压力，交往中减少了愉悦感，请男友尊重自己的感觉。

再次，可以用心挑选一些礼物回赠男友，或者自己动手制作一些礼物，安排一些生活中的惊喜，让男友体会到礼轻情义重的感觉，感受金钱之外的快乐。要知道人际交往的原则讲究平等与平衡。随着感情的深入，可以逐渐接受更贵重的礼物，如果感到有损自尊、有被贬低、被控制的可能，则要拒绝。不要总把焦点盯在钱上，要盯在快乐上。

最后，也可以提出 AA 制，商量出两个人都能开心接受的方案。

以上是我给小 A 同学的建议，不知对你是否有帮助?

人们的金钱观是有很大差异的，有的人爱慕虚荣，奢侈消费；有的人节衣缩食，省钱讨好恋人，这些做法都不够诚实。量入而出，收支平衡才是应该有的态度。现实中，爱慕虚荣、过高地索取消费的恋人关系很难持久，把自己物化的人，对方也不会珍惜的；牺牲自己讨好恋人的做法，道德上是高尚的，现实中却是难以长久的。

建议本着真实、尊重、平等的态度，和男友好好谈谈彼此的金钱观。

恋爱中财物往来的“度”主要有这么三点：第一，底线是不要因为恋爱增加彼此父母的经济负担；第二，双方都接受财物往来的平衡原则；第三，双方自愿，经济平等，互相尊重，共同快乐。

每个人自身的价值不是靠恋人送的礼物价值来衡量的；恋人送的财物多少，也并不代表爱你多少。金钱是爱的表达方式之一，但不要用钱来分析、证明恋人爱你有多深。毕竟在人生中，爱是最昂贵的奢侈品，不能随意标价打折。

相信智慧的你，会找到你和恋人都舒服的财物往来的“度”。

他不允许我和别的男生说话怎么办？

困惑解答老师：刘红春

你因为他不允许自己和别的男生说话而烦恼，首先，我想建议你思考一下，你跟这个不允许你和别的男生说话的人是什么关系。如果是恋爱关系，那么恋爱中的人看到自己喜欢的女生和别的男生说话，心里产生小小的嫉妒心理，也可以理解。但是可以理解，并不是说就允许他的这种行为。

恋爱是美好的，可是如果没有处理好恋爱中两人的关系，恋爱也必然会给我们带来烦恼。

恋人之间因为非常在意对方，怕失去对方的感情，很容易产生不安、焦虑的嫉妒心理。适度的嫉妒维护恋爱的专一性，有助于保持一段感情，但是严重的嫉妒心理，会使恋人之间失去信任，也容易与伴侣暴力联系在一起，足可以毁掉一段感情。

你可以跟他就这个话题进行沟通，互相了解你们两人之间的价值观和爱情观。

先问问自己，他不允许你跟别的男生说话，他的不允许让你有什么感受？你认为他的这个要求有无合理性？你是如何看待他的不允许的？我们生活在社会中，人际交往是否可能排除与异性的交往和言语沟通？他约束你，他是否也约束自己不跟异性说话呢？他的这个要求是否平等？与他沟通时，你是否表达了自己的感受？你有没有了解他的感受？你更在乎他还是更在乎自己的感受？

你可以问问他，他是怎么看待你跟别的男生说话这个行为的？看到你跟别的男生说话他有什么感受？他在担心什么吗？通过真诚的沟通，可以让双方明确关于某些事的态度和观点。

你们这样进行深入的沟通，可以促进相互了解。当双方的爱情观、价值观、人生观比较接近时，恋爱才会变得美好。

恋人之间的关系应该是平等的，如果关系不平等，就会导致一方控制另一方的行为出现。真正的爱是把对方的需求看成与自己的需求同等重要，而不是强烈的占有欲和控制欲。好的亲密关系是建立在彼此尊重、平等和信任的基础之上的。著名的诗人舒婷有一首诗《致橡树》，你可以读读这首诗，也许会给你一些启发。

不仅是恋人之间，就是在普通的朋友和同学之间的人际交往中，也可能会有一些自卑和嫉妒之心，我们可以把它转变成提升自己的动力，以促进个人的心理发展，而不是去伤害、控制、攻击和贬低别人，否则只会让自己陷入痛苦之中。

Q 男友劈腿，瞒着我同时和别的女生约会，我该怎么办？

困惑解答老师：王晓斌

男友劈腿，瞒着你同时和别的女生约会，我猜你有些气愤吧？

你确定男友是劈腿吗？是否能确定他与别的女生是友情层面的约会，还是爱情层面的约会？

首先，要避免将他与女性朋友的正常往来视为劈腿，要去向他了解事实。你是不是认为他作为你的男朋友，不能与别的女生约会呢？真正的爱是认识到对方是一个独立的个体，并尊重对方的权利、理解对方的感受、明白对方的需求，为对方着想，让对方开心、快乐和自由地活出自我，而不是以爱之名去左右和束缚对方的意志，也不应该以女朋友或者伴侣的身份去占有对方的情感、控制对方的行为。所以，我们在爱情中要正确理解爱的意义，尊重对方的选择。

其次，不要因为有了男朋友就限制自己的交际圈。你平时会跟自己的男性朋友约会吗？如果你因为有了男朋友而拒绝与其他男性朋友往来，限制自己的交际，那么势必会导致你的交际圈过窄，这是不利于你的人格成长和人生发展的。你可以试着拓宽自己的交际网，广泛的人际交往（包括异性交往）可以提升自信心，缓解“害怕失去”的负面情绪，能对你的学习、生活和人生成长有很大的帮助。

男朋友对你隐瞒，是不真诚的体现，你需要去了解原因，有可能是普通异性朋友之间的见面，他怕你误解，所以选择隐瞒；也有可能是他产生了新的恋情，背着你与其他女生约会，刻意隐瞒。你可以与他正面地坦诚沟通，了解他的真实感受和想法，也说出你的真实感受和想法，一起商量双方能接受的相处方式，达成共识。彼此坦诚，有共同的爱情观，才能让你们走得更长久。

接下来，请你体会一下自己的内心，男友移情别恋，是否让你感觉到自己的价值被否定？或者感觉自己被别的女生取代了，有失落感？他劈腿并不能贬低你的人格和价值，你要认识到每个人都是独一无二的，多挖掘自己的闪光点，找寻自己的独特之美，从自己的优点开始悦纳自己，从自己的缺点和不足出发去提升自我，让自己的内心充实，减少因内心空虚而总想与别人攀比的情况；培养广泛的兴趣爱好，通过多读书去提升气质，让才华、学识和能力等人格魅力散发出来，不断增强自信。只有充分爱自己、悦纳自己、摆脱自卑，才能把爱情抓得更牢。

如果男朋友真的是劈腿，瞒着你与其他女生约会，你不能接受，可以选择离开他。爱情是两个人的事情，互相尊重、平等沟通是良好的亲密关系的基础，自信是解决一切问题的法宝。

恋爱如何得到父母、老师的理解和支持？

困惑解答老师：姜玲玲

你能提出这个问题，我首先要祝贺你长大了！随着年龄的增长，遇见了自己喜欢的人，开始恋爱，这是件美好的事。

恋爱要想得到父母、老师的理解和支持，就要知道他们内心的忧虑和想法，正所谓“知己知彼，百战不殆”。父母和老师之所以不理解、不支持你恋爱，也许是因为：第一，担心孩子不成熟，恋爱后无法恰当处理情侣关系，如发生矛盾或失恋，影响你的身心健康；第二，担心恋爱会分散你的时间和精力，让你无法安排好自己的学习，影响成绩；第三，担心孩子控制不住自己，情到浓处发生性关系，意外怀孕。

给你讲个故事吧。

一名高二的女生晓微（化名）喜欢上了同班的男生陈博（化名），两人开始恋爱后，晓微不敢告诉父母。一天，妈妈偶然发现了陈博送给晓微的生日礼物，盘问起来，晓微便把恋爱的秘密告诉了妈妈。妈妈很生气，坚决地反对晓微恋爱。后来晓微找合适的机会跟妈妈沟通，先把自己内心的感受、想法和意愿都告诉了妈妈，也认真倾听了妈妈的担忧、顾虑和观点，母女俩促膝长谈了很久。她告诉妈妈，她已经多次思考过如何保障学习时间、如何调整情绪、如何把控交往的分寸、对自己的健康负责的问题。她向妈妈表明，这段恋爱并没妨碍自己追求人生理想，反而感觉有人陪自己一起奋斗而更有力量。妈妈也表示了理解。

恋爱如果想要得到父母、老师的理解和支持，就要信任他们，与他们保持良好的沟通。

推荐你看看世界著名沟通专家马歇尔·卢森堡博士的著作《非暴力沟通》。

当我们用非暴力的方法跟父母和老师沟通，争吵和对抗就会减少，我们内心的情感能够表达出来，我们之间的爱就会流动起来。要相信老师和家长是关爱我们的，他们的人生经验对我们也是有帮助的。无论什么时候，当我们遇到困难和问题，一定要向父母、老师及自己信任的亲友求助，多听取他们的建议。

恋爱是我们学习表达爱、感受爱的好机会，我们学习如何爱与被爱的过程，也就是我们成熟的过程。要相信，我们能和没有血缘关系的恋人相处好，也一定能和有血缘关系的父母相处好。

沟通有很多技巧可以学习。只要心中有爱，就没有解不开的难题。

Q 为什么女神容易遇到渣男？

困惑解答老师：刘殳

我理解的“女神”是指外貌美丽，才艺出众，或是成绩好、能力强的女孩子。

我理解的渣男通常指至少有以下特质中的一种的男性：

1. 不断“劈腿”；

2. 借钱不还，或在经济上依赖恋人；

3. 暴力倾向，肢体或精神暴力，虽虚心认错但从不悔改；

4. 以自我为中心，要求恋人处处顺从，无条件体谅和包容自己及自己的家人；

5. 嫉妒心强，控制欲强，不允许恋人与其他异性接触或有任何自己不认同的行为。

渣男从来不会把“渣”字文在额头上，相反，他们常常在接触之初非常谦逊有礼，温和体贴，甚至不乏相貌、才能、经济能力出众的。这样的男生除了对女神有吸引力，对广大的普通女孩来说同样有“杀伤力”。

智慧的女孩子懂得选择跟相处舒服的人做朋友。然而被爱情冲昏头脑的时候，就容易被假象迷惑，被渣男“吃定”。因为“女神”往往被很多人关注，所以她们的幸福和痛苦都被舆论无限放大，就容易给人一种“女神配渣男”的假象。

所以说，“女神经常遇到渣男”是个伪命题，它从一开始就忽略了大量普通的女生。其实她们遇到“渣男”的概率并不比“女神”低。

很多普通的灰姑娘都很自卑，为了获得“王子”的青睐，往往会投入更多的感情，表现得更主动。由此不难理解，普通女孩领教了更多的渣男之渣才是常态。所以，了解如何识别和远离渣男，如何识别不健康的关系，是所有女孩的必修课，不管你是不是女神。

如何才能避免成为渣男的目标呢？一个人的自信、自尊、自爱是对渣男的最佳防疫武器。

自信，便不会认同渣男对自己的否定。当有人试图通过否定和打击来挫败你时，你只会内心感到好笑，而不会受伤，更不会陷入自我怀疑和畏首畏尾中。

自尊，便不会接受渣男对自己的轻慢，不允许别人践踏自己的人格和自尊。要知道，精神暴力和肢体暴力的开始，往往是从生活中的点滴试探逐渐开始加强升级的。自尊的女孩即使在恋爱中也会警惕一切损害自己尊严的行为，不会被爱蒙蔽双眼。

自爱，便不会把压抑、牺牲自己当作交往的必须手段。自爱的人懂得每个人都是独一无二的，都有自己的价值，会追求平等、健康的亲密关系，不用去低三下四地迎合讨好；对不健康的关系，即使用情再深，也能果断止损。

自信、自尊、自爱不只是一种能力，更是一种能量。如果一个家庭中父母关爱孩子，彼此尊重，有事共同协商，孩子就比较有自信，会更清楚各种选择所要面对的风险，更能看清自己的需求，更容易识破渣男的套路。我们不能选择父母，如果不幸成长在父母不断否定自己、高压控制自己，或者冷漠忽视自己的家庭中，我们依然可以选择自我成长，实现自我突破。

如何才能做到呢？多读书，读好书，养成独立思考的习惯，努力提升自己，向比自己强的人学习，认可自己、鼓励自己、接纳自己。从低自尊中走出来并不容易，需要非常多的练习和努力，你要学会爱自己，不需要任何人施舍爱，也不被人裹挟着证明爱。你变强大了，就能收获健康的亲密关系，渣男自然无法近身。

恋人有暴力倾向怎么办？

困惑解答老师：魏徐红 马文燕

这个问题让我想起了网红宇芽被家暴的事。

2019 年 11 月 25 日是第 20 个“国际消除家庭暴力日”。这天宇芽在微博上发布：“过去的半年，我仿佛活在噩梦里，关于家暴这一切，我必须说出来！”

宇芽是知名仿妆博主，曾装扮成爱因斯坦、C 罗等名人模样，颇为传神。最让她出名的是模仿名画《蒙娜丽莎》。这个视频播放量超过 3000 万次，国内外许多媒体都对此进行了报道。她也算是小有名气的成功女性了，然而遇到家暴，她跟很多受害者一样不知所措。

施暴者是她交往半年多的前男友。在宇芽公开的一段电梯监控中，她从家中跑入电梯，施暴者追入电梯把她打倒，然后拽着她的腿把她拖出电梯。她被他用鞋踩过脸，被他摔伤尾椎，两腿失去知觉……每次被施暴后，她往往脸部受伤肿胀，要休息一周才能恢复工作。谁也没有想到，“蒙娜丽莎”神秘微笑的背后有这么痛苦的经历！

她因爱慕他的才华，相信他的道歉，一开始选择了隐忍。然而，他的暴力却不断升级。最终，她收集了证据报警，施暴者受到了法律的惩罚。此前，施暴者已经两次离婚，两个前妻都作证他多次施暴。

以前人们普遍认为，身体被打了才算暴力，而夫妻打架是家庭内部事务，警察不便介入，因为“清官难断家务事”。随着社会的进步，人们对暴力的认识也逐步提高：暴力有多种形式，除了肢体暴力，还有精神暴力、语言暴力、经济控制等。其中，精神暴力包括语言威胁、恐吓、贬低、辱骂；限制受害者工作、行动、交往；破坏物品以吓唬对方等。各种暴力都侵犯了受害人的权利。

我国《中华人民共和国反家庭暴力法》已于 2016 年 3 月 1 日施行，

惩处家暴有法可依。《中华人民共和国反家庭暴力法》第三十七条明确规定："家庭成员以外，共同生活的人之间实施的暴力行为，参照本法规定执行。"所以，恋人之间的暴力也可以照此办理。

很多家暴的案例都证明，对暴力的容忍就是对施暴者的纵容。面对陌生人的暴力，人们会报警或者告诉亲朋好友，但是遇到家暴，往往会主动隐瞒。因为传统观念认为"家丑不可外扬"。受害者在所谓的"爱情"的蒙蔽下，往往对施暴者抱有幻想，会把暴力当作偶然事件，甚至以为是自己不好才惹怒了对方。这点你一定要搞清楚，真爱里面没有暴力，受害者是没有错的，错的是施暴者。

你说的恋人有暴力倾向，我理解的就是恋人目前没有伤害你的身体，但已经让你的心理感到很不舒服，这基本属于精神暴力。既然已经感受到了暴力倾向，就要明确对恋人表达出来。如果恋人不肯停止暴力倾向，建议你要考虑安全分手。一般来说，施暴者很难改变。如果你选择容忍，恋人的暴力倾向会长期持续，不断升级。

为了安全，你要把这些情况告知家长、老师，寻求他们的保护，多让好朋友陪伴你。万一有冲突，尽快逃离，不要去激怒施暴者，以减少伤害。在安全的情况下，收集、保存证据，尽快报警、就医。

如果这段恋爱让你感觉很受伤，可以寻求心理咨询师的帮助，也可以向专门为遭受家庭暴力的人提供帮助的白丝带公益热线微信号 bsdgyrx（每天 10：00~20：00）咨询。

Q 听说有男生学了 PUA 之后到处骗女生，我该怎么区分对方是否学过 PUA 呢？

困惑解答老师：傅典子

2019 年“北大女生包丽自杀事件”引发了公众对 PUA 的热议。PUA，全名 Pick-up Artist，又称搭讪艺术家，本是帮助不善交际的人学习交际技巧去接近自己喜欢的人、发展亲密关系的培训课程，但后来逐渐变味，演变为用欺骗的套路以恋人的名义实施诱奸、骗财、精神控制、拍隐私视频牟利、鼓励自杀等犯罪行为。

包丽和男友牟某某都是北大的高材生，学生会干部。牟某某以包丽不是处女为借口，对她进行指责、谩骂、羞辱，又不肯分手，为了让包丽证明爱他，提出让包丽拍裸照、先怀孕再流产并留下病历单、做绝育手术等要求，并鼓励她自杀。这些大家一眼就看出明显不合理的要求，被牟某某精神控制的包丽却无力反抗，最终包丽选择了结束生命。

事发后，很多媒体挖掘出很多关于 PUA 的骇人新闻。PUA 有专门的组织，以培训形式散布各地，导致不少女生深受其害，让人不寒而栗。目前并没有证据表明牟某某学过 PUA。事实上，有些人即使没有学过系统的 PUA 课程，也有可能在恋爱关系中实施精神控制。

我们该怎样做好自我保护呢？提醒你注意以下几点：

1. 打击贬低的信号。在恋爱最初的甜蜜过后，他会说类似这样的话：“别人都这样，为什么你不能这样”“你脾气太差了，除了我没人受得了”“你太胖了，太黑了”等来贬低、打击你，放大你的错误，对你提这样、那样的不合理要求，还表现得若即若离。如果你觉得“本来得到的爱，因为自己不好，有失去的危险”，怕失去他，你自卑了，就容易将就他，服从他。这个套路就是打击你的自信，以此掌控你。

2. 诱你多表白。他很少表白喜欢你什么，但是会诱导你表白，比如问“你干吗这么关心我”或者“那么多人追你，你为什么就对我好”等。这是让你主动寻找迷恋对方的理由，自己说服自己，成为习惯，进入对他着迷的陷阱。

3. 隔绝你与闺蜜、家人的来往。他明确表明不喜欢你的某个闺蜜、某个家人，要你把恋爱的事对家人保密。当你掉入爱情陷阱时，朋友会旁观者清，而你来往的人越少，和朋友越疏远，他越方便洗脑控制你。所以，他既不愿意跟你的朋友来往，也不愿你与朋友多来往，以此避免你的朋友、家人识破他的伎俩，帮你摆脱他。

4. 利用你的同情心。他会向你倾诉自己的“悲惨经历”，展示脆弱的一面。这类话语往往简单，没什么逻辑，比如他会说：“我一直不相信爱情，虽然你长相很普通，但是遇见你的那天，我就知道我的爱情来了”或者“这是我第一次在女生面前说这些事情”等，这是在利用你的同情心和拯救心理，让你相信你是他唯一的拯救者。一旦你提出分手，他就以自伤、自杀相威胁。这是用你的善良、内疚感控制你。

PUA 的变幻套路多种多样，我们不可能全都了如指掌。我们之所以谈论这些，并不是要你对感情失去信心，不然你患得患失的状态会让自己错失很多美好的体验。

想要做好自我保护，重要的并不是了解对方是否学过 PUA。亲密关系的核心应该是体会双方的交往是否体现出平等、尊重、真诚与信任，以及对未来幸福的向往。任何一个爱你的人都不会打压你、故意伤害你。连自己的生命都不爱的人，也根本不会爱任何人。要你放弃友情、亲情和健康与自由的，肯定是害你。

PUA 固然可怕，但用理智是完全可以做到自我保护的，有困惑可以向身边值得信任的人请教。无意识的情感操纵颇具杀伤力和隐蔽性，如果你已经长期陷入对方亲密关系的陷阱中，你需要更多地与家人、朋友们交流，获得他们的支持和帮助；要收集证据，及时报警，并寻求心理咨询师的帮助。

第三节 爱情与性

爱情的基础是性吸引。性是重要的功能。

青春期性的发育，性激素的分泌，性器官的成熟，这些都是爱情降临的重要条件。

性吸引、性冲动，都是自然的现象。人类的繁衍离不开性活动。社会不断发展，人类的性行为不仅有动物性的一面，也有要遵守的社会规则。

每个人都有提出性要求的权利，每个人也有拒绝的权利。是否发生性关系，需要当事人进行很好的沟通，不仅要考虑眼前的愉悦，也要考虑后续的结果；不仅要考虑两人的自主，还要考虑社会影响与社会责任，要遵循自主、安全、责任、愉悦、健康的原则。

不论是男生还是女生，一个人的价值不是用有没有发生过性关系来衡量的。有过性关系，既不会提升你的价值，也不会贬低你的价值，你依然是原来的你，是值得被爱、被尊重的人。

好的性给自己和对方都带来愉悦的感受，美好的回忆。不好的性给双方都会留下身心伤害，悔恨与烦恼。照顾好自己是每个人的任务。

愿你每一次的性体验，都能充分享受性的美好。

Q 男友总是缠着我做爱，他是怎么想的？

困惑解答老师：刘殳

随着恋情的进展，两个人或早或晚都会面临这个问题。

古人云，“食色，性也”。性欲是像食欲一样正常的欲望，不吃饭要饿，不做爱就会有性的饥渴。和相爱的人在一起，感到性欲旺盛，产生做爱的想法，是很正常的。因为做爱需要两个人，而每个人对性的理解不同，各自的身心状况不同，所以对性的期待值也会有差异。这时候需要你们好好地沟通、讨论这个问题。

以下几个思路供你参考：

第一，如果你们还未曾有过性爱，但你男友表现出对性爱的热切，也许是他认为性爱代表着关系的稳固，也可能将做爱这件事当成了某种寄托，或者仅仅是想解决性的饥渴。但他怎样想其实不是最重要的，如果你感觉到迟疑或抗拒，你可以坦诚地和男友谈谈你的感受，你的焦虑，让他知道此刻的你还没有和他同步。

性爱的三原则是“自主”“健康”“责任”。符合三原则的性爱，对性爱面临的问题有充分的认知，且双方具备为风险承担责任的能力，这样的性爱是美好的，对两个人的关系发展的影响是正向的。三个原则不论缺少哪一个，都会产生不良后果，轻的导致关系破裂，严重时危害双方人生发展。所以，性爱是要认真沟通的问题，不能逃避。如果他爱你，一定能够尊重你、理解你。只有互相尊重、互相理解的感情，才有持久和幸福的可能。这也是恋人感情的试金石。

第二，如果你和男友此前已经有过性经验，是对做爱的频率有不一样的期待，这是很常见的。每个人的生理和情感需求都有差异，我们不必因为自己的性需求比别人多或者少而感到羞愧，亦不能随意给自己和对方贴上“不正常”的标签。在感情中，性爱本是两情相悦、积极互动的行为，不必勉强自己去“尽义务”以“满足”对方，这是对自己的不尊重。解决的办法依然是沟通。性爱是属于你们俩的，但性的愉悦需要你为自己负责，向男友清晰地表达你的感受，你的不适。你不想要的时候，就大方地拒绝。如果以前没有敢于为自己表达过，那么就从这份感情做起。重视自己的感受，表达自己的需求，是一个新时代女性必修的技能。

第三，仔细地觉察一下自己对性爱的态度。我们的性观念会受到传统文化的巨大影响。你可能遇到有人提到性就说“恶心”“流氓”“不正经”的情况，也听过“女人不能主动”“好女人不可以有性需求”等说法。这些封建文化的力量塑造着每个人，禁锢着女性不敢追求性的满足，否则便会成为受非议、被歧视的“荡妇”。这其实是男权社会对女人的荡妇羞辱。

当今时代，性别平等成为共识。女性同样有权利追求性爱的愉悦，也可以在亲密关系中成为主导者。我们要学习新知识，了解新理念，倾听自己内心的声音，冲破文化的桎梏。

建议你和你的男友遇到问题的时候都不回避、不妥协、不放弃，努力地沟通，互相调整和适应，也许能找到两人都满意的平衡点。如果努力过后依然无法让彼此满意，也许人生中还会有其他更契合的选择。虽然说不要随意放手，但也不必将自己的人生和感情局限在一种可能内。加油！

Q 男朋友不愿意戴套该怎么办？

困惑解答老师：胡艺

套，全称“安全套”，又叫“避孕套”“保险套”，从字面上就可以看得出来它的功能，它可以让我们安全、保险、避孕，虽然效果不是绝对的百分百，但是只要是全程正确使用合格产品且没有破损，那么基本可以达到我们想要的效果。我先跟你讲两个故事。

第一个故事：一对大学情侣相恋不久就发生了性关系。男孩说戴套不舒服，女孩就没有坚持让男孩戴。后来女孩怀孕了，不敢跟家里人说，也不好意思跟周围的人说，就编了个理由跟同学借了一笔钱，去医院打掉了肚子里的胎儿。为了还钱，两个人连续好几个月都过得紧巴巴的。

按理说有了这次惨痛的经历，他们应该会老老实实地做好避孕措施。可惜的是，每次一时兴起，男孩仍然不愿意戴套。女孩呢？她认为自己既然爱他，就不能勉强他做不喜欢的事，所以，哪怕人流的疼痛令她难以忘怀，她也没有坚持要他戴安全套。因为听说避孕药对身体不好，她也没有吃避孕药。就这样，他们有了第二次、第三次堕胎……男友先她一年毕业，离开了大学后再也没有联系过她。多年后，女孩结婚了想要宝宝，却一直不能怀孕，做检查时才知道因为自己堕胎过多，子宫过薄，她永远也做不了母亲了。

第二个故事：另一对大学生情侣，两人情投意合，都感到自己有性生活的需要。于是，他们一起商量要不要做爱。他们讨论了许多问题，比如自己想要什么样的性？第一次做需要准备什么？在哪里合适？如何保障安全、卫生？用什么方式避孕？万一避孕失败了怎么办？结婚时机成熟吗？目前能不能要小孩？等等。在充分的交流后，他们选择了用安全套避孕，还准备了紧急避孕药，体验了美妙的性爱，两人的关系更加密切了。

这两个故事，你喜欢哪个的结局？你希望自己的人生是怎样的呢？

性行为，如果没有秉着安全、自主、责任的原则，结出的果必然都是苦果。

安全套关系着你的自主与健康，绝不能因为“他不愿意就算了吧”而妥协。你可以与他沟通，了解他为什么不愿意戴。是因为戴着不舒服，还是对乳胶材质过敏？或者是心理上有偏见，觉得戴套不爷们？如果是对乳胶材质过敏，可以改用聚氨酯材质的安全套；如果是安全套尺寸小了，则要换用合适的尺寸；如果是有不合理的观念，就要改变观念，把责任重视起来。

安全套除了避孕，还有预防性病传播的功能。这是其他避孕方式不能具备的。男女都有追求性愉悦的权利。但是在怀孕后，男女的性别差异就明显地体现出来了，不管是选择堕胎还是生育，身心付出更大代价的绝对是女生。所以，即使他不愿意承担避孕责任，你也要为自己负责。

避孕的方式除了男性戴安全套以外，还有女用安全套、口服避孕药等等。对未成年人来说，口服避孕药含有激素，对身体发育有不良影响。如果你的身体已经发育成熟，想长期避孕，也可以到医院妇科选择上环、皮埋等避孕手术。上环是在子宫里安放节育环，失败率高，手术创伤大，不推荐未成年人用这种避孕方式。皮埋是目前很受育龄妇女欢迎的避孕方法，也是联合国卫生组织重点推广的方法。手术中，医生将米粒大小的避孕药物胶囊埋入胳膊皮下，药物缓释，从而实现避孕，效果高达99% 以上，可持续 5 年，而且取出后两个月即恢复生育功能。手术简便，一般过程 10 分钟左右，创口很小，费用经济，副作用小。

具体采用哪种避孕方式，你要先咨询医生，然后和男友共同商量，共同承担责任。一个真正爱你的人，一个负责的人，一定愿意和你好好地讨论避孕的问题。爱别人之前先爱好自己，为自己负责。

做爱被家长发现了怎么办？

困惑解答老师：马文燕

我能理解你的慌乱与担心。事情已经发生，只有勇敢面对。

首先，强调一下，性关系应该符合自愿、健康、负责、安全、愉悦的原则。你的做爱是否符合以上的原则？如果不符合，请停止，因为继续下去有可能伤害彼此，也会给监护人带来很多麻烦。

家长在你的某些事情没处理好时，必须承担相应的后果，这是监护人的责任。所以，也请理解他们发现后发脾气。这脾气里，可能有被你们欺骗后的气愤，也有对你们人生的担心，还有传统文化中性的污名化带来的心理阴影。

传统的旧观念把未成年人的性行为当作坏孩子的行为。估计你做爱也没有事先征求他们同意，所以他们难免对你有误解。但是每个父母都有对孩子的爱，他们肯定是愿意让孩子有更好的发展。如果他们认识到你是负责的，有能力掌控自己的人生，则有可能改变自己的看法和做法。

亲情、爱情一个都不能少。经济的来源，学业的压力，是你们目前必须面对的很现实的问题。既然需要家长的支持，那么你就需要好好地跟他们沟通。下面几点是给你与家长的建议：

1. 先要接纳家长的情绪，诚恳认错，比如对家长说："我知道这件事惹您生气了，没有提前跟您沟通，没想到这种行为有可能给您带来麻烦，是我考虑不周，这是我的错。"

2. 要认真听家长的批评，了解家长的想法，寻找双方观念的共同点。

3. 告诉家长：我不是坏孩子，我们两个谈恋爱是认真的，请理解我们的感情，我们有能力为自己负责，我们不想放弃学业，我们一直在努力，需要家长支持我们完成学业。

4. 要真实地表达自己的感受，如家长的某些做法、某些话让我感觉心里很难受。我希望能被你们当成大人对待，尊重我、理解我。

5. 家长有可能提出不合理的要求，有可能是一时气话，也有可能是没考虑全面的结果，你要态度坚定而温和地拒绝。

6. 如果家长一时态度不改变，也许要多等一些时间。你可以用行动去表明自己的负责，主动和家长打招呼，帮助他们做一些力所能及的家务，等等。

以后你要记住，父母是我们最亲的人，这是一辈子都不能改变的关系。很多事关人生的大事，最好自己主动告诉他们，毕竟血浓于水，相信他们是爱你的。他们的人生经验，也是你的财富，听取他们的建议，也是接受你的人生财富。

相信你在这件事里会得到很好的成长！

Q 男友想在我们亲热时拍裸照，要不要答应？

困惑解答老师：刘殳

性爱或亲热时拍照、录像，是很多情侣和爱人之间增进情趣、保留甜蜜回忆的方式之一，而拍裸照所面临的一些风险也是显而易见的。

有哪些风险呢？

首先，如果你和男友今后关系发生变化，这些裸照会让你很尴尬。

一生很长，爱情易变。尤其在青春期，许多人的为人处世模式和价值观还在发展变化中，随着交往和各自朋友圈的变化，每个人自身也会因为环境的影响而改变，两人的亲密关系也有可能发生变化。一旦分手，曾经带来甜蜜回忆的裸照，恐怕就只能带来尴尬了，还有可能成为对方要挟你的筹码。

其次，有可能影像资料主动或被动泄露，给你带来名誉上的损失。

当今互联网上有相当多的色情网站是可以用上传裸照和性爱视频的方式来获得收入的。你可能在不知情的时候被全世界的色情网络游客浏览和消费，成为AV网红。

以下几种情况的裸照被拍摄者故意公布的风险性极高。

1. 要求拍照的男友和自己的经济情况、年龄、能力、社会资源相差悬殊。这几个要素有一样相差悬殊即成立，比如男生很有钱，女生经济比较拮据，或反之。

2. 裸照包括脸部和房间陈设、身份信息或具备识别的个人特征，比如身体上的胎记、痣等。

3. 只拍女生，不拍男生自己，或者露出女生的脸和其他特征，不露男生的。

4. 男生和女生都拍摄，但是没有同框。

5. 男生女生有同框，但是拍摄内容涉及性爱的细节和全流程。

6. 拍照这件事是男生提出，并且执意要拍摄，且反复提出，软磨硬泡，表现得非常渴望，或是趁女生不注意、熟睡时拍摄。

7. 当女生提出要拍摄男生时，被以各种理由拒绝。

如果男友为人可靠，情商很高，自控力好，注意保护你们的私密记录，那么隐私被泄露的风险是比较低的。但某些特殊情况也可能导致裸照被流出，比如修手机，或者手机丢失，或者被别人无意中发现视频并复制，再比如一些手机软件会访问你的相册存储，或者被黑客攻击，这时候就极易将你的裸照上传至服务器。

一旦文件流出，后果是难以想象的。曾经有很多中外明星也经历了“艳照门”的事件，其中不乏当事人因精神压力巨大，出现抑郁、自残、自杀的情况。并且在这类事件中，社会舆论对于不同性别的当事人的评价导向是不同的。舆论往往针对艳照中女性的品行道德作出负面评判。这可能是对当事人更无情的伤害。相反，对于男性艳照，公众会表现得相对宽容，甚至还觉得他“占了便宜”。这是传统观念造就的差异，虽然不合理、不平等，但在短时间内确实难以改变。

你的男友是出于怎样的初衷来邀请你拍裸照的呢？他有没有考虑到这些风险呢？他准备怎么使用这些裸照？又准备如何保护好隐私？你可以和他讨论一下，充分列举有可能的后果，并对后果的可控性和应对措施一一探讨，然后再做决定。

所以，裸照要不要拍，你心里有数了吗？如果确认对方无比可靠，即使流出也绝不后悔，你们有能力处理各种风险，对自己的隐私安全有充分的自信，当然可以拍。但是如果有一丝疑虑，就应该听从自己的内心，保持高度的谨慎，坚定地拒绝。

Q 和男友做爱了，要不要告诉好朋友呢？

困惑解答老师：刘清珊

你的问题让我想起我女儿的一件事。

有一次她去亲戚家玩了几天，我去接她回来，她一路跟我分享在亲戚家的所见所闻、所吃所玩，突然她说："我和表弟有个秘密，说好了谁也不告诉。妈妈，你……"我立马对她说："宝贝，你和表弟的秘密不用告诉妈妈的。我尊重你，也不想听。"她说："妈妈，你答应我不告诉别人，我就小声地说给你听。"我说："不，我不愿意。你把秘密告诉我，又不让我说出去，会憋死我的。你和表弟的秘密，你俩知道就行。"她愣了一下，沉默两分钟后冒出一句："哎呀，守秘密比憋屎还难受！"

你现在是不是也憋得有点闷？一方面，平时和好朋友一起吃饭、睡觉，一起看小说、吐槽老师，一起分享身体发育、情感烦恼和小秘密，形影不离。现在你一个人守秘密不容易，同时也担心好友发现后责怪你保守秘密，不把她当好朋友。

另一方面，和男友做爱了，新鲜、疑惑、兴奋、不解等等许多情绪需要一个出口。可能你也想和朋友一起交流，缓解压力，增长知识。

那么，和男友做爱了这件事要不要告诉好朋友，老师建议你可以先思考以下几个问题：

首先，你的男友同意了吗？性爱毕竟是两个人隐私的事，你没经过男友的同意就说，是对男友的不尊重，有可能伤害到男友。你男友如果要把你们做爱了这件事告诉他的朋友，你愿意吗？这一关过不了，就根本不要考虑其他了。

其次，你要考虑清楚，你想告诉朋友的目的是什么。是单纯分享、倾诉？是炫耀？是寻求解惑？比如，他爱不爱我，爱我有多少分，是爱我还是只想和我做爱而已，等等。是寻求精神支持，还是想讨论性知识？

如果你只是为了倾诉，那么，除了告诉好朋友之外，还有别的更保密、更安全的途径，比如写日记（请注意保护好隐私，敏感字眼用符号、字母代替），比如找树洞倾诉。

再次，你这位好朋友为人如何？能守住秘密吗？你想得到的那些帮助，她可以提供吗？你回忆一下自己憋秘密时难受的感觉，确定要让她体验这份难受吗？要是她不小心透露出去，会给你带来哪些风险呢？比如，事情一旦被传出去，被老师、同学、父母知道，你有应对策略吗？最好的结果会怎么样？最坏的结果会怎么样？你愿意承担这个风险吗？这些利弊，你要权衡清楚，全面评估了后果之后再定。

最后，老师想告诉你的是，性行为是一件私密的事，不是衡量一个人“长大”“成熟”与否的外在标志，告诉还是不告诉好朋友，都不应该影响到你和朋友的友谊。友情和爱情都是有界限的。这个界限在哪里，由你来定。

Q 同宿舍的闺蜜炫耀她和男友上床了，体验很爽，鼓动我也试试，我和男友还没想好做还是不做，怎么办？

困惑解答老师：黄晓霞

听起来你的舍友在性爱中有很好的体验，我真为她高兴。但她鼓动他人随意去尝试性爱是非常不妥当的，甚至是不负责任的。你有困惑，说明你不是一个没有主见、喜欢跟风的女生。

但我感觉你似乎也有一些担心，怕没有听从舍友的鼓动而影响你们的关系。如果因为这事她就疏远你，或者说风凉话讽刺你“假正经”什么的，那你是不是得重新考虑一下和舍友的关系？凭什么她连你和男朋友是否发生关系都要管？

对于每个人而言，和谁发生关系，什么时候发生，都是那两个当事人的事情，和别人无关。所以，微笑且坚定地告诉你的舍友：“谢谢你跟我分享你的隐私，我和男友的事，我们自己会考虑的。”树立起你的界限，根本不和她谈论此事。

任何一个人关于性的价值观都是不一样的，就如同你的舍友和你，她愿意和男友发生性关系，这是她的选择；而你和你男友还没有想好，所以还没有发生性关系，这是你俩的选择。各种选择都值得被尊重。你完全可以坚持你自己的选择。

性关系并不是一种普通的关系，“自主、健康、责任”的性关系才有可能给人们带来好的感受，才会提升两人的亲密度；相反，没有准备好就随意发生性关系的话可能会带来一系列恶果，比如发生性关系后，对对方不同的期待反而会影响两人关系，或者意外怀孕，得妇科病、性病，还有大家的闲言碎语等，应对起来都是压力蛮大的。

至于何时发生性关系合适？我想跟你分享电影《完美陌生人》中的一段情节。索菲娅的男友邀请她到家里过夜，告诉她父母外出不在家。

索菲娅明白，这次约会非比寻常，可能会发生性关系。她还没做好性行为的心理准备，如果不去，又怕男友不高兴。她问父亲的建议。她的父亲说："不要因为怕他不高兴而去他家，这不该是唯一的理由；这是你人生中一个重要的时刻，是你会铭记一辈子的事情，不仅是你明天和朋友聊天的谈资，如果你以后想起，无论何时回想起来，这件事都会让你嘴角带笑的话，你就去做吧！但如果你并不认为或者不太确定，那就忘掉它吧，因为你还有大把的时间。"

现在老师想把这段话送给你，不管这个鼓动我们发生关系的是舍友还是男友，这件事你有绝对的选择权，因为你的人生你做主。

Q 恋人说不答应做爱就是不爱他，我要怎么办？恋爱就一定要做爱吗？

困惑解答老师：刘清珊

倘若老师问你：你爱不爱吃榴莲？你回答爱就是爱，不爱就是不爱，这是你一个人的事。而恋爱是两个人的事，爱或不爱，都要考虑到两个人的需求和意愿。对方说“你不答应做爱就是不爱我”，你从他这句话中感受到尊重了吗？感受到爱的温暖了吗？他考虑到你的需求和感受了吗？

你这时来咨询求助，说明你是个爱思考、有独立见解的人，非常棒。老师见过非常多的女孩子，在恋人说“你不答应做爱就是不爱我”，“你要我戴套就是不爱我”等言语洗脑下，不知不觉地失去了自己的健康和尊严。

赋权型性教育倡导性爱有三原则：自主、健康、责任。自主是指行为是自己主动选择的，不是被强迫接受的。健康是指安全的性行为，避免意外怀孕、堕胎，注意预防性病和生殖系统疾病等。责任是指双方都能对性行为及以后的生理、心理、人际关系等变化负责。

从生理上来说，发生性行为后，男女双方面临的境遇不一样：男人需要承担的只是性行为过程中被感染疾病的可能。而女人，阴道内黏膜很柔嫩脆弱，性行为时容易受伤；性行为中阴道被打开，原有的酸碱平衡被打破，此后更容易感染妇科疾病；此外，万一意外怀孕，不论是生育还是流产，对女性的身心都是巨大的负担。

从心理上来说，在恋爱中两个人都有平等的性权利，任何一方都可以提出性要求，另一方可以接受，也可以拒绝。但社会传统的性观念对男女有不同的文化塑造。比如，鼓励男人谈性，鼓励男人热爱性，觉得男人在性上就是占便宜的一方；社会贬损女人谈性，把没有性行为的女人称为“纯洁”，认为女人在性上，是亏损的一方。这种性的双重道德标准当然是错误的，但其影响不容忽视。

你的恋人，是否是受传统观念的影响，特别想用性行为来证明你的归属？来稳定你们的关系？而你，想要一种怎样的亲密关系？你要和他一起交流，分析利弊，对你们的关系来一个全面评估：你们双方是否足够信任，爱对方？现在的感情浓度，发展性关系是否适宜？你们双方对发生性行为做好准备了吗？发生性关系，有可能让两个价值观相近的人更加亲密；也有可能让两个价值观相远的人更加疏远。

恋爱时，受荷尔蒙的影响，人可能会非常渴望亲近伴侣，这是正常的。不论男女，有性欲望都是正常的事，不是羞耻的事；强迫别人发生性关系，才是羞耻、犯法的事。性行为不是衡量一个人“长大”“成熟”与否的标志，不是对伴侣表达“爱”的唯一方式。

你可以和恋人表达你的想法和感受，爱你的人会尊重你的选择；不尊重你的人，说明他不爱你。

此外，即使发生了性关系，双方依然是独立的个体，各自的价值没有因此“增加”或“减少”，更不意味着你从今以后都是“他”的人了。你依然是独立的，值得被爱的，有价值的好女孩。能够保持独立的人格，你会有更大的魅力。

Q 我可以主动和男友亲热吗？他会不会因此看不起我？

困惑解答老师：王艺

先回答问题：可以。我不了解你男朋友，猜不出他的反应，但如果他因此看不起你，是他的错，不是你的错。

仅仅回答第一个问题，太容易。但搞清楚你为什么问“是否可以主动和男友亲热”，这是个大问题，尤其是还要担心被“看不起”，这是个更大的问题。你自己呢，想过为什么会担心这些吗？

几千年来，中国乃至全世界，一直是个传统的、坚定的男权社会。

传统文化对女性性别气质的要求是温柔、顺从、附属，性观念上更是认为女生是不能主动追求男生的，主动会让女生掉价！女生主动要亲热、要性的，更掉价！所以你才有被“看不起”的担心。这是男权社会对女性的一种荡妇羞辱，以此来压抑女性、控制女性，让女性更好地服从男性。

新中国成立以来，我国政府提倡“男女平等”，以及给女性提供受教育、工作的机会，婚姻的自主权、女性地位都有了很大的提高。遗憾的是，这些年来仍然没有实现真正的性别平等。当女生们还被判定为学不好数学、开不好车，还被设定为当老师是最适合管家、管孩子的职业时，即使经济上是独立的，人格上仍然被有些人认为是附属的。所以，这是时代的遗憾。

可是这个因果关系你服气吗？你有没有“这不公平”的委屈呢？你的人生谁做主？已经21世纪了，更多新时代的女性要自主！！

希望你在学校好好学习，进职场好好工作，让自己强大，做自己喜欢的事，追自己喜欢的人，活成让自己尊敬的样子。有人说不敢要这样的女生？请你离我远点，你要不起！我这样努力，是为了过自己想要的生活，不是为了把自己打包“奉献”给谁的。

Q 我很享受和男友的拥抱爱抚，却不想做爱，是我有问题吗？

困惑解答老师：黄晓霞

是你的男友提出了做爱的要求了吗？还是只是你在探索自己身体的反应？担心自己发育是否正常也是女性成长中常见的心理状态。

如果是对方提出性邀约，这是恋人之间很正常的事情，只要他没有强迫你，说明他是尊重你的，是值得点赞的。即使是关系很好的伴侣，也有可能性的需求不同步。而你此时不想，并不是你的问题。接纳自己已经享受到的性愉悦，同时与男友分享你的感受，谢谢他带给你的愉悦，拒绝做爱的要求就可以了。

可以分析一下是什么原因让你不想做爱，是观念的影响？还是有不好的身体记忆？还是理智上觉得时机不成熟？

性的愉悦是受身、心、环境、成长经历等多种因素影响的，是非常个性化的感受，每个人的敏感区域、敏感程度都是不一样的，你可以更多地去探索自己的身体。身体是你自己的，感受也是你自己的。

如果有不好的身体记忆，比如有被骚扰、性侵的经历，可以寻求专业心理咨询的帮助。如果是做爱过程中有些疼痛让你不想再进行，可以和男友沟通。

如果不是身体上有抗拒，而是心里不想，可以反思一下，你是否对性爱有以下这些偏见：认为“性是羞耻的，肮脏的”“一旦和对方发生关系了，就贬值了，未来如果分手就会没有人要了”“纯洁的女人是不要性爱的，想做爱的女人都是荡妇”……这些都是以前男性霸权主义为了统治女性宣扬的性文化，是对性的污名，是对女性的不尊重。性人权是人人生来就有，而每个人都是平等的，并不应该因为性别而有差异。

或者，你不太确定你们是否可以一直走下去，觉得现阶段还不适合发生性关系；担心父母知道后生气；或许你心理上没有准备好，怕影响学业、意外怀孕；等等。

不管是哪种原因，不论是身体上的、心理上的，还是观念上的、理智上的，总之，不想就是不想，不用怀疑自己，也不必委屈自己，找个时机，坦诚地和男友沟通你的这些顾虑和想法，希望他能理解。千万不要轻易给自己扣“不正常”的帽子。

接纳自己的独一无二，爱你的人也一定会接纳你当下的状态！

女性的性欲比男性弱吗？

困惑解答老师：王慧超

不是。性欲是人本能的欲望，它的发生与生理基础有关。人体的性激素、性腺分泌能维持两性性欲的基本张力和兴奋性。人体的神经系统能对环境产生有效的反应，其产生的多巴胺也能充分刺激性欲。所以每个人都会产生性欲，只是男女的性活跃期有差异而已。

在青春期，男女性激素分泌都非常旺盛。一般看起来，男性的性欲比较活跃，性需求比较旺盛。事实上，此年龄段的女性获得的性知识很少，受传统性观念影响，对性欲也以压抑为主，虽有性欲却不敢表达。所以在这个年龄段，性欲普遍会表现为男强女弱的现象，但也有例外。

随着年龄的增长，到了 30 岁之后，男性因为本身的激素水平、工作和生活压力等因素，性需求和性能力开始慢慢下降。而女性进入 30 岁后，雌性荷尔蒙减少，但睾酮素的分泌量的减少速度则相对较慢，同时女性性经验逐渐丰富，对性的观念更加坦然，对性的接受度更高，这个年龄段的女性欲望会更加旺盛，迎来性欲巅峰时期。所以这个时候反而会出现女性性欲比男性强的现象。

影响性欲的因素还有很多，性欲不仅受年龄影响，季节、排卵期、身体状况、情绪心情等都会影响到性欲，男性、女性的性欲都会有起有落，每个个体、每一天也都是有差异的。

“男性比女性性欲更强”是过去的父权社会灌输给人们的一种刻板观念，目的在于强化男性在性关系上的强势主导地位，弱化女性性欲，让女性甘心处于附属地位，有利于男性控制女性。最新的科学研究结果表明，女性的性欲并不比男性弱，只不过她们的模式更加多元。

了解这些差异，你就知道，我们不必给任何性别、任何人贴上性欲高或者低的标签，互相了解、尊重、接纳彼此的差异，才能营造和谐的亲密关系。

我不是处女了，要不要告诉男友？

困惑解答老师：刘殳

你的性经验是你的私事，如果你愿意和男朋友分享，当然是你的权利。只是，你既然这样问，肯定也是感觉到，在我们的文化下，与性相关的事相对其他事而言会显得有些不同，所以在做出决定前，要尽量考虑全面一些。

首先我要强调，不论是你跟前男友有过性生活，还是曾经被性侵过，这些都只是你的经历而已，不是你的污点或过错，千万不要因此而自责或者感到羞愧。

如果你觉得和男友分享你的旧事，代表你的诚意和歉疚，那么在你心里，是否还埋藏着“女孩子有了性经验就不纯洁了，就低人一等了”这样的封建腐朽、物化女性的思想呢？

作为现代女性，我们要明确地知道，每个人的价值都是独一无二的，不能像物品一样标价。没有人因为发生性行为而升值，也没有人因为发生性行为而贬值。对于被性侵的受害人来说，被性侵绝对不是受害人的错，受害人也没有因此而变得不纯洁。我们还是原来的我们。

回到问题，当我们决定做一件事时，也代表我们做好准备面对各种可能性。我分析，当你告诉男友自己不是处女的时候，大概有下面四种可能：

1. 男友感谢你的坦诚、信任和理解，表示过去了就过去了，他仍然爱你不变，珍惜你、尊重你，愿意一起共创未来。

2. 男友听了以后难以接受，总是问你当时是怎么发生的，刨根究底让你回忆每个细节，后来还在性爱中不断要求你将他与前男友进行对比。

3. 男友表面不介意，但是内心耿耿于怀。某一次你们出现分歧的时候，他用这件事来羞辱你、指责你。从那以后，他可能时不时就会旧事重提，借此打压你的自尊心。

4.男友非常看重处女与否，于是他最终决定放弃和你的感情，因为他“过不了心里这个坎儿”。

如果你的男友符合第一种情况，那么很可能他的性价值观是信奉性别平等，他肯定不会用你不是处女这件事来羞辱你、打压你，他有的只是关心和理解。那么恭喜你，不管你告不告诉他这件事，对你们的感情来说，都不会有什么不良影响。

如果你的男友是第二、三、四这几种情况，那他很可能是受旧观念影响，认为女人应该从一而终，洁身自好，等等。你过去已不能改变的性经历，对他来说恐怕是一种挑战和考验。在这种情况下，你们的关系已经不平等了，你告诉他后肯定会造成矛盾，使你们的关系出现隔阂，陷入僵局，

这四种情况中的哪一种是你的期待呢？以你对男友的了解，哪种情况可能性更大？如果你不敢判断，说明你对他了解得太不够了。

所以，想想看，你要告诉男友的目的是什么？你可能得到的结果是什么？是否和你的预期相符合呢？如果不符合，你能否妥善地处理未来可能遇到的各种情况呢？

眼光不要总盯着过去，毕竟生活是一直向前的，我们也应该继续前行。我们的过往，不管给我们的是创伤，还是养分或力量，或多或少都已经成为我们生命不可分割的一部分，那么，就让我们拥抱今天的自己，接纳自己本来的样子，好好地生活吧！

Q 女生如何才能更好地达到性高潮？

困惑解答老师：王慧超

根据潘绥铭教授全国范围的性学调查报告《2000—2015 中国人的全性》，2015 年全国总人口里面，女性体验到性高潮的不多，只有 1/7 的女性每次都有性高潮，大约 2/3 的女性性高潮不多，没有或者很少性高潮的女性占 1/5。

性高潮作为一种很舒服的身体体验，缺乏了，确实有些遗憾。

女性要更好地达到性高潮，要注意以下几点：

1. 建立健康、积极的性观念。

破除旧有传统教育中“性是肮脏的”“性是可耻的”“性是为了服务男人”“性就是为了生育”的观念。性是人的本能，女性要正视自己的性欲和性需求，有性欲望并不“淫荡”。女性和男性一样，拥有平等的性愉悦、性快感、性高潮的权利。性爱本身是为了两情相悦，不单是为了繁殖，不单是为了取悦男人，也是为了让自己愉悦和开心。女性完全可以是主动的一方。

2. 学会自慰，探索自己身体的性感受、敏感点和高潮模式。

女性自慰的形式可以通过夹腿、手指、玩具等多种方式实现，以安全、卫生为前提，不影响健康即可。

女性自慰的好处显而易见。

（1）能够探索身体的敏感点，了解什么点、什么姿势、什么力度能让自己更愉悦，在两人的性生活中，就可以告诉并引导伴侣，按自己身体的需要来实施刺激，更容易获得高潮。

（2）不必依赖他人给予性快感，更懂得取悦自己，依照自己的心意体验快乐，给予自己爱和认可，提高自信心。自信的女性由内而外更有魅力。

3. 保持轻松、愉悦的心情，与男友培养亲密的感情。身心是互相影响的，有良好的情绪、放松的心情，女生的身体才容易放松下来；关注对方，敞开心扉，分享感受，与伴侣感情亲密，充满爱意，双方的身体与心灵都在一起，女生的身体才更容易达到高潮。

4. 增加五觉感官刺激，让女性身体性唤起。自慰和性爱前，都可以先进行视觉、听觉、嗅觉、触觉、味觉等五觉感官刺激，有助于女性身体的性唤起，提高性敏感度，女性更容易获得性高潮。

5. 增加前戏时间，充分调动女性的性唤起和性兴奋。前戏是指性生活前，双方的各种调情互动和亲密身体接触，目的是增加彼此身体的亲密感，尤其能调动女生身体的性唤起和欲望，阴道能分泌充分的液体润滑，让女生在后续性爱中避免疼痛不适，更容易达到性兴奋和性高潮。

6. 性爱过程中，女生要放空脑袋，关注自己的身体感受，充分释放自己，不要边做爱边看手机，或者边想着其他事，也不要想着怎样取悦男生，而要把关注力放在自己身体的感受上，不舒服了要及时向男伴提出，舒服、开心了也要及时表达、释放出来，能顺其自然地叫出声音来更好。女生在此过程中，能放松自己，感受自己，并释放自己，性高潮就会不期而至。

Q 婚前守贞好不好？

困惑解答老师：李伟

“婚前守贞好不好？”这个问题可能困扰了很多女生，今天我们就一起来探讨一下。所谓守贞，一般是指在结婚前不与他人发生性行为，婚后不与配偶以外的人有性关系，也称贞洁。要求女性“婚前守贞”是中国几千年父权文化对女性的压迫，因为那时候男人处于主宰地位，女性生存需要依附于男人。男人将女人视为私有财产，要保障继承人（孩子）血统的纯正，不容他人染指，贞洁就成为衡量女性价值的重要标准之一。这种现象不仅在中国有，在其他国家也同样存在。

随着人类文明的进步，女性社会地位的不断提高，女性从身体到思想都得到了解放，在婚恋、亲密关系里也更加自主和独立。

对“婚前守贞”这个观念，我们要好好分析，守贞这个要求是只针对女生还是针对男女双方？如果仅仅是针对女生，对男生没有要求，显然是不平等的！有些女生希望以处女之身来向恋人证明自己是纯洁的、美好的，只能说明她的思想还停留在男权至上的封建时代。一个人的价值不会因性行为而升值，也不会因性行为而贬值。若甘心失去独立，依附他人，等待她的一定是悲剧。

如果守贞是针对男女生双方的，就需要恋人之间平等协商，无须别人说三道四。双方想法一致，可以在婚前一起守约，婚后也互相忠诚。这也是赋权型性教育强调的，一切决定符合双方共同的意愿，做到知情同意。

除此之外，你再想想：是不是只要守贞、夫妻忠诚就能保证一生的幸福？情感、婚姻就会一帆风顺？看看近年离婚率的攀升，你就知道幸福没那么简单。一份好的情感能持久，一定是两个人共同努力经营的结果。

我有过性关系，同学骂我是荡妇，怎么办？

困惑解答老师：刘清珊 马文燕

我小时候被同学起绰号，他们叫我绰号的时候，我恨不得夹上他们的嘴。你被他们骂“荡妇”时一定很难受吧？作为难姐难妹，老师先和你抱抱，咱们再一起想办法。

“荡妇”这个词，通常是用来贬损女性人格的。古时多用来评价妓女，或者婚外通奸的女人，比如潘金莲。在几千年的男权社会传统中，女性作为男性的附庸，婚恋与性的自主权完全是不被允许的。受这些旧观念影响，现在仍有人认为女孩子婚前有性关系就不纯洁了，她睡 / 谈过几个男朋友，她有性的需要，就是荡妇了。但对男性，却没人问“你是不是处男”“交过几个女朋友”。这是一种极端不平等、不合理的性观念，也称为“荡妇羞辱”，在号称男女平等的现代社会中，这种偏见也是存在的。

每个人都有追求性愉悦的权利，自己为自己负责即可。你的性行为并没有伤害别人，你没有错。性行为是个人隐私，他人无权对此指指点点。你的同学用“荡妇”来侮辱你，貌似他是站在道德的制高点，但却是用语言暴力贬低你的人格尊严，这样的行为才是不道德的，是错的，是属于校园欺凌中的性欺凌。这些同学受“荡妇羞辱”旧观念的影响，他们的做法虽然可以理解，但是不能原谅。

不管他们怎么做，你要坚信，不论男生还是女生，一个人的价值不是用有没有发生过性关系来衡量的，有过性关系，你依然是原来的你，是值得被爱、被尊重的人。面对欺凌，你要拿出勇气和智慧去面对。下面给你一些建议。

第一，观察、判断、分析身边的人，寻找身边对你友好、能支持你的同学，主动多和支持你的同学在一起活动，避免被孤立。不知道骂你的人是一个还是一群？建议你避免与多人正面冲突，保护好自己，不要用暴力解决问题。

第二，你要明白，那些喜欢说三道四、恃强凌弱的人，往往内心是软弱、自卑的。如果你感觉沮丧，与他们争辩、对骂，会让他们感到棋逢对手，产生成就感，欺凌行为会变本加厉。如果你内心有强大的自信，对他们的侮骂淡然处之，他们感觉无趣，就缺乏骂的动力了。你可以尝试用软的方法来化解。比如，心态平静、面带微笑地对那些骂你的人说："你觉得自己很纯洁吗？你觉得你道德高尚吗？恭喜你，像你这么道德高尚的人，肯定懂得宽容，懂得尊重人的隐私！"

第三，如果欺凌非常严重，要向父母、老师等人求助。但这样有可能会让他们知道你有过性关系，你要考虑全面后再定。

最后，你要坚持做好自己分内的事，把学习搞好，和同学们团结友爱，待人真诚，与人为善。时间久了，你的为人会为你挡住那些骂你的声音。

美国有本小说《红字》，里面的女主人公海丝特·白兰嫁给了不爱的人，丈夫失散两年后，孤独的白兰与牧师相恋并生下女儿。后白兰被当众审判，胸前要终生戴上代表"通奸"的红色A字示众。白兰出狱后，辛苦带大女儿，还尽自己所能去帮助穷人。多年后，她胸前红色的A字成了人们心中善行的象征。白兰的故事对你有启发吗？

老师的建议就谈到这里，具体怎么做，相信你经过深思熟虑后，会找到最合适的方法。在我们成长的过程中，难免别人对我们不认同、不欣赏。但是，别人怎么看我们不重要，重要的是我们怎么看待自己。我们的价值不是由别人的嘴巴决定的。努力把当下每件重要的事情做好，成为你想成为的自己。

男朋友要跟我视频激情，我应该答应吗？

困惑解答老师：王艺

跟男朋友如何相处，如何满足性冲动，是非常私人的事情，我简单谈谈我的看法和原则，你自己做决定，好不好？

视频激情是指双方通过视频，一方或双方不同程度的裸露，观看对方进行自慰或让对方看自己自慰，以获得性满足的一种性行为方式，一般还伴随表情和话语。这样的行为一般是通过网络实现的，“网络”这个关键词给这种行为带来了很多变数。

我们评价性关系和性行为，通常遵循三个原则：自主、健康和责任，我就从这三个角度来分析跟男朋友视频激情这件事。

首先说自主。自主并不是自愿那么简单，一定要以“知情”“不受胁迫”为前提作出的自由选择才是真正的自主。你对这个问题的思考已经是做“自主”选择的一个前提。是否充分的了解和信任你的男朋友，是否充分了解后续要讨论的问题，都会影响你的自主性。

然后说健康。大概率讲，隔着网络，这种性行为方式伤害身体的可能性降低了很多，尤其是传染疾病的风险很低，但是仍然要考虑视频激情时自慰方式的选择和力度的把控，不得当的话，是可能造成身体损伤的。另外，视频激情大概率讲是会让人获得身心愉悦的，是一种缓解性压力，获得性满足，同时还表达思念和亲密的交往方式。

最后说责任，也是最重要的一条。什么叫责任？简单来说，就是充分了解一件事可能带来的方方面面的结果，并且做好了承受这些结果的准备，不论是好是坏，都有能力承担。所以谈责任之前，先分析可能的后果。视频激情并不算是传统意义的“正常”性行为，如果被人知道可能会有比较大的舆论压力；网络激情与制作、贩卖、传播淫秽罪很容易联系起来，二者之间的界定十分微妙，要小心处理，如果对方为 14 周岁以下，那绝对属于犯罪；网络视频存在故意或无意的泄露风险，可能给你带来羞辱、谩骂、胁迫、勒索，甚至全网暴力，不仅会影响你，还会影响你的家人和朋友。这类事件在以前多次发生过。所以，你要充分评估自己承受压力的能力，更重要的是评估男朋友的可信度，在以往众多相关案例中，往往都是不靠谱的男朋友疏忽导致的，或是他故意的。

以上，是我对这种行为的分析，你要如何做出决定，请你仔细思考。不论怎样，不要违反法律，不要伤害自己或他人，不要做阻碍自己追求幸福和梦想的选择。

第四节 分手

都说相爱简单，相处太难。爱情不全是甜蜜，也会有痛苦。所以，在恋爱开始之前，也要知道如何应对分手。

分手不应该是欲擒故纵的手段。做出分手的决定之前，需要综合考虑，理智判断。

既然曾经爱过，分手也要留下美好的记忆。

分手方式，暴力是不可取的，贬低对方也不可取。

感情不能强求，爱一个人，就给对方自由。恰当的分手，既是给自己的新机会，也是给对方的机会。让自己更好，将来的爱情会更美好。

在什么情况下该与恋人分手？

困惑解答老师：杨宇

人生是一条漫漫长路，你自己是唯一的主角，其他的人都是在这条路上陪着你同行，同行时间或长或短，或早或晚，也许是几天，也许是几年，也可能是一辈子……恋人就是其中之一。我们一生中会面临和经历很多的别离，比如搬家、毕业、换工作甚至生死，而恋人分手只是其中很常见的一种。

在回答你的问题之前，我请你思考，我们为什么谈恋爱呢？每个人都有自己要恋爱的理由，我也只是提出一个角度仅供参考，那就是：恋爱是为了我们的快乐幸福。因此，我们可以用快乐与否，来作为是否分手最基本的判断依据。

美好的恋爱是双赢的，会让人有幸福感和成就感，是一种存在的证明，我们都愿意为了彼此的幸福付出，同时收获成就感和快乐。美好的爱情是自我认可的一部分。不好的爱情会令人焦虑，让人自我怀疑，带来痛苦和失望。

当你考虑什么情况下应该分手，你对于爱情已经感到疑惑，很可能是内心深处不开心的自我察觉。你不妨扪心自问，我快乐吗？我的恋人快乐吗？从长期来看也是如此吗？

美好的爱情往往是相似的，按照斯滕伯格的爱情三角形理论来理解，“激情”“亲密”和“承诺”往往都占有相当的比例。但是不美好的亲密关系各有各的不足，比如有的人在爱情里只顾着付出，而对方却很少反馈，无尽的自我奉献让人心累；比如有的人在感情里很强势，无形中把伴侣束缚、控制起来，就像是一种剥削的爱，没有自由的一方不会开心；也有的人当初在一起就是出于一时激情，在考虑未来的生活时并没有对方的位置，这种没有希望的爱情是痛苦的；还有的人感情已经由热到冷，难以升温，或者是遇到了更好的人，貌合神离的亲密关系并不亲密……

现实里的爱情太复杂，每个人又都是独立的个体，我们很难穷尽所有的想象来一一梳理。两人有差异那是必须的。

如果感受不到爱的快乐怎么办？调整方法就是进行有效的坦诚沟通。通过好的沟通，加深对彼此的理解，接纳双方的差异，互相适合，重新实现了快乐，关系就能够继续维持，保持一个动态的幸福平衡，双方还有所收获和提升，成为更好的彼此。

有的人在爱情里感到不快乐就想要改造对方，用很大的努力去要求伴侣做这做那，很遗憾的是，往往这时上演的就是悲剧了。好的关系一定是彼此平等、尊重、接纳的。

如果恋爱中一方的感受经常被无视、一方想要的沟通经常被拒绝、一方设想中的未来没有对方的身影、一方总是想改变对方……那么这就是不健康的亲密关系。

归纳起来，不开心、难沟通、缺乏尊重、有暴力行为或暴力倾向、两人关系不平等，或在关系中有控制、贬低、歧视等等，这些都是应该分手的信号。

有时，你觉得一段感情已经维持了很久了，你的投入和付出已经很多，虽然有些坚持不下去，但依然不甘心放弃……那么，你要明白，结束这段感情，你未来的爱情还有新的希望；不结束这段关系，你会永远不快乐。你想要迅速止损，还是想赔上一生？

怎样和平分手，结束一段感情？

困惑解答老师：刘殳

结婚的人可能离婚，相爱的人可能分手。在成年人中，分手并不是稀罕事。对于还不是很了解自己的需求的青少年来说，分手便更为常见了。

当你已经理性而全面地衡量了双方的关系，觉得这段关系不能满足自己对幸福的期待时，确定分手是对两个人最负责的决定。

“分手”没有标准作业指南。有的情侣经过或长或短的冷淡期，双方都有了分手的想法，甚至连分手都不用提，就默契地逐渐淡出对方生活；有些人是二话不说直接消失在人海；也有些是用一封信、一条短消息、一通痛哭解决的；还有些人是一直纠缠不休，分手后又复合，复合后又分手的。

首先，你需要自己先下定分手的决心，才能平静地向对方提出。

正式提出分手前，你可以减少见面次数，让感情冷淡下来，多次表达感觉两人在一起不合适的想法，给对方心理准备的时间。这样，在你坚定地表达了分手意愿之后，这段感情就会比较顺利地结束。

如果对方不愿就此结束，想说服你继续交往，还追问你不满意哪些方面，宁愿改变自己，作出各种保证来挽回这段感情，这时你若表达了不满，只能说明你对对方还有期待。如果你把旧账翻出来，贬低和打击对方，会很容易激怒对方。既然你已经下了决心要分手，此时只需要强调你是经过深思熟虑的，觉得你们俩不合适，情感不必强求；也可以感谢对方给你带来了美好的回忆，并祝福对方会遇到更合适的人。这代表了你的风度和善意，也可以最大程度地让对方感受到被尊重，他就更容易接受分手。

如果对方心理不健全，心胸狭窄，那么他有可能会对分手有非常激烈的反应。他有可能认为自己是受害者，是你辜负了他，或者将分手这件事视为他的耻辱。这些想法会引发他强烈的负面情绪，也许后续会对你实施暴力，威胁你、骚扰你、辱骂你等等。遇到这样的人，更说明了你分手的选择是多么明智。相信这时候你的分手决心更坚定了。与这样的伴侣分手时更是要小心谨慎，注意安全，一定要确保不单独会见对方，最好请一两个朋友陪伴你，见证你们分手的谈话，如果有冲突，他们可以帮忙缓解；对他要情绪平稳地表达自己的分手意愿，不要涉及可能引发对方情绪激动的事；发现对方情绪激动，就要尽快结束对话并离开，避免受到伤害。如果现场情况超出自己和朋友的控制，请果断地报警，或和朋友提前约定暗号，让朋友帮助你报警，自己的人身安全是最重要的。

如果分手后对方的情绪非常不稳定，要时刻远离他，请身边朋友们注意陪伴、保护你；可以托身边的朋友联系他的父母或者老师，帮助他寻求专业的心理咨询人士帮助。

分手是失去也是得到，是放弃也是选择，是用另一种方式成长和学习爱，学习尊重。爱情是美好的，但爱情结束时，处理好分手也是认真对待爱情的一部分。

相信聪明如你，经历过分手后，会对自己未来的爱情有更明确的追求！

失恋了，怎样才能走出阴影？

困惑解答老师：王晓斌

“失恋”是个非常常见的现象，因为大部分的恋爱都是以“失恋”而结束的，这个世界上“失恋”可能要远远比恋爱成功多得多。

感情是两个人的事，每个人都是独立的个体，都有选择的权利。如果我们爱对方，即使对方选择分手，也要尊重对方的选择。尊重对方，就是对自己的尊重。

失恋会让人痛苦，特别是被提出分手的一方。这份痛苦除了对一段亲密关系的不舍以外，还来源于每个人对失恋的认知。有些人舍不得过去美好的回忆。其实，即使分手了，恋爱的美好也是可以永存回忆里的。如果纠缠在一段不适宜的感情里，留下很多不美好的回忆，那才是对爱情最大的“破坏”。有些人感觉失恋有如丢失了自己喜欢的宝贝。然而如果一段恋情无法让对方感到愉悦，对方已经不愿意再对这段感情付出，那么继续在一起，将只会有痛苦。所以，失恋也是一种“长痛不如短痛”的解脱。

有的女生特别恐惧恋人分手后和别人在一起，这是“占有欲”在作祟；有的女生把恋爱和婚姻当作最高追求，这是性别刻板教育造成的恶果；有些女生已经跟男友发生了性关系，分手后背上“害怕没有人要”的心理包袱，这是贞操观给女性的压迫。我们要对传统社会的刻板印象和贞操观进行反思和批判，免于被错误观念压迫而深陷“失恋”的痛苦中。这些消极的观念错误地限制住女性，让我们无法重新振作。所以，改变这些错误的观念，才能让我们更好地前进。

很多女生受到女性价值的裹挟，在失恋后会感觉自己“掉价”了，于是产生很强的自尊挫败感。她们的痛苦来源于强烈的被否定感，有时感觉自己的价值，包括外貌、谈吐、气质、性格等都被否定，觉得自己失去了吸引力。所以，当失恋来临时，她们会感受到强烈的打击。

还有很多女生在失恋后说：“我一定要把自己变成非常好的女生。”这种化悲痛为力量、化消极为积极的心态，是值得肯定的方向。

想在失恋中走出阴影，并不需要把着力点放在“否定对方”和“报复对方”上。首先，分手是对方的选择，不是你的错，失恋并没有影响你的能力、人格和价值。其次，失恋未必不是一件好事。我们应该感谢那些曾经跟我们在一起的人，因为他们给我们带来过快乐，陪我们走过一段值得留恋的路程，在他们选择与我们分开的同时，也给了我们重新寻找幸福的机会。

失恋会带给我们一些消极的情绪，我们要学习将其转化成积极的能量，要有振作的精神和从头再来的勇气。面对失恋，我们可以尝试积极地“结束恋情”：

1.整理恋爱中的物品，可以珍藏、丢掉或者归还，和这段感情做个简单的告别仪式；

2.跟好朋友谈心或者写日记，将心里的所思所感抒发出来；

3.通过体育运动宣泄内心的负面情绪；

4寻求父母的帮助，他们会在我们的失恋经历中给予我们最坚实的安全感，引导我们在未来的恋爱中更好地选择合适的人；

5.找寻专业的心理咨询师的帮助，他们会帮助你调整负面情绪，走出阴影；

6.我们可以重新构想一个未来的自己，制订新的人生目标，无论是将精力投入到学习中，还是将精力投入到兴趣爱好中，都可以，努力成为自己更喜欢的自己；

7.多参加社团和社会实践活动，广交朋友。

爱情的挫折是对人生的考验，是人格走向成熟的阶梯。愿你早日走出阴影，重见阳光！

我提出分手，他还是老纠缠我，怎么办？

困惑解答老师：魏秀

很多人都想要有一段轰轰烈烈或是相守到老的爱情，可是爱情带来甜蜜的同时，也有可能带来分手的痛苦。总有一些人不甘心分手，会用各种理由和方式来纠缠你，比如总是出现在你面前，干扰你正常的生活和学习；总用各种方式来联系你，要求你复合或是说伤人的话；用语言甚至动手来威胁你，让你提心吊胆……

不知你所提到的纠缠是以怎样的方式、严重到什么程度？如果已经干扰到你的正常学习和生活，让你心力交瘁，就一定要努力让对方停止纠缠，必要的时候，可以选择报警等保护自己的方式。

首先要冷静下来，想好自己为什么要选择与他分开，想清楚两个人是不是真的没有了感情、是不是自己真的愿意分手？确定不准备复合的话，就要注意以下几点：

和平分手。分手的最好方式，是双方沟通之后，都在头脑清醒的状态下做出共同决定，和平分手。这样能避免对方的后悔和纠缠，也能避免你自己因后悔而心软。如果是在吵吵闹闹中赌气分手，对方就容易纠缠，那要找机会与对方平静、理智地沟通，讲清楚理由。

明确、坚定地告诉他，你们已经不可能了。如果态度不明确、支支吾吾的，会让他以为你是在试探他，对他还有意思，就可能纠缠得更厉害。你要对他强调，强调控制、纠缠绝对不是对你的爱，而是一种干扰和伤害，请他尊重你的选择。

绝不藕断丝连。如果不想对方与你纠缠不清，分手之后就一定要断得干净，不要在过节或生日时给他送祝福，接受他的礼物，请他帮忙做事，等等，避免给他纠缠的机会和复合的希望。

如果你已经有了新的恋情，新男友也愿意的话，可以把新男朋友介绍给他认识，让他对你彻底死心。

如果他过度纠缠，就要彻底断掉与他的联系，包括各种联系方式，就当他从未在你的生活中出现过一样。

在这个过程中，要甄别他是不是有偏激性格和暴力行为的可能。如果他是有这样可能的人，你一定要避免跟他单独相处，将情况及时告诉家长、老师，也要告知你身边的朋友，请大家注意保护你。必要的时候，你可以要求父母给你转学，并且搬家。

2011 年 9 月发生在安徽的少女周岩毁容案，就有太多教训。在恋爱时，周岩多次被前男友殴打，知道对方有暴力倾向。分手后，前男友纠缠她一年多，后上门报复，把她烧成重伤。如果周岩能有足够的警惕性，不让对方进自己家门，不与之单独相处，或者搬家、转学，跟他断掉联系，或许悲剧就不会发生。

以上这些建议，希望你综合考虑，作出适合你的选择。

愿你在爱情中同时享受到安全与自由。

第四章
反对性别刻板印象，追求性别平等

本章，我们介绍社会性别。

生理性别是第一性征，心理性别是第二性征，这些我们前面已经讲了。社会性别又被称为第三性征，指的是社会文化基于生理性别的差异，对人的社会行为规范的要求。

第一节 社会性别刻板印象与兼性气质

性别刻板印象是指人们对男性和女性在行为、个性特征等方面予以的归纳、概括和总结，而这种归纳、概括和总结是一种僵化、过度简化或是类化的信念或假设。和所有刻板印象一样，性别刻板印象对男女的区分不是以亲身经验为根据，不以事实资料为基础，而是单凭一己之见，即对男女两性的行为作出主观和武断的判定，最常见就是以二分法为依归，赋予男女各自不同的性格、态度和生活方式、职业等，因而这种评定往往也忽略个体的差异。

性别刻板印象的焦点主要集中在"性格特质"，接着再由特质的性别化推论到其他范畴中，直接会影响到男性和女性的知觉、归因、动机、行为，如身体特性、角色行为、分工与职业、两性关系形态等。如一般人认为男性具有工具性特质，坚强、独立、大胆、冒险、理性，适合从事竞争工作。女人具备情感性表达特质，温柔、体贴、胆小、感性、脆弱、母性，适合从事家庭内照顾幼儿、料理家务等工作。因为这个性别定型，男性在表现阳刚的行为上获得赞赏，女性在表现阴柔的行为上获得赞赏，久而久之，逐渐形成男性就是要阳刚、女性就是要阴柔的性别刻板印象。

性别刻板印象包括四个不同的方面：外表形象、人格特征、角色行为和职业。这四个方面各自相互独立，人们可以根据有限的信息，从其中一个方面对其他方面进行判断，例如，已有研究调查并归纳了性别刻板印象中所反映的典型的男性特征和女性特征：

典型的男性——独立、进取、攻击性、善于经商、操作能力强、表现出领导行为、自信、有主见、坚持自己的立场、有抱负、支配性、主动性、声音洪亮、性欲强、不轻易放弃、能承受压力、勇敢、擅长体育运动、喜欢数学和自然科学、竞争性、冒险性、聪明、有优越感等；

典型的女性——情绪化、优雅、以家庭为中心、善良、爱哭、创造性、善解人意、考虑周到、对他人有奉献精神、脆弱、喜欢艺术、得体、乐于助人、整洁、信仰宗教、喜欢孩子、待人和气、需要安全感等。

从以上对典型男性和典型女性的描述就可以看出，性别刻板印象更多的是由传统性别文化和社会性别分工导致的对性别差异的认识，它有三个特点：第一，它对社会人群进行极为简单化的性别分类；第二，在同一社会文化或同一群体中，性别刻板印象具有相当的一致性；第三，性别刻板印象常常与客观事实不相符合，因此，性别刻板印象更多的时候是一种“性别偏见”，当这种“性别偏见”影响了某一类群体的生存和发展的时候，就发展为“性别歧视”。

我们再来讨论一下兼性气质。

由于受社会、环境和家庭的影响，人的性别气质会有较大的差别，有些女性除了具有女性所特有的性别气质外，还兼有热情、豪爽、刚烈、精明能干等男性所具有的性别特征；而一些男性除了具有典型的男性气概外，兼有感情细腻、丰富，行为表现温文尔雅等女性所具有的性别特征。这种同时具有男性气概和女性气质的性别表现被称为“兼性气质”。

“兼性气质”也正是指“男性化”和“女性化”的混合和平衡。而双性化人格是指在一个人身上同时具备男性与女性的兴趣、能力和爱好，尤其是心理气质方面具备男性与女性的长处与优点。

1964年，罗西首次提出了“双性化”这个概念。十年之后，1974年，桑德拉·利普西茨·贝姆针对“双性化”个体从“处事灵活”的认知角度以两性气质这两个不同的维度为理论基础编制了贝姆性别角色调查表（BSRI），并以此开始了对双性化的实证研究。

每个同学都可以结合这个量表，以及量表后面的说明文字，测一下自己是否具有“兼性气质”哟。

表 4–1 贝姆性别角色调查表

1. 自立的	21. 可信赖的	41. 热情的
2. 顺从的	22. 分析能力强的	42. 严肃的
3. 愿意助人的	23. 易共鸣的	43. 有立场的
4. 信念坚定	24. 嫉妒的	44. 温柔的
5. 可爱的	25. 有领导能力的	45. 友善的
6. 喜怒无常的	26. 敏感的	46. 进取的
7. 独立的	27. 诚实的	47. 容易受骗的
8. 害羞的	28. 富于冒险的	48. 没有效率的
9. 负责的	29. 善解人意的	49. 举止像领导的
10. 运动型的	30. 隐秘的	50. 孩子气的
11. 有感情的	31. 果断的	51. 有弹性的
12. 夸张的	32. 富有同情心	52. 我行我素的
13. 坚持的	33. 诚恳的	53. 不说脏话的
14. 受人赞赏的	34. 自足的	54. 没有条理的
15. 快乐的	35. 乐于抚慰受伤的情感	55. 有竞争心的
16. 个性强的	36. 自负的	56. 爱小孩的
17. 忠诚的	37. 支配的	57. 机智的
18. 不可预测的	38. 说话轻柔的	58. 有雄心的
19. 有力的	39. 可爱的	59. 温和的
20. 有女人味的	40. 有男人味的	60. 保守的

完全符合的分数是 7，完全不符合的分数是 1，介于二者之间的数字表示符合的程度，从 1 ~ 7 程度不断增加。

将 1、4、7、10、13、16、19、22、25、28、31、34、37、40、43、46、49、52、55、58 的分数相加，得数除以 20，得到男性化分数。

将 2、5、8、11、14、17、20、23、26、29、32、35、38、41、44、47、50、53、56、59 的分数相加，得数除以 20，得到女性化分数。

男性化分数和女性化分数都大于 4.9，说明是性别双性化的人。

性别双性化对人格影响较为突出的表现在心理健康方面。从 20 世纪70年代至今，中西对于双性化的研究的大量结果都表明，性别双性化的人综合了男性化和女性化特质上的优点，具有较高的心理健康水平。事实证明，具有双性化气质的人在很多情况下能把事情办得更出色，才华出众，自尊心强，是一种理想的气质。

贝姆的研究表明，具备双性化人格的人至少有以下三方面的优点：

1.允许表达异性特征。具备双性化人格的男人虽然有某些女性特征，但他们的独立性却没有受到影响。在独立性方面，双性化人格与男性化人格的表现是一致的，均比女性化人格要更具有独立性。

2.富有同情心，有教养。在这一点上，可以说是女性化人格对双性化人格的贡献。

3.具有很强的自尊心。比起单纯的男性化人格和女性化人格者而言，具备双性化人格的人有着更积极的归因模式：他们多将成功归为稳定的内部因素，而将失败归为不稳定的外部因素。这种归因模式意味着成功的永恒性和失败的暂时性。

这些研究都证明了“双性化的人具备较为优秀的人格气质”这一结论：双性化个体既能胜任男性的工作，也能胜任女性的工作，有更好的可塑性和适应力；双性化者在各种条件下比性别典型者做得更好，在心理健康、自尊、自我评价、受同伴欢迎、适应能力等方面都优于单性化者；双性化个体的优势到青少年和成年初期就会比较明显地表现出来。

Q 女生不擅长数理化是真的吗？学理科的女生注定不会成功吗？

困惑解答老师：孟益如

在探讨这个问题前，我不妨先讲个故事吧。1930年，她出生于浙江宁波，是家里5个孩子中唯一的女孩，父母用《诗经·小雅》的名句为其起名，寄托对她的美好期待。16岁时她因感染肺结核，被迫终止了学业，也正是这一次的患病经历，使她萌生了学医药的想法。经过60多年的中医药研究实践，她带领团队攻坚克难，研究发现了青蒿素，有效降低了疟疾患者的死亡率，为中医药科技创新和人类健康事业作出巨大贡献。

看到这里，你能猜出来她是谁了吗？是的，她就是我国首个获得诺贝尔生理学或医学奖，并入围BBC“20世纪最伟大科学家”的屠呦呦。那我的故事讲完了，对于这个问题，你心中有答案了吗？生活中，咱们可能常常会听到诸如“男生应该这样”“女生应该那样”或是“男孩应该喜欢……”“女孩应该喜欢……”这样的说法。同样的，在文理分科的问题上，也存在“男生就该学理科”“文科更适合女生学”的传统看法。这是由于在传统观念中，人们认为男性逻辑性更强，动手能力更强，而女性心思细腻，更善于记忆，这其实是典型的性别刻板印象。

“男尊女卑”的思想很早就存在，社会渐渐地默认了男强女弱，否定了女性的学习能力。那些人文科学多是文字性的内容，给人简单易学、价值远低于自然科学的错觉；而自然科学多是符号类的内容，看着深奥难懂，因此男生学理、女生学文似乎是顺理成章的事，并延续至今。说到这儿，也许你会有疑问，说“可是自打我上小学，家长们就说男孩儿数学好，女孩儿语文好，直到现在学校里的情况依旧是男生多擅长理科，女生多擅长文科啊”。没错，这说明咱们都中了性别刻板印象的招儿，同时这也使得学习理科的女孩儿不被看好，学习文科的男孩儿被人歧视。

好在随着科学的发展，人们逐渐认识到各种气质、不同能力的差别与性别并无直接关系。性格特点没有男女之分，学文、学理也当然不能由性别来决定，你要考虑的是你个人的爱好、兴趣、长项，想想自己喜欢什么、擅长什么、有哪些优势等等。课余时间，你也可以在网上搜一搜“Women in Science 论坛”，这是在清华大学举办的有且只有多名女性科学家出席分享的论坛。看看她们的分享，希望对你有所指引。

古今中外，从居里夫人到吴健雄，到屠呦呦，再到“Women in Science 论坛”那些我们还来不及记住名字的科学家们，成功的女性科学家有很多，她们用自己的经历告诉社会大众：只要努力，女性不比男性差，也一样能够在自然科学领域取得成就。她们是性别刻板印象最有力的回击者，相信她们的成功也一样可以激励到你。

希望你能掌握住自己的选择权，不惧他人的眼光，不被性别刻板印象所束缚，做你想做的，选你喜欢的，以梦为马，不负韶华，谁说女子不如男！

我是女生，但不喜欢文科，父母干预我的专业选择怎么办？

困惑解答老师：张群英

长久以来，社会上有一个普遍的认识：就是女生不适合学习理工科，因为理工科逻辑性太强，即使学了也不会成功，女生就应该学习文科，文科轻松一些，将来容易成功，同时工作轻松，将来有精力照顾孩子。

其实，这是文化建构下的“男尊女卑”的理念，是社会对性别的刻板印象，其本质与父权社会的性别权利不平等有关，属于性别歧视，是对女性学习能力的否定。这种性别刻板印象已经严重影响到大众，包括你的父母。

有很多案例可以证明女性学习理科同样可以取得成就，例如物理学家居里夫人、何泽慧、结构生物学家颜宁、药学家屠呦呦、建筑大师张锦秋等等。所以，凡事不可一概而论。

爱因斯坦说：兴趣是最好的老师！

杨振宁说：成功的秘诀在于兴趣！

莎士比亚说：学问必须合乎自己的兴趣，方可得益！

所以，男生、女生是平等的，既可以选择文科，也可以选择理科，关键在于自己是否有“兴趣”！

好，清晰了上述观念，现在我们再来探讨“父母干预你的专业选择怎么办”的问题。

我特别理解你的心情，自己喜欢的事却得不到父母的支持，想坚持又不愿让父母不开心，既想学习自己喜欢的专业又想做个孝顺女儿，所以，就有了内心的纠结！

我想知道：你是真的不喜欢文科？还是为了“证明自己长大了”而抗拒父母，因为父母的干预让你感觉失去了选择权？如果是为抗拒父母而选择，就没有必要拿自己的未来做“筹码”。你更需要考虑的是，理科是不是自己真正的兴趣所在。

如果是真的不喜欢文科，你就直接表达自己的兴趣和志向，与父母进行有效的沟通。

我们作为一个个体生命，有选择自己喜欢学习和从事的领域的权利，这是人权。

重要的是，自己为自己的选择负责任。

你应该理解父母，他们受旧观念的影响，同时操心你的未来，才会进行干预。

但是，你也应该坚持自己所爱。

当你清晰了以上观点，就可以安下心与父母沟通了，沟通时可以遵循以下原则。

专注地倾听父母的意见——当父母感受到被尊重时，就不会抗拒了。

表达对父母的理解，相信父母干预的出发点是想让你将来更容易成功并过得轻松、幸福——当父母被理解时，他们愿意去理解你。

向父母阐述上述有关“社会性别刻板印象”的概念，引导他们明白由性别决定专业的选择是受此概念的影响，是没有尊重个体的意愿和兴趣的。同时，列举一些女性在理科领域的成功案例。

向父母阐述你对理科的兴趣和你的梦想，带领父母一起去畅想你的愿景，使父母看到你对自己所选专业的热切渴望与实现梦想的信心。

让父母理解，如果从事你不喜欢的专业，你很可能学不好，也不会幸福，更达不到他们对你的期望。

我相信，只要你对自己的选择有着足够的兴趣和信心，通常情况下，父母都会支持你的。

选择职业要考虑性别因素吗？

困惑解答老师：李春芳

有人说：“人生最重要的事，不是你现在站在何处，而是你今后要朝哪个方向，只要方向对，找对路，就不怕路远。”选择什么样的专业、职业，从某种意义上来说，也意味着我们选择了某种生活方式，踏入了某条人生道路。

可以畅想一下自己的未来，你希望自己学习什么样的专业？当你步入职场时，希望自己是一个什么样的人？做什么工作？有一个怎样的工作环境？与什么样的人在一起共事？

三百六十行，行行出状元，这状元不应该以性别来进行区分。原来男性占据数量更多的职业和岗位，如企业家、国家领导人、创业者、飞行员、科学家这些领域，现在有越来越多的女性出现：摩拜单车创始人胡玮炜、结构生物学家颜宁、格力电器董事长董明珠、市值预估在200个亿的在线少儿英语品牌VIPKID创始人及CEO米文娟……

2019年，芬兰议会投票选举34岁的桑娜·马林为总理，马林政府内阁的19名部长中有12名为女性，联合执政的五大党派均由女性担任党首，芬兰议会中有47%是女性议员，企业家中有1/3是女性，外交官方面有45%的大使是女性。所以，性别从来不是我们选择专业、职业考虑的因素。

很多时候，将性别与某个学科、技能、专业挂钩，更多的是一种性别刻板印象，这种观念让我们的选择变得狭窄，也不利于我们在多种学科上取得更好的成绩。你在做决定时，应更多考虑这个专业是否符合自己的兴趣，自身资质是否适合这个专业，而不需要过多考虑“性别是否擅长”的问题，每个人都可以擅长自己热爱的行业，并且为之努力。

其实，有很多年轻人对自己的兴趣爱好缺乏了解，只是根据传统文化对男女两性的认识来做选择，这是非常不妥的。建议先认真思考自己喜欢什么，有哪方面特长等，再来考虑选择专业的问题。你有可能会说，选择社会上多数人认为不合适的职业会让人看不起。那我想让你思考一下：我们应该选择适合自己的且自己喜欢的职业呢，还是应该选择自己不喜欢但别人觉得好的职业？自己喜欢的就有可能做得非常出色，而不喜欢的很难做出色。比如大家会认为护士的工作很轻松，适合女性做，可其实这个工作并不轻松；另外，在古代所有的私塾和学校都是男性做先生，女性是不会从事教育职业的，而是在家里带孩子，并且只照顾孩子的饮食起居，并不会教育孩子读书学习。而现代社会，女性从事教育工作的非常之多。这反映了随着时代的变化，社会对妇女能够从事什么职业的看法也在发生变化。

我们不能仅仅根据传统性别规范、他人的经验来作出判断，而应反求诸己，了解自己真正所欲，打破性别刻板印象的影响，综合多种因素，最终作出选择。我们需要认识到，生活中一些约定俗成的看法，可以给我们提供经验和建议，但有时也会束缚我们的思维。跳出这些框架，我们也许会看到不一样的风景。

我喜欢男生常做的运动，不喜欢女生做的运动，怎么办？

困惑解答老师：张群英

看得出，你对自己“喜欢男生常做的运动”这件事非常在意，你可能在意的是别人评判你是“假小子”，也可能在意的是自己为什么喜欢的不是女孩子应该做的运动？其实，无论你在意的是什么，从你问的“怎么办”就可看出，你受到了“社会性别刻板印象”的影响。

说到运动，人们更多的是从生物学的角度去评判，那些刺激的、运动量极大的、冒险类的项目，例如足球、篮球、跑步、拳击、登山、攀岩、滑翔等等，都是适合男性的。而轻巧类的项目应该属于女性的，例如乒乓球、羽毛球、体操等等。

还有人说，男人喜欢肌肉美，常做俯卧撑；女人喜欢柔韧美，常做仰卧起坐。

但事实是，放眼当今世界，几乎所有运动项目都已经打破了男女生理的界限，很多之前仅有男性参加的比赛项目，现在女性也在逐渐加入，包括足球、拳击等力量型的体育项目。女性在更多的领域不受身体和体能的局限了。

那么，为何社会上依然有人在区分哪些运动适合男生，哪些运动适合女生呢？这就是几千年来的封建社会文化建构下的性别刻板印象，认为男人应该阳刚，女人应该阴柔。这是不公平的，同时压抑了男人和女人的身心发展，使得男人如果喜欢“刻板印象中应该是女人常做的运动”、女人喜欢“刻板印象中男人应该做的运动”时，首先自己就会不接纳自己，更担心别人评判自己是“假女子”和“假小子”。

其实，做什么运动只要遵从自己内心的兴趣爱好就行，只要这项运动能让你身体健康、心情愉悦就好，也不要在意别人的嘲笑。

Q 我看到很多女同学都很娇弱的样子，感觉她们没有这么弱吧，这样好吗？

困惑解答老师：王艺

你是对女同学娇弱的样子有点困惑还是看不惯呢?

首先，明确地说，有些人说话、举止就是这样的，也许是天生如此，也许是比较喜欢这样而努力做出这样的表现，这都是她的个人特点或选择，没什么好议论或指责的。也许有人会说她们是“装”，那也是她们的自由。

传统文化对于女性的要求，的确是偏向柔、弱、娇，众多女孩子是听着一个女孩子“别那么大声说话”“别没个坐样”“别迈那么大步子”长大的，甚至还有“别那么要强”等这类跟“好好学习、天天上学”都背道而驰的话，而跟在这些话后边的，往往就是“否则没人要”“找不着对象”“男人不喜欢”之类的话。女性一生的价值就要体现在某个男人身上，女性的特质就是要符合传统男性的需求。注意，我说的是符合传统男性气质的要求，可不是说每个男人真的都这样要求。

女性不是只有符合传统的女性气质才是好女孩；男生也不是只喜欢一种传统女生；当然，女生的人生价值更加不是为了符合男生的需求。至于有没有人“要”这件事，更是不需要他人操心，女生不是个物品，是个有个性、有追求、要实现自我价值的人。有些女孩天生就比较娇弱，有些女孩被教育成“娇弱”的样子，我想，你认为自己不符合“娇弱”的标准，也不想去迎合吧?

支持你做自己想做的事，展示自己本来的样子，构建社会多元的美好。别人的样子是别人的选择，我们尊重；我的样子是我的选择，我坚持!

Q 老师嘲笑我是个假小子、女汉子，怎么办？

困惑解答老师：刘殳

从现在的主流性别观念来讲，不论是男性还是女性，每个人都可以有自己的性别气质表达，就像男生可以喜欢粉色系一样，女孩子也可以喜欢玩军事游戏。但是在很多性别观念相对没有及时更新的人心目中，男性和女性是有特定的表现方式的，如果不符合这些标准，就会被人嘲笑和歧视。这是一元化的性别观，在过去可能是被普遍认可和接受的，但是随着科学的发展，人们应该不断更新性别观念，更加尊重个体的性别表达。

所以你的老师对你的嘲笑是错误的，侵犯了你的人格和自尊，你有权利要求他停止这种行为，并且要求他为之前做的事情道歉和消除影响。

但是在学校里，学生和老师的权利往往是不对等的。所以为了沟通的目的能够顺利达成，我们需要考量沟通的策略和方式，比如我们在正式和老师沟通之前，可以先做一些准备：上网搜索一些关于性别气质的研究；各个国家关于反对性别歧视和性别暴力的法律条文；搜集一些突破性别刻板印象且取得了令人瞩目的人生成就，实现自我价值的知名人物；当地关于性别平等的一些组织和活动；等等。

我们可以向老师科普：气质表达不一定非要是符合性别刻板印象的才是好的，现代的社会人应该有意识、有觉悟来接纳每一个独特的个体。我相信多数的老师不是出于恶意来嘲笑和调侃自己的学生，而是因为在人权和性别观念方面无知与落后。所以，对于这种情况，你需要诚恳地和老师沟通，相信老师也会对自己的行为感到非常抱歉，并立刻调整的。

如果有可能，你们还可以组织主题班会，顺便和同学们分享先进的性别观念，这样也可以帮助其他在此方面感到困惑的同学。

但是，如果你的老师是故意用这种方式来欺凌你的话，他恐怕不会认同你的建议和要求。你可以考虑和自己的家长沟通，请家长出面和老师交涉，甚至可以在与当事人沟通无效的情况下，进一步向校领导反映情况，以捍卫自己的权益。就像主题班会可以让其他同学受益一样，你对自己权益的争取同样会造福其他老师和同学。人的权益不因人的数量多少而有区别，每个人都有权利以自己喜欢的气质表达方式来生活！

当然，如果你觉得自己没有力量和这些有错误观念的老师斗争，甚至没有勇气向他普及性别知识，你也可以选择沉默。但是，你内心要自信、要强大，相信他的观念是错的、是落后的，你是走在时代前面的。

总之，要让自己生活得自由和快乐。

我被同学笑话不够温柔，怎么办？

困惑解答老师：刘玉兰

在这里，我要恭喜你，你没有被传统观念塑造成千篇一律的“温柔”女孩的模样，你有自己的独特个性，你的身上一定具备了别的女孩没有的美好气质，你该为自己感到骄傲，对于别人的笑话，大可不必放在心上。

大自然造物，形形色色，各具情态，变幻无穷，这正是大自然的魅力所在。春暖花开时，你出去游玩，看到的树木花草，有高有矮，有大有小，有红也有紫。春天的美就在于形式多样，姹紫嫣红。如果你看到的都是单一绿色的高大的树，或者都是红色的，那多单调啊，估计你看一眼也就觉得索然无味了。

同理，天下的人也没有完全一样的。人的性格本来就该是多种多样，而不是千篇一律。女生温柔，男生刚强，这不是天生的，而是被传统文化塑造出来的。你的同学笑话你，正是因为他们也被传统文化束缚，也是受害者。实际上，女孩可以不温柔细腻，可以很豪爽大气，也可以很刚强勇敢。这里有很多例子可以作证，比如大家都熟知的李宇春，她并没有传统女性温柔、娇美的气质，而是很中性化，但这并不妨碍她成为一个非常有实力、受人欢迎的女歌手。她的中性化成为她的标签，让她与众不同。

又比如格力电器的总裁董明珠，我们很少在她身上看到传统女性的温柔，更多的是坚强果敢。她演讲的时候，语言也是犀利如冬日寒风，但是她却是中国民营企业家里面的佼佼者，人们对她更多的是欣赏和敬重。

最近，我看了一场网球比赛，让我震惊的是，我竟然看到 20 年前就称霸网坛的小威廉姆斯。我相信你的同学看到她一定不会觉得她温柔，因为她满身肌肉，一脸霸气。但是，人们记住的就是她在网球赛场上强悍霸气的身影。试想一想，一个称霸网坛将近20年的女性，有谁在乎她一定要温柔？我想，看到她依然矫健的身影和满身健硕的肌肉，大家会感觉“真好”！

随着时代发展，传统的男女性别气质的固有模式正逐渐被打破，人们越来越能够包容多元，尊重性别气质的差异。欧洲国家的学校性教育会教男生织毛衣，让女生玩搏击，就是让他们体验不同的性别实践，避免教学中所呈现的性别气质成为单一刻板的男强女弱的固有模式。

另外，女生过于阴柔的话，往往会没有主见，不独立，也会很怯懦，没有安全感。千百年来，那些温柔的传统女性在家庭里都是从属地位，要听男人的话，要被控制。相反，勇敢、坚强的女孩都很独立，有自己的主见，不会被别人强迫和控制，能够很好地自我保护，并且在遇到困难的时候也能够有勇气面对，会想办法解决。有这样的气质的女孩是非常优秀的，也更加受人尊重。

对于你来说，你有权利选择适合你的行为方式，只要不影响别人，你觉得舒服的方式就是最好的。你完全可以很自信地接纳自己本来的样子，开开心心做自己。虽然没有其他女生的“温柔”，但你也许更具有完美的兼性气质。具有兼性气质的人，在职业和个人生活中更加受欢迎，更有成长空间。

最后，衷心祝愿你能自信、勇敢地做“不温柔”的自己，同时也希望你也能接纳别人与你的不同，尊重和包容各种差异。

童话为何要塑造柔弱的女性形象？

困惑解答老师：杨静

你从小到大看过的童话故事一定不少吧？那么，回想一下童话故事中的女性人物，她们在你的心中是什么样的形象特点呢？美丽到被继母嫉妒、杀害的白雪公主；从小被继母和姐姐们虐待的灰姑娘；从小被全方位保护，最后靠王子吻醒的睡美人……不知道大家有没有发现，这些家喻户晓的童话女主角似乎都有着鲜明的特点：拥有绝世美貌，总是被虐待或者杀害，总能因为美貌而获得王子的救赎或者他人的保护，等等。不知不觉中，我们脑海中的童话女主角似乎都被塑造成了美丽而柔弱的形象。

那么，童话故事为什么要将女性塑造成如此柔弱的形象呢？其实，这些童话故事之所以产生并广泛流传，是因为符合当时主流的文化价值观。早在 19 世纪甚至更早以前，白雪公主、灰姑娘的故事就已经在欧洲的民间广为流传，后来被改编成童话故事出版。那时候的欧洲正处于封建思想浓厚的时期，男性在社会中一直占据主导地位，男尊女卑、男强女弱是社会文化的主旋律。这些外表美丽、内在柔弱的女性特质并不能充分反映女性的美好品格，而只是符合了男性心中理想的女性形象。为什么这么说呢？因为主张男权的统治者们通过在故事中塑造柔弱的女性，让女性觉得自己天生就是柔弱的，需要强大的男性来保护自己，所以渐渐地，女性就接受了自己的软弱无能，认为自己必须依靠男性的保护，同时也默认了男性的控制权和主导地位，不再相信自己的力量，更不敢轻易反抗、不敢争取自己的权益。

这些童话故事伴随着我们长大，也会深深地影响着我们的思维和认知。因此，我们在看童话故事时，对于其中的人物故事要有自己的反思才行。

随着人们性别意识的觉醒，近些年来一些具有性别平等意识的绘本也相继被出版，比如《纸袋公主》，这个故事一开始公主和王子即将举办婚礼，可是火龙却把王子掳走了，还把城堡烧得一干二净，公主只好穿上一个纸袋，勇敢地追赶火龙，想要救出王子。后来公主用自己的智慧打败了火龙，谁知王子却嫌公主衣衫褴褛，公主气坏了，骂王子是一个没用的家伙，最后扬长而去。你看，这里面的公主就和童话中其他的公主不一样，她为了救出王子去跟火龙斗智斗勇，被王子嘲笑和责怪后，公主毅然离开了他，并作出了新的人生选择，是个有勇气、有主见的女性。这样的童话故事还真不少，而且随着时代的进步、思想文化的解放和发展，越来越多的童话故事开始体现出男女平等的思想。

每个童话故事的背后都有作者自己的观点和立场，所以呀，我们在看这些故事的时候，要带着鉴别的眼睛和善于反思的大脑去看。当然，我们在故事之外的现实生活中也要有性别平等的意识，摒弃“傻白甜”的人设，做一个思想独立、精神独立、人格完善的新时代女性！

偶像剧为何要塑造多金的男主形象？

困惑解答老师：刘殳

艺术作品总是源于生活而高于生活的。源于生活，是说它是从群众的共同认知中来；高于生活，是说它是生活的浓缩和提炼。

实际上，电视剧里经常出现钻石王老五，就像电视剧里经常出现美貌而有身份的女孩跨越阶级爱上一个出身贫寒，但奋发向上的男青年一样。所有的电视剧作品总有其特定的受众群。编剧会通过对生活和社会氛围的感知、理解，提炼出最符合大众期待的人物形象和故事情节，方便广大群众在看电视的时候能够自然而然地带入角色，这样收视率才能高。

中国自古以来属于父权社会。所谓权，指的是一系列的权益，具体到生活的方方面面。一个成年的男人如果想要获得主流社会的认可，首先便要有钱，有了钱，便有了衣食无忧的生活，也便有了更多的选择更好伴侣的可能。如果说大自然中雄性动物终其一生是为了延续自己的基因而奋斗，那在人类社会中，基因的延续和多样化同样是男性的期待。在其他大多数男人并不多金的情况下，自古以来，有钱的男人能更轻易地获得更多的交配权和生育权，金钱往往还能让他和他的伴侣、后代过上有保障的生活。于是，在自然界里，一直以来是雌性动物在交配中具备选择权，到了人类社会的多金男人这里，情形便倒置了：为数众多的女性和女孩的家庭会放弃自己的选择权，一味地希望自己可以成为财产和优渥生活的享有者。

实际上，偶像剧不仅塑造多金的男主形象，多金的男主只是性别不平等社会中的一个环节，还有整套价值观的输出，刻板的角色是成套的，套餐中往往还有个最后获得男主青睐的女神般的灰姑娘形象，一个家境贫寒但真心实意地爱着灰姑娘的男二号形象，有时候还会有一个对感情轻率的夜店少女形象……灰姑娘可能在多金男主和男二号之间犹豫不决，不知道自己究竟爱谁，稀里糊涂跟了王老五，最后因为各种原因又和男二号在一起，历经沧桑。在这样的剧中，除了多金男和其他几个刻板形象，不约而同的是，故事中的各类女性角色的经历都比较惨，最终基本上没有获得好结局的。或者所谓的好结局也不符合故事角色自己的期待，而是符合大众的审美和口味的。

所以不难看出，多金男其实是一个符合男性社会期待的形象。这样的期待背后的价值观其实是建构在男性是社会权利的主导者和分配者之上，女性这个作为男权社会中众多资源之一的角色，想要有好的生活就首先要将自己打造成符合多金男的要求乃至全体男人要求的样子，如此一来自己才可能有好的前途，自己的后代才能占有更多资源。这样的刻板角色建构本质上是性别歧视和性别暴力的一环。

但也很容易看到的是，社会毕竟在进步，脑残的偶像剧终将式微，年轻人有头脑，接受现今性别观念的群体正在不断扩大。真正经久不衰的电视剧往往是那些男女主角平分秋色，各自有自己的追求和价值，精神独立，不刻意矮化或者神化任何性别的剧集作品。

第二节 性别歧视

性别歧视是一个世界性问题，它并不是一个新鲜的话题，屡屡被人谈起，而又常常让人感到无奈。在人才市场上和职业生活中，它甚至已经变成一个司空见惯的现象。

性别歧视作为一种社会现象有其历史渊源。在人类社会早期，男女本是平等的。在母系氏族社会中，由于母系血统在社会群体中的重要性，女性居社会统治地位。妇女在原始社会物质生产中的重要作用，是其受到社会尊重的经济基础。私有制出现后，男性在经济上的地位显著上升，母系氏族制被父系氏族制取代，这是生产力发展的必然结果。由此，男子成为世界的主宰，女人只是男子的附属品，社会还用道德和法律等手段维护和支持歧视妇女的社会现象。从此，男性对女性的歧视成为延续千年的社会问题。那么，究竟什么是性别歧视？

首先，我们需要了解什么是歧视。歧视是一种差别对待。这种差别对待不考虑个体的优点，而以等级或种类为根据加以区别，而表现出某种偏见。从公民所应该享有的平等权利来看，歧视就是在公民权利上的区别对待。

性别歧视是最常见的歧视形式之一，是指对某一种性别成员的不平等对待。由于历史原因和社会发展状况的限制，在当今社会，性别歧视更多的是指对女性的不平等对待，进而给女性带来的权利利益上的、自身发展上的，甚至人格上的损害和障碍。由此可见，判断一个行为是否是性别歧视，需要满足三个条件：1. 区别对待不同性别；2. 这种区别使某一性别的利益受损；3. 在竞争条件下，对实施区别的社会单位（个人）最终没有好处。

需要说明的是，对女性的性别歧视并不是男性对女性的歧视，而是整个社会的一种价值判断。正是在这种价值判断下，才有了某些男性对女性的能力的低估，也有了某些女性对女性，甚至对自己的轻视。所以，要消除性别歧视，关键是要克服性别刻板印象和改变传统的性别观念。

从性别歧视的针对性来看，性别歧视分为直接性别歧视和非直接性别歧视。直接性别歧视是指一种性别的人，在相同或类似的环境中所获的待遇，因性别而差于另一种性别的人，例如就业的性别歧视。非直接性别歧视是指一条明显中性的规则对一种性别的大部分人产生不利影响，但并未对另一性别的人产生此类影响，并且此规则在这些情况中十分不合理。

从性别歧视的具体表现看，性别歧视分为语言歧视、教育歧视和就业歧视等方面，诸如由于性别歧视导致了女性受教育的机会有限，在就业和职业选择上也受到限制，女性的平均收入不足男性收入的 70%，而女性的失业率比男性失业率高 30% 以上等。性别歧视不仅表现在受教育、择业、收入等方面，还表现在性别商品化倾向上，诸如媒体中将女性物化、性化和商品化的广告和宣传，其实质有损女性的人格和尊严，也是一种更深刻的性别歧视。

我们城市有女性专用停车位，这是对女性的尊重吗？

困惑解答老师：马晓琳

现在存在的“女性专用停车位”有两种情况。

第一种情况是，它比普通的停车位更宽、更大，更方便停车；它的设计者认为女性司机更不擅长停车，加宽停车位会给予女性司机更多方便。

第二种情况是，它跟普通的停车位没有太大区别，但它的位置会设在光线更加明亮、靠近出入口的位置，有更完善的监控等设备。这种女性专用停车位是希望能减少僻静处针对女性的侵犯事件，保护女性的安全。

这是两种不同的“女性专用停车位”，我们分别来讨论看看。

对于第一种加宽、加大的“女性专用停车位”，首先，你觉得“女性司机更不擅长停车”这个观点对不对呢？

我们平时经常会听到有人认为女性不适合开车、不擅长停车。他们的理由包括各种女司机开车出了事故的新闻，还有自己身边的例子，等等。甚至有的女司机也会觉得“我作为一个女性本来就不擅长开车，不应该对自己有太高的要求”。

也有一些人反对这个观点。他们认为，之所以新闻里出现很多女司机开不好车，是因为当事故司机是女性时，新闻就会强调“女司机”，而如果事故司机是男性的话，新闻很少强调性别。你可以自己搜索一下新闻，看看是不是真的是这样。而且，当很多人都在告诉女性司机“你不适合开车，你不擅长停车”的时候，女性司机的自信心可能也会受到影响。

我不知道在你的成长过程中有没有人对你说过“女孩子就是不擅长数学和理科”这样的话。很多女孩子都听过这样的话，甚至可能从小听到大，她们的自信心可能会慢慢被动摇，甚至会觉得“既然我本来就不擅长，那我干脆就不要努力了”。以后，那些人可能就会说：“看吧，我果然说对了。”

女性是不是真的不擅长开车或停车，其实是一个很复杂的问题，我觉得一口断定它是真的还是假的，没什么意思，但是我在网上查到有些人正在试着从各种数据中找到答案。如果你的数学不错，或者你对这个问题感兴趣的话，你可以自己去查查看。而且这其中还包含着另一个问题：即使女性真的不擅长开车，是她们天生不擅长，还是练习得不够，又或者是因为有太多人告诉她们“你不行”？

我们还是要先回答你的问题，那我们来做一个假设好了：所有的女性司机都不擅长停车，而所有的男性司机都擅长停车。这样的一句话，你可能就很容易察觉到它的陷阱了。我们退一步来考虑，事实最多也只是“部分女性”不擅长停车，不可能是全部女性。

在这样的情况下，设置“女性专用停车位”是对女性的尊重吗？实际上，它是时时刻刻在把“女性”和“不擅长停车”联系在一起。没错，如果是擅长停车的女性司机，当然可以不使用它。但是，当很多女性还不确定自己是不是擅长停车的时候，这个停车位就在告诉她们——“你不擅长”。甚至，它在告诉那些擅长停车的女性司机——“哦，你是特例”。而且，当一个加宽停车位的名字叫“女性专用停车位”的时候，不擅长停车的男性司机到底可不可以使用它呢？

说到底，停车只不过是一项技能，有人擅长，有人不擅长，都是很正常的事，非要划定人群才是值得我们警惕的事情。我相信设计者是出于好意，但好意有时候也会走弯路，加宽停车位当然是有意义的，假如直接把它叫“新手专用停车位”，你觉得这是不是对新手的尊重？

说完了第一种“加宽型女性专用停车位”，我们再来看看“安全型女性专用停车位”是对女性的尊重吗？这种类型的女性车位比较少，相关的讨论也比较少，但我们可以类比另一种设置：公交、地铁上的“女性专用车厢”。

设置“女性专用车厢”是因为女性在拥挤的公共交通工具上容易遇到性骚扰，而一个只有女性可以进入的车厢就可以避免这些骚扰（这里隐含着一层意思，即“性骚扰都是男性骚扰女性”，是否正确我们就先不在这里具体讨论了）。“安全型女性专用停车位”的背后也是类似的逻辑，女性在体力上普遍处于弱势，在僻静处更有可能遭遇抢劫、性侵等伤害，而设置一些光线明亮、靠近出入口、有监控摄像的车位可以降低女性受到伤害的可能。

它们都是保护女性的措施，也确确实实能起到一定的作用，但是为什么还是有不少人反对它们呢？保护女性不好吗？

在反对者看来，女性专用车厢在保护女性的同时，也是在限制女性。女性更容易受伤害，女性就要躲起来吗？

当然了，女性专用车厢并不强制要求女性必须选择它，就像女性专用停车位也并不要求女性司机必须去停。它是在所有人都可以选的基础上——在普通车厢、普通停车位的基础上，给了女性一个额外的、更加安全的选项，你可以选，你也可以不选。

女性专用停车位、女性专用车厢都可以视为：不平等的社会性别现状下，对女性的暂时性保护措施，目的是促进性别平等，直到有一天，这些特殊的保护不需要存在。

Q 据说女生未来就业会受歧视，我该怎么办？

困惑解答老师：王艺

尽管我很想说“放心吧，你不会受歧视”，但是很遗憾，我还是要说“是的，你的担心真实存在，在就业这个问题上，女生是会受到歧视”。作为性教育讲师，消除这样的歧视是我努力的方向，但是我还是要跟你聊聊，怎样面对这个现实的问题。

很多用人单位在招人的时候就会明确打出“仅限男生”这样的字样，或者是暗地里给女生设置更高的要求；在工作面试中，女生被问类似“有没有男朋友”“结没结婚”“打算什么时候生小孩”这样的问题也时有发生；更有甚者，直接在用工合同上添加了“××年不可以生育”这样的条款。以上的做法，全部都是明目张胆地歧视女性，不仅是性别不平等的问题，本质上是违宪的，因为性别平等是写到宪法里面的。但是很遗憾，女生大多数时候选择了逆来顺受。

为什么会这样？用人单位会说出一大堆理由：女性不愿意加班、不愿意出差；力气活需要男性照顾；安全问题要特殊关注；怀孕、生产、哺乳需要的假期给企业造成负担；女性结婚之后心思就不在工作上，而是往家庭转移；等等。

听起来好像很有道理。

可是不论女生、男生，都是听着这样的话长大的：一个女孩子成天疯跑像什么样子 VS 男孩子淘气很正常；女生数学都不好 VS 男孩就适合学理科；女孩不能太能干，不然男生都不敢要 VS 男子汉顶天立地养活妻儿……渐渐地，全社会都形成了“男强女弱”“男主外，女主内”的共识。最可怕的、最难以改变的就是共识，还会有若干人从传统、文化、历史中寻找这共识的理论依据，论证其合理性和正确性；再渐渐地，共识成为“天经地义”。

这就是女性就业歧视存在的原因，是它明明违法、不公、可笑，但大家觉得“很正常”，还会为其找理由辩护的原因，这也是众多女生屈服于这种屈辱的原因。传统的力量是非常强大的。

但是我们不愿、不甘、不服！怎么办？我给你几个小小的建议：第一，好好学习，提升自己，让自己的能力符合并胜任心仪工作的要求；第二，提升自己的自信心，在受到不公正待遇的时候才敢于据理力争；第三，适当地寻求外界的帮助，朋友、同事、上司、媒体甚至法律人士；第四，像我这样成为一个性别平等理念的传播者，提升大众理念，性别平等才会成为可能；第五，即使你因为什么原因妥协了、屈服了，也不要放弃心中的火花，哪怕微小，也是希望。

此外，在就业面试的时候，你还可以有技巧地消除面试官基于你性别而产生的犹豫，比如你可以告诉他：虽然我是女性，但我不会因为家庭而影响工作的。虽然这么说不一定有用，但你可以试试。

当然，还有一种“妥协”的办法，便是选择符合社会基于针对女性的性别刻板印象而认为更适合女性从事的职业，比如秘书。女性在选择这些职业时，受到的就业歧视会小一些。总之，你也有权利选择不为性别平等而奋斗，先保障自己的生活再说。

歧视其实一直都在，就是因为有像你我这样的人的努力，当今社会的性别平等已经比父辈、祖辈当时的情况进步了很多。我们继续努力，以此共勉。

女生可以为促进性别平等做些什么？

困惑解答老师：王晓薇

首先，什么是性别平等呢？性别平等简而言之，是女性和男性应该被平等对待，并且这种平等对待是正当合理的。平等对待男女，与平等对待健康与不健康的人，道理是一样的。双腿受伤的人需要治疗，而没受伤的人不需要治疗。如果有必要，双腿受伤的人还会需要心理辅导。

其次，女生可以为促进性别平等做些什么呢？在探讨这个话题之前，你不妨先听我讲个故事吧。

电影版《哈利·波特》的女主角赫敏的扮演者艾玛·沃特森是联合国妇女亲善大使。2014 年 9 月 20 日，她代表年青一代在联合国大会上为“他为她”运动发表了一段发人深省的演讲。她提到：“我是众多幸运儿中的一个。我的生活拥有很多特例，因为我的父母没有因为我是女儿而减少对我的爱，我的学校没有因为我是女孩而限制我，我的导师没有因为我将来可能要生孩子而认为我将来的人生路会走不远。他们都是性别平等大使，是他们造就了今天的我。他们也许并不知道，他们是改变这个世界的无心的女权主义者，现在我们需要更多这样的人。”

我们能从艾玛·沃特森的成长经历中感受到，在性别平等的环境中的自在与需求。性别平等不仅是女性议题，更是一个亟待人人参与的人权议题。

促进性别平等，女生可以尝试以下的方法：

第一，自己不受性别刻板印象的束缚。例如男生、女生都可以温柔、细腻、体贴、周到、善解人意；女生、男生都可以刚强、勇敢、独立、自信、主动、追求成功。勇敢的女孩和文静的男孩同样受欢迎，男孩、女孩都可以拥有多元发展的空间。又比如女生可以当体育委员、担任足球队队长等。

第二，不受传统行为规范的约束。男孩可以玩芭比娃娃、跳皮筋、织毛衣，女孩可以玩变形金刚、打篮球、踢足球；男生可以当护士、幼儿园教师，女生可以当飞行员、警察等。

第三，正确看待性别，尊重性别的多元选择。做真实的自己，自主选择自己喜欢的生活方式，同时尊重他人的生活方式。例如，在校园里，可以从自己的言行做起，平等看待每个人，不歧视性别和性取向多元的同学。

第四，在家庭关系中，摒弃传统的“女主内，男主外”的思想。赚取收入、做家务、照顾孩子都只是家庭中的不同责任，男女都可以担当。

第五，进行专业或职业选择时，出发点是自己的兴趣爱好、自身的能力及发展，而非性别。无论是男生还是女生，在专业或职业选择时，最重要的是自己喜不喜欢，或有没有这方面的才华。例如女生也可以方向感强，擅长学习数理化；女生可以当物理科学家、建筑工程师，并在此领域作出杰出贡献。

第六，在生活实践中，还可以动员更多的男生参与进来，共同拒绝“重男轻女”的传统思想。明白并传播性别平等的思想：男孩、女孩都是宝，都能给家人带来快乐和幸福；男孩、女孩都平等，都要得到家人的关爱；男孩、女孩都是家庭的重要成员，都可以分担家务。

第七，在公共场所，我们可以站出来反对发生在社区、校园、工作场所、公共交通工具以及网络上的对女性或男性的性别歧视、性别压迫的行为。

第八，在学校里，可以做一名推动性别平等的实践者和倡导者。例如可以通过学校社团进行校园性别现象调研；开展“如厕难”主题活动，对学校女生如厕难的问题进行调查、核实等，并对以上活动提出整改建议方案，供学校参考。

促进性别平等，有你，有我！

第三节 跨性别

“跨性别”是一个概括性的词汇，涵括了许多种不同性别表达方式的人，主要包括如下几种：

变性欲者：指寻求通过变性手术永久改变自己的身体，以符合其个人对自身性别的定义者。在这个群体中还有一些通过使用荷尔蒙或者其他相关外科疗程，如乳房切除、 隆乳、除毛等，但还没有进行变性手术的人。不做变性手术可能是因为个人本身不再有意愿进行这一步，也可能是因为经济上无法负担手术的医疗费用。

变装欲者：指穿着异性（指相对于生理性别而言）服装以达到情绪或性方面的目的者。在现实生活中还有一种恋异性装癖者，这种情况不属于跨性别，因为在大部分的情况下，恋异性装癖者不是基于对自己生殖性别的不认同，而是纯粹迷恋异性服饰之功能以达到满足自身性欲幻想之目的。

双重灵魂者：（源自美国原住民文化）指具有男性与女性灵魂者。通常在原住民文化中，因为其躯壳能同时包容两个灵魂而受到尊敬。

双性或雌雄同体者：指出生就同时具有雄性与雌性的器官的罕见群体，对于这种情况，一般在出生时即以手术指定其性别。然而，现代针对这一群体的学术研究质疑了这一做法，因为这种人为的指定对于当事人来说也许是一种错误。

由于跨性别包括了变性人，因此有人认为跨性别者是变性者的一个同义词。这种用法混淆了跨性别者和变性者之间的区别。正如上面提到的，跨性别者认为自己有不同于男性和女性的另一种性别；而变性者则认为自己是在“女性身体里的男性”或“男性身体里的女性”，进而希望通过手术“改变性别”。

我想做变性手术，但妈妈不让我做，我该怎么办？

困惑解答老师：刘殳

变性手术被称为难度最大的外科手术。对于心理性别和生理性别不一致的人而言，变性手术为他们在生理上最大限度地成为自己想要的性别提供了一种可能。

而作为未成年的我们，各方面还处于监护人的责任范畴之内。如果父母不同意我们改变性别，而自己又想要坚持自己的选择，我们可以做哪些功课和准备呢？首先可以先来研究一下现行的法规。

根据我国现行的《性别重置技术管理规范（2017年版）》规定：

1. 对性别重置的要求至少持续5年以上，且无反复过程；
2. 术前接受心理、精神治疗1年以上且无效；
3. 未在婚姻状态；
4. 年龄大于20岁，具备完全民事行为能力；
5. 无手术禁忌症。

我们逐条看一看。自己是否对于想要变成的性别已经有非常确定的和强烈的意愿，希望以改变后的性别来继续接下来的全部人生，而非一时好奇或者意气用事？当我们去国内外各大论坛的相关版块搜索“做了变性手术，后悔了”的内容时，可以看到成千上万的变性者倾诉着自己的心路历程。改变性别是一个非常重大的决定，在付诸行动之前，尽量多了解“过来人”所遇到的问题和解决问题的方式方法，可以为我们自己做一些相关的心理建设。

对于希望改变性别的人，一些国家和地区会要求当事人先用变性后的性别身份生活一年，或接受一定时限的心理或精神方面的专业帮助，符合指标的人才可能进入手术的准备期。这一年当事人需要模拟面对变性后的人际压力，自己的情绪压力，社会生活中的种种或大或小的困境。

经过这样的一年，如果仍然希望改变性别，才被评估为的确有手术必要。

我国规定变性者需不在婚内。这一条好理解。我国现阶段只接受一男一女结为夫妻，所以当事人需要处于不在婚姻状态，避免变性后实际的性别与伴侣的性别不符合法律规定。

年龄需要大于 20 岁，并具备完全民事行为能力。年龄的要求不仅是最大程度地确保当事人做决定时已经成年，且身体已经发育完成，使得性别置换手术的难度相对处于可控范围；具备完全民事行为能力，则是指当事人没有身体和精神方面的障碍。我国 2015 年曾经有一个案例，一位 15 岁的少年通过网络联系了成都的一家整形医院，为自己做了性别置换手术。术后该医院的资质被吊销，手术医生被起诉和逮捕判刑。

手术无禁忌症，是指当事人的身体条件符合做这个外科手术的条件，比如没有特定的会引发并发症的一些遗传病和代谢病，对麻药不过敏，等等。

研究完了条文，我们还应该了解，对于跨性别者（心理性别和身体性别不一致的人）而言，他们常常对改变生理性别之后的生活抱有非常大的期待。但在现实中，改变性别之后，自己的内心或许能够获得很大的释然，生活中却依然会面临各种状况或误解。这些都要当事人勇敢和机智地面对，接纳自己的现状，维护自己的权益，感谢别人的鼓励，也理解别人的不认同。

对于我们的父母，可以和他们分阶段、分步骤地开展沟通。这沟通可能会旷日持久，可能会需要不断重复。

首先，要了解父母为什么不同意，他们在意的点是什么？

有些父母可能仅仅是因为自己无法接受儿子要变成女儿，女儿要变成儿子的事实。这种改变的接纳，对多数人都不是朝夕之间可以做到的。父母需要时间，也需要看到我们的坚定和充分的准备。

有些父母可能是担心手术风险太大，对手术的效果和手术预后没有信心，也可能认为孩子不需要手术，寄期望于心理或者精神的“治疗”来扭转孩子希望变性的想法。对于这种情况，我们可以搜集一些国内外变性的数据和案例，向父母进行科普，也可以请医生和父母面对面沟通，由医生向他们来解释，更容易让父母信服。

有些父母可能认为变性人会面对很多的非议和压力，他们希望孩子能够平安、简单地生活，不希望他们的孩子经历太多磨难。这样的爱子之心可以理解。作为孩子，我们可以让父母知道，自己是如何认同自己的心理性别，变性能给自己带来哪些帮助，并且将变性之后可能遇到的问题和解决方案都一一向父母分析，表明自己做好了充分的心理准备。

还有些父母是因为自己不愿面对孩子变性后周遭亲友对于自己家的评价，在他们心中，还抱有“变性就是心理不正常”“家里有这样的孩子是父母没教育好”，是“家丑”的看法，他们在意自己的面子多过孩子的感受。对于这一类父母，我们可以向他们介绍当地或全国线上的一些跨性别者父母的组织或群体，请他们的同龄人来帮助他们平稳地度过这个阶段，让他们从不信任孩子的决定，转为支持孩子做自己。当然，我们的努力不一定奏效。

最后，父母还有可能是出于经济的原因反对。变性手术的花费可能是普通劳动者十多年的收入总和。对于普通的工薪家庭来说，这是一笔不小的数目。如果我们已经通过自己的工作和劳动，做好了手术费用的准备，我想父母也会从这一点上看到孩子的决心，从而更可能信任我们的决定。

和父母的沟通，不难，但也不简单。即使你感觉和父母的沟通很困难，也不要轻易放弃对话。即使你无法轻易地获得父母的接纳和认同，也要接纳和认可自己，因为人生是我们自己的。

Q 我很反感自己是跨性别者，怎么办？

困惑解答老师：刘殳

跨性别人士的性别认同或性别表现与他们出生时的指定性别不同，比如一个人生理性别为女性，但他心理性别认同为男性；或一个人生理性别为男性，但她心理性别认同为女性。

建立在这个性别认同的基础上，跨性别者的性倾向同样有同性恋、异性恋、双性恋、泛性恋等表达形式。

跨性别作为性少数中的少数，在社会生活、职场中受到的关注度和接纳度相对低于同性恋群体，但所受的歧视和阻碍并不少。从日常的如厕、穿着打扮，到部分跨性别者的手术需求、家人的接受度和支持度、社交的接纳度，都会有各种各样的不便。这些都会影响跨性别者对自己的接纳度。

人们的歧视和不接纳，源于社会文化对跨性别群体的认知还处于相对落后的阶段。在很多地方，跨性别者会被认为是心理和人格障碍而被迫接受精神科的干预。这也是让很多跨性别者感到困扰的原因之一。

对于自己是跨性别者这一点感到不接纳，进而自我否定，甚至出现抑郁倾向的人并不少见。如果感到自己对自己的跨性别身份很反感，不妨思考一下：我为什么会讨厌自己？是因为大家都说我不好，所以产生了对自己的怀疑和否定，还是因为在工作、生活的各种不便中受挫，觉得自己和别人不一样，从而觉得沮丧、挫败呢？

跨性别是性别的一种，是正常而自然的，只是人们近些年来才对其有了解。当对自己是否正常产生怀疑时，人们有时候需要汲取一些外界的力量来自我肯定。读书、检索相关信息、加入相关性少数的组织，和同样的群体中一些比较资深的前辈沟通和倾诉，可以获得一定的正面效果，帮助跨性别者自我接纳和树立自尊、自信。当看到自己不是一个人，知道所有阳光、自信的跨性别者很可能都经历过自己现在的阶段，这样的发现会极大地鼓舞自己振作起来，从而爱自己和肯定自己。

关于别人的歧视和误解，可以练习以平常心对待，理解他们，适当降低自己对他人关于跨性别的认知的预期。但你也要相信，随着社会的进步，了解和接纳的人一定会越来越多，社会的氛围也会越来越好。而我们作为正在发展的社会中的一员，可以从自己做起，不歧视和自己不一样的人，在心有余力的时候，帮助其他的少数或弱势群体。一点一滴的改变，也能促进整个社会的变化。

除了自己努力地帮助自己，也可以寻求肯定性咨询法的心理咨询师帮助自己。专业人士的介入会让我们感觉到更安心和有方向感。

也许目前阶段对自己的不接纳，只是因为我们正走在接纳自己路上的一个必经阶段而已，也许并不需要特别的干预，自己就能度过这个阶段。那就让我们在我们真正接纳自己之前，首先接纳自己目前的“不接纳的状态”。你说对吗？

我是一名跨性别女性，我该怎么上厕所？

困惑解答老师：王艺

我相信，你问的肯定不是如何在家里这样私人的地方上卫生间，而是作为跨性别女性在学校、商场、景区这样的公共场所使用卫生间的方法。说实话，我理解你的尴尬，但是并未有非常好的解决办法。

通常来讲，卫生间一男一女各占一边，大多数人进哪个门并不会引起别人的注意，即使他/她的外表不甚符合传统男/女性的样子，其他人也很少大惊小怪，毕竟社会在逐渐接受多元。但是，因为外表看起来不像男/女人，而被公共卫生间拒绝进入、被赶出来、被要求出示身份证的事情也的确不止一次发生过。有些事件当中，当事人还遭到了言语或肢体的攻击。其中一部分事件，就涉及跨性别。

我会按照不同的情况，逐一讨论跨性别在使用公共卫生间这件事上面临的困境。

如果是已经做了性别重置手术的跨性别，按照法律规定，是可以修改身份证的，并且这部分人和他/她现在选择的性别也没有太大的区别，一般进公共卫生间是不会引起争议的。

如果是还没有做性别重置手术，但是已经在服用激素类药物，或是已经变装，那么从外观上来看，也已经与他/她现在选择的性别没有太大的区别，进公共卫生间也不会引起旁人注意。但是若没有做手术，他/她的性器官结构和他/她选择的性别就有比较大的区别。如果卫生间有单独一个一个的隔间，还可以避免尴尬。可是我们国家的现状是明显不能够保证所有卫生间的品质的。我能想到的唯一的解决办法，就是不论实际需求，一律当作大便处理。

如果他/她的心理认同性别与他/她的生理性别完全不符，虽然有强烈的愿望改变，但是并没有采取任何的实际措施，他/她从外表上看起来与他/她的生理性别一致，完全不“像”他/她的心理性别。这种情况下，选择生理性别对应的卫生间，其他人自然是无异议，但是自己心里是极难接受的，人不能做自己，是最痛苦的；选择心理性别对应的卫生间，自己心里认为理所当然，可是旁人看来就是“变态”“流氓”“性骚扰”。从某种程度上讲，这些“旁人”的态度是可以理解的。

在卫生间只有一男一女两个选项的时候，这事无解。“假冒跨性别在公共卫生间偷拍”和“跨性别女性进公共女卫生间被揍”的事件都曾经真实发生过。

你注意到上一句话了吗？“在卫生间只有一男一女两个选项的时候”，解决这问题的办法就是增加选择项。很多国家已经开始立法，公共卫生间必须有“无差别”这一选项，我很高兴地看到我国一些大城市的机场、公园等公共场所也开始有这样的设置。就在我家附近的一个公园，卫生间改造升级之后，有了一个“第三卫生间”的选择。这是个进步，对吧，我当时开心地拍照发了微信朋友圈。

一方面，我们致力于通过宣传、教育等手段，提升大众性别平等意识，努力建立尊重多元的友好社会。另一方面，在对跨性别还不够友好的现实当中，我只能提醒你，因时、因地制宜，随机应变，选择应对方式。不论怎样，关键是保护自己，不受伤害。

很遗憾，我并没有帮到你。

第五章
尊重多元

前面几章里，我们已经介绍了关于身体、性别暴力、爱情以及社会性别等内容。其实，人类在许多层面上都是很多元的存在。本章开始，我们将进一步介绍这些多元的存在，主要从爱情、家庭以及其他性的存在三个方面介绍。从广义上来讲，这些都属于人类性的多元存在，但为了便于讨论，做一些基本划分。我们尊崇最基本的原则：自主、健康、责任，在此基础上，不伤害他人、不伤害自己的性存在都是应该被尊重的。

第一节 爱情不是只有一种样子

爱情是什么？这是一个困扰了人类几千年的问题。有人说，爱情是作用于大脑的激素反应；有人说，爱情是一种情绪体验；有人说，爱情是由我们的认知与情感交互作用的结果；也有人说爱情就是一种以利益交换为基础的互惠联盟。正因为我们对爱情的认识和理解的不同，所以爱情从来都不是以一种统一的形象出现在我们的视野中的。

而随着青春期的到来，我们的情感体验变得越来越丰富。我们可能开始体验到除了亲情、友情、师生情等之外的这一感情——爱情。每个人对于爱情体验的描述都不一样，有人形容爱情是如童话般美好，且能从一而终的；也有人形容爱情是细水长流、温润如玉的；还有人形容爱情是及时享乐的、激情四射的……

我不知道你会体会到怎样的爱情，但是我得告诉你，有些情感体验会让我们觉得很自在、很舒适、很幸福，而有些则会让我们觉得自己很“特别”、很“奇怪”，甚至会让自己感受到前所未有的压力与不适。这些都是很正常的，你不必过于担心，有机会的话，可以多了解一些你所经历的情感体验，或者与信任的友人交流与探讨，相信你对于自己的体验会有更清晰的认识和理解，这将有助于你面对未来多种多样的情感。

事实上，人类的情感体验是非常丰富多样的，那些会让你感觉不适的情感，可能源自你对于这种情感的不了解或是外界的质疑声，抑或二者皆有。然而，不论我们正经历着怎样的情感体验，我们都应该正视这些情感，因为它们是真实发生在我们身上的。想要消除那些因为不同情感体验所带来的不舒服，可以尝试先去了解你所经历的情感体验是什么样的，借此来对自己正体验的情感进行各种思考，考虑各种不同的结果，以此来对自己的感情作出合适的选择。

Q 爱上老师怎么办？

困惑解答老师：魏秀

台湾言情小说鼻祖琼瑶写过一本小说《窗外》，讲述了一个师生恋的故事。小说中，师生两人相差20岁，相恋后男老师怕害了女学生，学生也怕毁了老师，本想理智分手，却因用情太深而难舍难分。学生向母亲坦白希望嫁给老师，母亲报警，导致老师被学校解聘，远走他乡。后来，学生被迫嫁给别人，遭遇家暴而离家出走。当学生寻找到老师时，发现他已经精神分裂，已不是自己当年爱过的模样。

这是一个悲剧。悲剧的根源在于，世俗观念认为老师是传道授业者，是成年人，学生是未成年人，没有选择爱的权利，两者之间不应该有爱情。如果有，就是老师的错误，是老师没有师德，是老师诱骗学生。

那么爱上老师是不是只能放弃？只能是悲剧？当然不是，历史上成功幸福的师生恋还是有不少，比如说鲁迅和许广平、余秋雨和马兰、法国总统马克龙和布丽吉特……

那么，如何避免悲剧，追求幸福？我们需要多考虑一些因素。

首先问问自己，你爱的是老师的什么？试着把老师吸引你的方面写出来，看看除了"老师"那个光环，老师是不是仍然有很多吸引你的地方。而你有什么能赢得老师的爱？也把自己可以获得老师的爱的方面写出来，想想这些是不是足够吸引到老师。

你爱老师，你是打算将这份爱隐藏在心底还是打算告白？暗恋一个人本身也是一份动力，可以给你积极向上的动力。当然，如果选择暗恋，那就把它放在心底，就让它成为一个永远的秘密。毕竟，爱不爱是自己的权利。

如果你打算告白，那就需要考虑更多的情况。

老师是单身吗？有没有恋人或者是否已经结婚？你的告白会不会给

老师的生活带来困扰？毕竟在师生恋中，承受压力更大的是老师。

一旦告白，你爱上老师就不再是秘密，或许会受到来自家长、学校，甚至同龄人的压力，还有流言蜚语，你是否能够承受这样的心理压力？如果老师也对你有好感，会不会因此被学校、家长甚至社会施压，无法在学校待下去、无法再从事教育事业？

如果老师愿意承受一切压力和你在一起，是否会危害到你的学业与前途？作为平等的恋人在一起，老师会慢慢褪去令人敬仰的光环，而你是否对发现并包容老师的缺点做好了心理准备？你们的年龄、社会阅历都有较大差异，如果今后在一起不和谐，分手也痛苦，你又如何面对？

如果告白之后，老师不喜欢你，或者不愿意背负各种压力而拒绝你，你会怎么办？会不会一蹶不振？会不会因回避老师而影响正常的学习？会不会让你从此不相信爱情？

如果是你的老师先向你告白，那你还需要考虑老师是真的爱你吗？老师愿意公开恋情吗？有没有为你的现状和未来考虑过？有没有不尊重你的行为？有没有借用老师的权力，逼迫你的因素？要警惕老师以爱的名义，对学生进行性骚扰和诱奸。

如果你是未满 14 周岁少女，即使自愿与成年男老师发生性行为，法律上，老师也要被判处强奸罪；发生其他身体亲密的行为，老师也会被判处猥亵儿童罪。

…………

我带着你来设想这么多的可能性，不是让你因为这份感情的复杂性而放弃，而是需要你来评估自己内心对这份爱的渴望，以及能够承受这份爱背后的能力，以便做出最利于自己和你爱的这个人的决定，这样才能够获得真正的爱情。相反，盲目地决定带来的不是幸福，而是负担。

喜欢同性，就是错吗？

困惑解答老师：赵钧

这个问题让我想起了上小学时的同桌。我是在北方的一个小山村里上的小学，人生中的一堂课是从学习写字开始，我对此充满了新鲜感，突然，传来“啪”的一声响，同时传来的还有我同桌的哭喊声。我转过头一看，老师手里拿着戒尺在训斥我的同桌，同桌的左手被戒尺打出一片红。刚开始我们没搞清楚什么状况，好半天儿才明白，原来我的同桌是“左撇子”，老师说不能用左手写字，还说“没有规矩，不成方圆”。

现在我们知道人的用手习惯是有区别的，绝大多数人是“右利手”——习惯使用右手；少数人是“左利手”——习惯使用左手；还有人是“双利手”——左右手可以左右开弓，无缝切换使用。

我的同桌是个活泼开朗的女生，但因为用左手写字被认为是“不守规矩”而受到老师的责罚，课后老师还通知了她的家长，说回家写作业时家长要负责监督，“绝对不能用左手写字”，“绝对不能惯出坏毛病来”，养成习惯就“积习难改”了。

这个场景如此令人印象深刻，以至于多年以后我依然记得清清楚楚。如果拿人的性倾向和人的用手习惯做类比，二者竟然有诸多相似之处：“异性恋”对应“右利手”，占比最多，成为“主流”；“同性恋”对应“左利手”，“双性恋”对应“双利手”，因为数量少，成为“非主流”。

我们很少会说“右利手”为“右撇子”，但常常会称“左利手”为“左撇子”，就像称呼男性同性恋为“基佬”一样，仅仅是因为“非主流”，“左撇子”的名号或多或少含有歧视意味。我的小学老师无端地用暴力来对待他看不惯的“左撇子”，理由是“不守规矩”，这“规矩”仅仅是因为大多数人都“这样”，所以不惜用暴力要求所有人都要“这样”。说白了，这是多数人对少数人的专制或控制。

所以我们会发现，在这个异性恋为主流的世界里，接纳自己喜欢异性就像张口吃饭、抬脚走路一样，似乎一切都是自然而然、不假思索的事。而对于同性恋人群来说，接纳自己喜欢同性就不是那么容易的一件事了。她/他们起初可能会感觉自己和大多数人有些不一样，而后会因为来自社会、家庭的压力而对自己的同性恋倾向产生困惑，甚至是痛苦的情绪，还有因为性倾向得不到认同而自杀的极端的例子。可是，如果“左撇子”“同性恋”（非异性恋）确实有“错”，那“错”在哪里呢？

有人说，“同性恋”错在违背“天性”：其一，既然世界上有男人和女人，男人有阴茎，女人有阴道，男人和女人就应该在一起，这才是“合理的”；其二，如果同性结合，种族如何繁衍？

对此，我们回应如下：

第一，自古以来，人类社会并不是只有“男人”和“女人”的结合。同性恋在不同时代、不同国家都有存在，其中最有名的就是亚历山大大帝，他有成群的妻妾，同时也与他的好朋友赫费斯提翁保持着密切的关系。在古希腊，有家室的男性同时维持着同性恋关系。近现代，冰岛前女总理西于尔扎多蒂是世界上第一位公开同性恋倾向的国家领导人。中国香港艺人张国荣、中国台湾“名嘴”蔡康永、苹果公司现任首席执行官蒂姆·库克等，也都是公开的同性恋者。如果我们无视人类社会一直存在同性性行为或亲密关系，不承认非异性恋尽管是“少数”但一样是人类的“天性”，这显然是一种偏见。

种族繁衍固然一直以来有赖于异性结合，但异性结合的目的绝不仅仅是为了繁衍后代。随着人们对于性的认识的不断提升，伴侣间的性行为已经不单单是为了繁殖这一目的了，否则，让丁克一族或不孕不育的异性恋家庭情何以堪？科学的进步终将会解决孕育等技术难题，但观念的桎梏却需要深刻反思和打破偏见。

性学家李银河老师在她的文章《世界上没有一桩爱情是错误的》中说：“世上没有错误的恋爱对象，没有错误的爱。爱本身就是它存在的充分理由和确凿证据。”

只要是爱，就不是错。所以，即使你喜欢同性，也没有错。你不需要因此而感到内疚或者自卑。爱，关乎的是你自己的感受，关乎的是你自己的心，爱你所爱，勇敢地做自己吧！

整天和同性恋朋友在一起，我会变成同性恋吗？

困惑解答老师：王艺

假如，你有两个同学 A 和 B，A 是同性恋，B 是异性恋，他们两个很要好，天天在一起。一天，A 来找你，忧心忡忡地说："B 是异性恋，我天天和他在一起，会变成异性恋吗？"你怎么回答？如果是 B 来找你，忧心忡忡地说："A 是同性恋，我天天和他在一起，会变成同性恋吗？"你又怎么回答？

你看出来这当中没有逻辑的地方了吗？也许你可以回答同学 A："你天天和异性恋在一起，怎么不担心变成异性恋呢？要是和他在一起就能改变性倾向，你早就是异性恋了。"也许你可以回答同学 B："你别想多了，同性恋还担心被你传染成异性恋呢。"当然这回答有调侃的地方，可是我们要想一想的是，为什么跟同性恋在一起，你会担心自己"变"成同性恋？

首先明确，同性恋不是病，不会传染，不能治疗，任何宣称"治疗""扭转"同性恋的都是骗子，甚至是违法的。另外，同性恋不是变形金刚，不是"变"出来的，不是异性恋因为某种原因"变"成同性恋，而是同性恋通过学习、成长、提升自我价值，产生更加强烈的自我认同，决定不再藏在"柜子"里。在其他人看来，是异性恋"变"成了同性恋；于他自己，只不过是迈出勇敢做自己的一步而已。同性恋就是人类社会存在的一种现象，在人群中占比很少而已。可是，社会发展到今天，随着知识的普及，这几乎成为常识。而你是受过良好教育的年轻人，更是网上冲浪长大的，还会问出这样的问题，是为什么？这才是关键。

这背后的原因是"恐同"。"恐同"是指排斥、厌恶、恐惧、仇视同性恋者的现象，其常见理由是认为他们"不自然"或者"不合理"。但随着时代进步，"恐同"越来越没有"市场"，一些人开始隐性"恐同"。

这些人嘴上说自己不歧视同性恋，包容不同，尊重多元，但是身边真的有人是同性恋，他就开始不动声色地远离、排斥……大概率讲，他还不会承认的。他们常用“我不反对，也不支持”“我对同性恋没意见，只要不来找我就行”这样的话来掩饰，内心却只想远离，担心自己也“变”成同性恋。

你的同性恋同学在你不知道她是个同性恋的时候，和你一样吃饭、学习、锻炼、追剧、打游戏，然后你知道了她是同性恋，还不是一样吃饭、学习、锻炼、追剧、打游戏，有什么区别呢？唯一的变化就是……没什么变化吧。

不用担心，你不会跟着“变”成同性恋，继续一起玩耍吧！

我搞不清楚自己是同性恋还是异性恋，怎么办？

困惑解答老师：刘殳

在我们成长的过程中，或多或少会对性倾向产生好奇或者困惑，这些我们称之为“成长的烦恼”。我们中的一些人会希望通过了解自己的性倾向，以产生更好的自我认同和寻找群体的归属感。

通常，性倾向可归纳为异性恋、同性恋、双性恋三类，而无性恋（对两性均无性的吸引）则有时被视作性倾向的第四类别。此外，上述分类还可再作延伸。由此可见，人类的性倾向并不是一个一成不变的概念，而是一个在不断变化的过程。

关于性倾向的概念与其流动性，弗吉尼亚理工大学的发展健康心理科学家克莉丝汀·凯斯特追踪了6000多名16至32岁的学生的性身份、性行为和情感经历。在这16年的四个不同时间点中，参与者会被问及他们所认为的亲密关系吸引点、他们最近的性关系以及他们是否自我认同为“异性恋”、“同性恋”或是“双性恋”。结果凯斯特发现：男性和女性参与者都被发现具有流动的性倾向，不仅仅是在十几岁，在二十几岁也发现了这个现象。

有趣的是，即使有实验证明性倾向具有流动性，但是性倾向始终是由个人的认同所决定的。这意味着只要当事人（不论男女）不觉得自己是某种性倾向，那他就不是，只有自己认定的才行。在丽莎·戴蒙德教授女权主义性别研究的一些案例中，一些生活中基本是“异性恋”的女人发现自己深深爱上了一个特定的女人，然而她们仍然声称自己是异性恋。这不意味着这些女人是双性恋。她们只是对某一个体产生迷恋，而这个个体碰巧是同性的。

纵向研究也表明，人们有时会改变他们的性偏好。但有一点十分关键：正因为改变性偏好是一种时常会发生的事实，这意味着我们不能将一切有过不同性倾向经历的人都统称为“双性恋”。其实，每个人都是独特的个体，其成长环境、基因、性格、受教育程度、人生经历等多方面的维度都有可能对这个个体产生综合而独特的作用力，使得每个人成为独一无二的自己。所以，如果你还不确定自己的性倾向是哪种，不妨先不急于给自己贴一个标签，给自己一定的探索空间，让自己有机会探索一段时间。在这段时间里，你可以尝试与不同性别的人接触，体会和观察自己对待不同性别的人的感受，慢慢去发现什么样的人是吸引自己的，在哪方面是吸引自己的，最终找到属于自己的答案。即使最终你发现，似乎依然没有办法确定自己的性倾向，不如就尊重自己的内心，按照自己的喜好来生活，做最真实的自己，也是一种不错的选择。

有一位双性恋者曾经说过这样一段话：“我想人的灵魂是不分性别的，那么真爱也不应该因为性别而屈服。如果一个人能够找到跟自己共鸣的灵魂、一个相伴一生的伴侣，那就应该是值得支持的事情。当真爱就在身边，我从不愿因外在不可抵抗的因素而忍痛放弃，两个灵魂能够契合且互相吸引擦出火花，这本身就是一件令人感动的事情。”

当然，在现实生活中，影响一个人是否具备意愿去探索和接纳自己的性倾向的因素有很多，其中很重要的方面是社会文化的建构。文化可能告诉我们：男孩应该怎样，女孩应该怎样，王子和公主在一起才是对的。于是，一部分人在文化的建构下误以为自己属于被定义的某种类型或刻意掩盖着自己的多元倾向。

但是，我们中的一部分人很可能会或早或晚地遇到那个击中自己的时刻：这个时刻也许是偶然间与某个人的接触；也许是某部电影或小说里的场景；又或许是觉察到自己对待不同性别的心仪对象时，不一样的内心驱动力……当这个时刻到来的时候，希望我们都能因为已经做好了准备，满心欢喜地开始自己的探索之旅：我们会为自己更了解自己的另一种可能而感到幸福，因此而更爱自己，而非仅仅是一番心灵的地震之后无尽的恐慌和迷茫。

一个已经经历过这个阶段的年轻人是这样描述的：“不必给自己贴上任何标签，同性恋或是异性恋，如果那个人最后走到你的心里了，那就是他 / 她了。他 / 她打开了你很多扇观察世界的门，你突然发现原来世界是这样子的，两个人在一起会自然到让你觉得仿佛他 / 她是你的影子，是你身体的一部分，那就是爱情了。别去计较那些无谓的世俗，先活好自己。”

我讨厌自己是同性恋，我可以改变吗？

困惑解答老师：姜玲玲

是什么因素让你讨厌自己的同性恋身份呢？从你简短的问题中，我能感受到你内心的自我否定和无奈，不知你具体经受了一些怎样的压力和伤害？但如果你是异性恋的话，是否还会存在这样的疑问？

我们先来看两则故事吧。

故事 1，朱莉（化名）是一名高三的女生，今年 18 岁，从小出生在一个经济落后的小县城，父母都是普通工人。自初三开始，她就感觉自己跟别的女孩不一样：尽管身边不乏优秀男生追求，但她觉得自己对异性一点儿也不感兴趣，反而特别喜欢自己的女同桌。她把这个秘密告诉了同桌，结果同桌觉得她是个“变态”，说：“你有病吧，这太不正常、太恶心了。”并且为此还疏远了她。更令朱莉伤心的是，好友竟然把这个秘密告诉了同班同学。这样一传十，十传百，很多人都知道了这件事。大家都刻意孤立她，说一些很难听的话羞辱她，令她感觉特别悲伤、难过、压抑，后来还得了抑郁症。父母带她去看心理医生，朱莉强烈要求改变自己的同性恋倾向，原因是同性恋彻底毁掉了她的正常生活和学习，让她没有朋友，家人也不理解，给她带来巨大的痛苦，让她寸步难行。

故事 2，田甜（化名）是独生女，25 岁，从小品学兼优，在某高校读研究生，父母都是公务员，从小对她极度宠爱。父母思想很传统，希望田甜毕业后早日结婚生子。而田甜上高中时就知道自己是同性恋，现在她也有了自己的女友，两人非常恩爱。一天，当父母再次催促她恋爱时，她向父母说出了自己是同性恋的实情，父母感觉天都塌下来了，抱头痛哭，“自己唯一的女儿竟然是同性恋，这么丢人的事情居然发生在自己孩子身上，怎么出门见人？”“同性恋都是受人歧视的，女儿将来的生活怎么办？”妈妈为此还大病一场，要求田甜无论如何要变成异性恋，否则就断绝母女关系。田甜很心疼父母，觉得自己对不起父母，内心很愧疚，不想让父母伤心，更不想与父母断绝关系，所以向心理咨询师求助，极力要求改变自己的性倾向。

不知道你是不是也像朱莉一样，正在遭受对同性恋污名化带来的压力、羞辱和伤害？如果是这样的话，我要明确地告诉你，你没有任何错，同性恋和异性恋一样，都只是普通人。同性恋不是病，无法治疗，既不违法，也不损害他人利益，所以不需要改变。更何况目前没有一例可以经得起研究的同性恋扭转成功的案例，任何声称可以“扭转同性恋”的组织或个人都是骗人的，你千万不要上当受骗。

朱莉和田甜一样，是很真诚、善良的女孩，她们是因为受到了同性恋污名化和同性恋恐惧（简称“恐同”，上文已有解释）带来的压力、羞辱和伤害，不得已而要改变自己的性倾向。就像著名性与性别研究学者方刚说的那样：“当某一现象或人群被社会普遍污名化的时候，能够呈现在公众视野中的有关这一现象或人群的所有信息都一定是负面的。”

正是由于同性恋的污名化及恐同现象的存在，让许多同性恋恐惧自己的身份，并试图寻求改变。故事中的朱莉和田甜就是这种情况。她们恐惧的不是同性恋性倾向本身，而是同性恋被主流社会病态化、污名化带来的压力和后果。作为心理咨询师，我可以理解她们内心的委屈、悲伤和无奈，请记住同性恋不是病，无法治疗，更不是错，既不违法，也不损害他人利益，只是和其他人一样的普通人，不需要任何改变。

如果你也像她们两个一样，正遭受着对于同性恋的污名化、排斥、厌恶、恐惧和仇视，那么你需要做的不是改变自己的性倾向，而是了解事情的真相，寻求有效的社会支持，逐渐形成对自己更加积极的认识。你可以多认识一些同性恋或对同性恋友善的伙伴，尝试寻找当地的同性恋社团组织，找机会多参加一些同性恋的社群活动，从而帮助自己重新认识自己，获得帮助、理解和支持，从每个人那里汲取力量，自我学习、提升和成长，更好地接纳自己，发展积极的同性恋身份认同。如果因为地域的限制，找不到当地的组织，也可以通过网络寻找网络社群，建立属于自己的支持网络，相信你一定能够更好地面对自己的生活。请记住，你没有做错任何事情，不需要讨厌自己，不论是什么性倾向的人都值得被尊重、接纳和包容。祝你早日走出阴霾，沐浴阳光。

Q 发现同学是同性恋，我该怎么和她相处？要不要告诉老师？

困惑解答老师：李远莉 李海琛

说起同性恋同学，我自己也认识过好几位，最早的那位是在大学时认识的。他是卖书的，我是买书的，他比我大两三岁，自己开了一家图书零售、批发的小店。我俩友谊的建立就是基于我们都喜欢看漫画，刚开始的时候，漫画内容和新书资讯就是我们共同的话题。某天，一位和我一起在他那里买书的朋友跟我说感觉他是同性恋，我当时挺诧异的，不知道朋友为什么要跟我说这个，我觉得这是对方的隐私。再说了，他是不是同性恋和我跟不跟他做朋友有什么关系呢？我也没有主动问过他什么，毕竟这是他自己的事，对我不会造成任何影响。又过了几个月，他向我坦承自己是同性恋，我愣了下，不知道他为什么要告诉我这个。之后他跟我倾诉了关于他要不要向家人"出柜"（公开性倾向）的烦恼，最终他选择不向家人出柜。再之后，我们成了无话不说的朋友，除了聊漫画，还会聊一些生活、感情中的琐事，以及对未来的憧憬。直到现在，我们依旧是很好的朋友，我会介绍我的丈夫给他认识，他也会介绍他的恋人给我认识。

我一直认为，同性恋也都是普通而平凡的人，有自己的优点、缺点，有自己的好恶，和他们相处跟和其他的朋友相处是一样的，需要的是彼此的真诚、尊重、欣赏、接纳和包容。能成为朋友，相信对方一定有我们欣赏的一面，至于性倾向，这是对方的隐私，无论对方是否愿意告诉我们或者我们是从何种途径确定对方的性倾向的，我们都应该尊重对方，而不是在未经对方同意的情况下告诉他人。

中学时期有个比我低一个年级的女孩，因为打扮比较男性化，学校里盛传她是个同性恋。一年后，我再没看到过那个女孩。我不知道这流言最先是从谁那里传出来的，更不知道她是不是真的是同性恋，但我相信，这些流言对她一定是有伤害的，就如同我中学时暗恋别班一男生的事，不知道怎么被一同学知道了，没多久，就在全班疯传，我甚至被老师约谈。我在面对班级的流言和老师的谈话时的那种感受，真的难以言表，有憋屈、愤怒、羞辱、怨恨……我那时想，为什么大家不能对别人不愿意说的事保持沉默呢？我暗恋谁，除了我自己可能会难受、会思念，还有伤害到谁吗？同性恋也一样，别人的性倾向有伤害到谁吗？相反，被人随意地说出去，受伤害的一定是被说的这个人。

所以，不论你通过什么样的方式了解到同学是同性恋这件事，都不应该随便再向其他人提起，更不用说告诉老师了。当然，如果对方需要你帮忙向老师寻求帮助的话，就另当别论了。但老师对于同性恋的态度将会直接影响到这位同学的处境，就像前面那个低我一个年级的女孩，如果老师对于同性恋的态度也是不理解的、不接纳的，甚至是厌恶的，那么你的同学可能会和这个女孩一样受到伤害。

其实，当你知道同学是同性恋之后，你们之间发生变化了吗？如果你仔细想想的话，也许会发现，其实变化的是你的态度，对方并没有变。为什么你的态度会发生变化呢？这背后可能与“恐同”有关。要知道，同性恋不是病，也不是罪，而是客观存在于这个世界上，数量少一些罢了，他们和其他人一样普通。

当你了解到这一点的时候，我想你应该知道该怎么做了：以前如何相处，以后继续那样相处即可，和要不要将同学是同性恋的事告诉老师也没有什么关系。

无意间知道了表哥是同性恋，我该怎么办？我应该和家里人说吗？

困惑解答老师：何叶盈

问题中提到“无意间”知道了表哥的性倾向，不知道是通过什么方式确定了表哥的性倾向呢？通常无意间看到的可能性还是比较多的，如看到表哥手机里和别人的聊天记录，看到表哥电脑或手机里的男性写真图，看到表哥的日记或者其他私密信息，也有可能是看到表哥和其他男生有亲密行为，或者听到表哥和别人电话里的对话……这些发现也许可以粗略地反映表哥的兴趣所在，但一个人的性倾向往往只有本人才知道，日常生活的一些细枝末节可能会给他人带来错误解读，也可能会“出卖”他的取向。所以这个“无意间”的发现，可能还需要你多加分析，才能更贴近表哥的真实性取向。

当你知道了表哥的性倾向后，不知道你的感觉是怎样的呢？你可能会觉得这没什么特别，就像知道了一个人喜欢吃火锅一样平常；也可能会觉得开心，因为共享了表哥一个不为人知的秘密；还可能会觉得吃惊、慌张、担心、恐惧甚至厌恶，因为同性恋常常让人联想到“不正常”“变态”。如果这个感觉是负面的，可能是因为你对同性恋并不那么了解，可以尝试着去多了解一些有关同性恋的知识，进而理解和尊重他们。其实，同性恋和异性恋在本质上是一样的，都是两个人相爱，也都应该得到尊重和支持。如果这个特定的人能够给表哥带来快乐，让他有表达爱和接受爱的机会，那我们应该为表哥的这份幸福和快乐而感到高兴，不是吗？

既然知道了表哥的性倾向，那应不应该告诉表哥你知道的事情呢？你既可以选择保密，也可以选择与表哥开诚布公。如果你选择保密，可以默默地支持和尊重他的选择，也一定不要随便向他人分享你的发现，因为性倾向是表哥的隐私，未经同意讨论他人的隐私是不礼貌的，是对当事人的不尊重。如果你选择开诚布公，同时表达你对同性恋的理解和尊重，那对于表哥来说会是非常积极的力量，表哥听到后一定也会很高兴的。

至于要不要告诉家人，首先还是要尊重表哥的意愿，如果表哥并不打算向家人出柜，那你应该避免向其他家庭成员谈及表哥的感情状态或性倾向，为表哥创造更多个人空间；如果表哥也有意愿向家人出柜，那你可以和表哥一起商量如何出柜，甚至是当家人表现出疑惑或者否定时，你又可以提供怎样的支持。无论表哥的态度如何，这个秘密也不应该由你来说，如果表哥有自己的打算，你的“擅作主张”可能会打乱他的计划，反而让表哥陷入两难境地；再加上，如果家人对同性恋表现出极大的抗拒，而表哥又没有准备好如何应对，你这么做会让他陷入非常困难的境地。

在同性恋话题被高度讨论的今天，大众对于同性恋的接受程度也还是相对较低的。2019 年 5 月，青岛一名 15 岁的初中生在微博留下“遗书”，称其因为同性倾向及性别气质问题，曾经遭受校园霸凌和家庭暴力，并准备实施自杀。当天大批网友在青岛警方的微博下留言，警方才找到了他。这个事情就像一个剪影，反映了同性恋群体在校园、职场、家庭甚至亲密关系中可能面临着不同程度的压力和伤害。实际上，为了让同性恋人群不受歧视，越来越多的伙伴加入推动同性恋平等的工作中。期待你无意间的发现能成为一个开端，让你成为表哥可信赖的家人，为表哥提供积极的支持。

Q 双性恋是不是既喜欢男生又喜欢女生，那不是很“渣”吗？

困惑解答老师：刘殳

如果这是一条发布在网络上的公开提问的话，也许我们会收到一些类似以下这样的回复。

双性恋当然很渣了。如果我有个双性恋男友，他还会喜欢男人，和男人做爱，那岂不是很容易给我传染艾滋病吗？

——一位异性恋女生

双性恋的确渣，如果我有个双性恋女友，那我戴绿帽子的概率岂不是直接翻倍了？

——一位异性恋男生

双性恋的人不能做女友，肯定不能长久的。她肯定会迫于世俗压力而结婚。

——一位同性恋女生

双性恋的人既可以成家生子，又可以在同性中获得爱情，太便宜他们了。哼！

——一位同性恋男生

渣不渣，和性倾向无关吧，是个人的作风问题。

——一位异性恋女生

…………

也许我们还能看到更多不同观点的回复，但从现有的回复里已经能看到大家对于双性恋的不同态度了。我们来一一看下。

1. 艾滋病以及其他性传播疾病的感染，核心在于是否发生了不安全的性行为，和性倾向是没有关系的。所以，在发生性行为之前一定记得要做好安全措施（戴安全套）。

2. 双性恋，一般指对男性和女性皆可产生爱慕感、建立浪漫关系或性吸引力的现象。也正是因为他们男女皆可，所以常常会让人以为双性恋会同时喜欢同性和异性。这显然是对双性恋的误解。双性恋者只是具备被不止一种性别的人吸引的特质，但并不代表双性恋会“脚踏多只船”。“喜欢什么样的人”和“如何对待感情”是两个概念。如果一个人告诉我们，他既喜欢吃萝卜，又喜欢吃白菜，我们也不能就此得出这个人会萝卜白菜同时吃的结论。我的一位双性恋朋友曾坦然跟我们讲，他现在觉得自己更倾向于被同性所吸引，也更倾向于和同性建立亲密关系。

3. 确实双性恋者可以选择与异性恋爱并建立家庭，从而不必承受和同性爱人在一起所要面对的压力。但实际上，双性恋者在感情中遇到的各种抉择，在异性恋情侣中也可能遇到，比如自己的恋人经济条件比较一般，这时出现一个非常富有的追求对象，则可能面临需要抉择的问题：是和现任在一起会幸福，还是和那个富有的人在一起幸福？通过进一步衡量自己对双方的感情和交流等方面因素，最后作出自己的选择。而这时候，是个人的价值观发挥作用，不同的价值观会产生不同的选择。

4. “渣”是一个充满主观感受的词，你可能因为一个人没有接受你的情感而说对方渣，也可能因为对方和你分手了而认为对方渣，甚至可能因为对方有很多异性朋友而说对方渣……如果上面提到的当事人最终选择和富有的人在一起，就一定是“渣”吗？这个人不过是基于自己的价值观作出了适合自己的选择。这也就是说，不论是同性恋伴侣还是双性恋伴侣，都有可能因为价值观不同而分道扬镳。如果我们想要拥有长久的关系，首先应该是找到和自己价值观相近的伴侣，而不是在面临选择的时候一味地期待一个与自己价值观截然不同的人会作出和自己相同的选择。

5. 对于同性恋者而言，如果与自己的双性恋伴侣分手，对方既有可能去找其他同性，也可能与异性发展感情，甚至走入婚姻，也有可能保持独身。但有能力和异性恋爱这一点并不是双性恋者的原罪，就像水里的鱼不必对两栖的龟感到愤愤不平，虽然两栖动物可以适应水陆两种环境，但它们也必须具备应对两种环境的双倍风险的能力才能生存。至于龟同学离开了鱼同学以后，是爱上了别的龟还是蜥蜴，那是龟的事。难道因为龟选择了陆地上的动物做自己的伴侣，鱼就会因此而生气吗？我想鱼应该有能力过得比之前更好，这样才不算浪费自己的鱼生吧！

歧视与偏见在我们的生活中并不少见，但这其中有相当一部分的原因是不了解。如果你能够对双性恋有更多的了解，相信那些误解与偏见将会不攻自破。至于“渣”，我们更倾向于认为，一个人如果不能在一段亲密关系中做到“自主、健康、责任”，不能尊重自己的伴侣的话，那可能才是真的渣。这样看来，渣与不渣是一个很个人化的问题，与性倾向是无关的。我们应该一起努力让这个社会更包容，尊重不同性倾向的人，对自己的情感负责，收获属于自己的幸福感情。

第二节 家庭的组成是多种多样的

家庭是指婚姻关系、血缘关系或收养关系基础上产生的，以情感为纽带，亲属之间所构成的社会生活单位。狭义的家庭是指一夫一妻制构成的社会单元；广义的家庭则泛指人类进化的不同阶段上的各种家庭利益集团，即家族。

我们所看到的家庭，常常是由一个父亲、一个母亲以及一个孩子组成。但随着社会的发展，出于不同的原因，人们开始组成多样化的家庭形式：

因离异、丧偶或未婚生子等原因而组建的单亲家庭；

由于父母一方或双方外出去城镇打工而被留在家乡或寄宿在农村亲戚家中，长期与父母过着分开居住、生活的儿童与其抚养者组成的留守家庭；

因父母忙于工作或者去世，由祖父母抚养子女的断代 / 跨代家庭；

因认为生子不是人生必经之路而组建的丁克家庭；

因无子女或子女居住他地而独居的老人组成的空巢家庭；

因父母离婚又再婚而组建的重组家庭；

…………

可见，家庭的组成是多种多样的，组成家庭的原因也是多种多样的。

但传统观念认为，婚姻是一夫一妻的，而且是从一而终的，所以非传统家庭（如单亲家庭、同居家庭、单身家庭等）在很长一段时间里遭受着各种歧视与非议，再加上传统文化对“子孙满堂”的期待，类似丁克家庭这样的组成，由于没有子嗣，也是一直备受争议。但随着社会文化的发展，非传统家庭被越来越多的人所接纳和理解，相信社会对于多元家庭的包容程度也会越来越高。

当我们在面临不同的家庭情感形式时，可能会或多或少地遇到一些困难，尤其是那些容易被认为是“异常的”“不好的”“没道德的”的家庭形式，更容易给当事人带来很大的压力，所以对于不同家庭形式的讨论会有助于增加我们对于不同关系的理解，同时思考如何更好地应对这样的关系，减轻个人的心理压力，缓解个人的焦虑感。

那么，接下来我们就进一步讨论不同种类的家庭关系以及其可能带来的积极和消极的影响。

Q 我是单亲家庭的孩子，我很怕会被瞧不起

困惑解答老师：王晓斌

单亲家庭是指至少有一个孩子与单身家长居住在一起的家庭，由于丧偶、离异、夫妻分居、未婚先孕等或者构成家庭主体的成员不齐全的家庭都算是单亲家庭，由母亲或父亲单个抚养的孩子即为单亲家庭的孩子。

单亲家庭是家庭多样性中的一种。单亲家庭的孩子不必在意别人的瞧不起，不必担心被瞧不起。

首先，不必因为自己是单亲家庭的孩子而感到孤单。根据研究数据显示，在对大学生做的入学家庭调查中，新入学的单亲家庭大学生的比例逐年增加，所以你并不是个例。相信随着社会对于多元的家庭形态越来越尊重和宽容，会有越来越多的人以平常心对待家庭的多样性，包括单亲家庭。

其次，不必为自己是单亲家庭的孩子而感到自卑。由于单亲家庭的成因不同及个人本身所拥有的内外在的资源不同，面对单亲的感受及调适也就有所不同。

1. 由于离异、夫妻分居、未婚先孕等原因构成的单亲家庭。无论你的父母是因为上述的哪一种原因构成单亲家庭，我们都应该认识到，每个人都是独立的个体，爸爸和妈妈都有选择自己的人生、决定自己生活的权利，我们要尊重他们。无论父母作出何种选择构成单亲家庭的结构，都不会影响你的人格、不会贬低你的价值，也不会减少父母对你的爱。只要能够在家庭中感受到温暖和爱，都是好的家庭，都不应该因为家庭构成和家庭的形态而感到自卑。

2. 由于丧偶而构成的单亲家庭。这是孩子和父母都不愿意却不得不接受的。有些人会因此议论这个孩子的父亲或者母亲是因为什么原因离

世，如果是意外，有的人会污名化其孩子为“倒霉孩子”；如果是因病离世，有的人会议论这个孩子是否有遗传病。这两种情况都会使单亲家庭的孩子感到自卑。所以，要以正确的认知取代错误的认知和议论，增强自信心。首先，要认识到爸爸或者妈妈的离世与自己是“倒霉”或者“幸运”没有关系，有的人遇到挫折，只是因为时机不对或者处理事情的方式不得当，并不是因为“倒霉”；父亲或者母亲虽然离世了，依然不影响自己通过努力和自己的智慧，做到心想事成、人生顺遂。其次，每一个人的身体素质不同，疾病也分为先天和后天，任何疾病的复发和死亡都不一定会代代相传，所以，并不需要因无知的议论而产生压力。

3. 由于同性恋家庭的领养而构成的单亲家庭。随着家庭多样性的呈现，这也是多元的家庭模式之一。其一，需要认识到，同性恋只是一种性别倾向，要平等地看待同性恋与异性恋，不要被社会“恐同”的思想压迫而自卑。其二，要对自己以及自己的家庭有积极的认同，不论成长在什么样的家庭中，未来都是属于你自己的，如果你在家庭中能够感受到爱，能够健康地成长，那就不需要为自己的家庭形态而感到担忧，你依然可以获得幸福。

再次，不必在意别人的议论。在现实生活中，确实有些单亲家庭的孩子承受了来自生活和学习环境中的歧视、偏见和嘲弄。这是因为社会的宽容度及那些人的修养尚未达到相当的水平，是他们的错，不是你的问题。不可能每个人都这样错误地议论你，如果你特别在意别人的议论，可以反思自己是否放大了别人的负面评价。不论别人怎么说，都要坚定和自信地做自己。

最后，不必担心被别人瞧不起。很多人错误地认为单亲家庭的孩子得到的爱与关注不够，安全感不足，偏于内向、忧郁、自卑或孤僻。这些都是对单亲家庭的孩子的污名和刻板印象。事实上，单亲家庭的孩子也可以阳光开朗，内心拥有很多的爱。所以，不要被外界的刻板印象所压迫，不要因此孤立自己，而要更加自信地广交朋友，增加友谊带给你的力量。

我们要尊重家庭多样性的存在，一方面更加接纳和包容多元，另一方面相信自己有能力在未来创造和拥有自己想要的家庭模式。你的人格成长和价值才是陪伴自己一生的财富，要自信地面对眼前的生活，乐观地对待自己的未来，做自己人生的主人。

父母离婚又再婚，但我并不喜欢我的继父母，我该怎么办？

困惑解答老师：尚爱云

父母离婚以后又分别再婚，现在的你，既有父母又有继父（或继母），看起来你生活在比一般孩子更复杂的一个重组家庭里，而你并不喜欢你的继父（或者继母），这样的话，在情感上又面临多一份的复杂情况。

你的心情我能理解，毕竟在这个世界上只有亲生父母跟我们有最亲的血缘关系，那种天然的血浓于水的依恋和亲情是最珍贵的，也是最难得的。

虽然不知道你父母是因为什么原因离婚，但事实是他们因为这样或那样的原因无法在一起共同生活，因此选择了离异。对于你来说，这肯定是人生当中很大的一个遗憾，甚至是伤痛。因为每一个孩子都会对父母有天然的忠诚和深深的爱，他们的内心深处都特别渴望能跟父母幸福和睦地生活在一起。一旦父母离异，他们的心中或多或少都会有撕裂的感觉。有的因此变得闷闷不乐，学习心不在焉，有的性情变得暴躁，还有的早早恋爱，以寻求内心爱的补偿，等等。

而现实社会中仍有很多人对离婚有着不够正确的看法和态度，有些父母离异的孩子也会遭到同学的歧视和排斥，如此就更加深了他们内心的遗憾和痛苦，甚至造成一些人陷入深深的自卑中。我曾遇到过一个女生，明知父母关系已经非常糟糕，父亲有外遇且家暴母亲，但还是苦苦央求母亲不要离婚，因为她怕别人因此看不起她。

虽然你父母离异了，但那是他们彼此之间的感情问题和选择问题，相信大多数夫妻在他们离异之后依然会一如既往地疼爱和关怀孩子。也就是说，无论是父亲还是母亲，他们不一定会因为自己的离异而减少对孩子的爱。其实孩子也可以不因为父母的分开而减少对他们的爱。如果你能够更早看清楚这一点，并尽最大的努力争取和父母双方都保持爱的链接的话，相信你内心的痛苦和遗憾会减轻很多。

有许多夫妻之所以会选择离婚，恰恰是希望孩子得到更好的爱和教育，希望让孩子更健康地成长，远离不和谐的环境，远离不恰当的“三观”影响。

你的父母离异后选择了重新组成家庭，你的家庭版图又添加了新的陌生的部分。这对于很多孩子来讲，的确是一个新的挑战，要面临新的不熟悉、不习惯的成员关系。或许你的继父或继母，他们与你的亲生父母有很大的不同，如何跟他们相处，需要适应和磨合。有的继父或继母，他们因为爱你们的母亲或父亲，因此会爱屋及乌，也会用大爱来跟你相处，你又能享受到一种新的家庭的温暖。

当然你的继父或继母也可能因为这样或那样的原因让你感到很不适应、很不喜欢，也让你的内心有很多的矛盾、痛苦。在此，有几点建议给你，希望能对你有所帮助：

1. 接受父母离异的事实，也接受他们再婚的事实。无论父母选择怎样的婚姻，都是他们自己的权利，而我们需要做的，是尊重他们的选择，相信他们有能力处理好自己的事情。

2. 与不在一起生活的父亲或母亲保持情感的链接（比如定期见面，或者电话联系等）。这一点，或许要经过自己的努力争取才能得到。这样也可以让你不至于把过多的精力放在与继父或继母的关系上，也就不至于对此过于在乎和紧张了。

3. 积极面对眼下的生活。我们可能因为各种原因而不喜欢自己的继父母，也因为这样，我们看到的只有他们身上不足的地方。可以试着去发现他们身上的闪光点，尤其是他们对我们善意的部分，这份善意或许可以让你的生活不至于那么黯淡无光，甚至会让你的生活多一些暖色。

4. 做自己该做的事情。不强求和继父母的关系如与亲生父母一样好，也不强求继父母要像亲生父母那样对自己，将更多的精力放在自己身上，专注在自己该做的事情（如学习）上，相信也会让你对现在的生活的看法有所改观。

5. 如果十分期望改善关系，也可以在适当的时候表达自己内心真实的感受，告诉对方你希望继父或继母怎样对你才更好。有冲突也不用怕，冲突过后对方可能会更清楚你的想法和感受，这也不失为一种改善关系的方法。

想想看，一个人因为爱你的父亲和母亲，愿意与你的父亲或母亲携手重建新的家庭，一起努力打拼，创造美好的将来，其中也应该包括为你的将来创造更好的条件和基础吧。这其实也是一种难得的缘分。

如果我们能够放下对于父母离异这件事情的负面情绪，接纳父母他们重新开启新生活的选择和事实，而且在不损害与亲生父母情感关系的前提下，让自己接受挑战，从内心深处接受离异后父母所选择的另一半，并学习尽量与他们和睦相处，那这也是你慢慢走向成熟的一个过程。

除非是品质特别恶劣、生活习性特别差的继父母，让我们特别难以相处，我们不愿过多在乎、搭理之外，对一个愿意跟我们的父亲或母亲好好生活的人，也愿意用他的爱来照顾我们成长，带给我们快乐的人，如果我们能敞开心扉看到和接纳这份爱，同时也去关怀和理解他们，多一些沟通和互动，多一点爱，其实又未尝不是生活带给我们的另一份值得珍惜的快乐和美好呢！

Q 班里有个同学是单亲家庭，经常有同学欺负他，我该怎么办？

困惑解答老师：李曼

关于你说的这个事，老师感觉到你的同学可能正遭受着"校园欺凌"。

在我们传统的观念中，可能常常以为只有发生了肢体接触和冲突，也就是所谓的"打架"，才算得上欺凌，然而事实并非如此。欺凌的形式主要分为身体欺凌、言语欺凌、关系欺凌和网络欺凌。校园欺凌有可能会造成伤害，让被欺凌者感到颜面扫地、不愉快或者痛苦，而且欺凌行为一定伴随的是双方力量不均等，欺凌方处于优势地位，恃强凌弱，控制着整个局面。

老师不知道你说的这个同学具体是什么情况，是双方本身有矛盾呢？还是仅仅因为这个同学是单亲家庭就受到其他同学的欺负？另外你所说的"欺负"具体是指什么？是同学给他取绰号，经常嘲笑、辱骂他？是把他排挤在团队之外，孤立他、恐吓他？或是散布谣言，联合其他同学不让大家与他交往？还是索要钱财，胁迫别人做不愿意的事，殴打、扇耳光？

如果因为双方有矛盾而产生"欺负"行为，可能你需要将此事报告老师，让老师出面调节误会，解决矛盾。

如果没有矛盾冲突，仅仅因为这位同学是单亲家庭出生就成为被欺负的对象，这是非常不对的，我们每一个人都要抵制这种不平等行为。每个家庭都有不同的组成形态，我们应该对此表示尊重，而不是歧视。父母离异是他所不能控制的，这不是他的过错，也不意味着他低人一等，更不能成为大家欺负他的理由。

你的角色现在就是欺凌事件中的"旁观者"。旁观者面对欺凌，常常会因为不知道如何求助，或担心自己受伤，怕成为下一个被欺凌的目标而会选择袖手旁观，或默默走开，或无动于衷。但这样的不作为就间接成为欺凌者的帮凶，会对欺凌双方产生惊人的影响：欺凌者更加有恃无恐，被欺凌者则每况愈下。

但是我看到你主动寻求帮助，想要做些什么来帮助这位同学。那么你可以根据自己的力量，选择自己可以做的事情。

1. 如果你拥有足够的内在力量，可以在欺凌发生时提出抗议，捍卫被欺凌者的利益，或者为了阻止欺凌的继续发生，试图去帮助被欺凌的同学，那暴力循环就会受到干扰。如果你觉得自己不能直接与欺凌者抗衡，可以找老师或其他成年人到现场制止，也可以给予受欺凌者安慰与支持。

2. 你也可以先尝试用写信、写纸条的匿名方式将事情报告给班主任或校长，或者直接私下报告给班主任老师，把你所看到的情况如实反馈，让老师来选择如何干预。当然，你也可以建议班主任针对“单亲家庭”和“校园欺凌”两个主题组织主题班会，以便让同学们对这两个主题都有正确的认识和理解。

3. 你可以尝试和被欺凌的同学私下建立朋友关系，陪伴、支持和鼓励他，让他能够感受到来自同学、朋友的关怀，还可以进一步地帮助他一起全面认识和理解单亲家庭，让他不再因为自己生活在单亲家庭而觉得羞耻、自卑，对自己有更积极的认识。如果你害怕和他的接触会让你也成为被欺凌者，你也可以通过微信、短信、QQ、纸条等方式来告诉他，你是关心并重视他的。

当然，不论你选择如何做，都一定要保证自身安全，如果遇到欺凌者和自己力量相差不是太大的情况时，可以考虑用警示性的语言来击退对方，但如果欺凌者手上有武器，应尽快撤离，并将事情告知离你最近的大人。尤其注意不要侮辱、威胁或者殴打欺凌者，因为这有可能会激怒他，并让他把矛头指向你。

在所有的方法中，匿名检举欺凌行为是相对安全的，尤其在欺凌者可能报复你的情况下。

请你记得，先分析具体情况，再针对情况考虑如何处理。日常生活中也可以选择支持被欺凌的同学，让他感受到更多的温暖，无论怎样，老师祝福你和你的同学！

父母出轨了，怎么办？

困惑解答老师：刘瑛

11 年前 4 月初的一个下午，我正在给一名 9 岁的女孩辅导英语，我还记得那天她有点心不在焉。突然，她说："老师，我妈不要我和爸爸了。她最近借钱给一个叔叔开店，天天往那个叔叔那里跑。"我听了心里一紧，嘴上慢慢地应着"嗯"，脑袋在飞快地转着，想着怎么回答这让我措手不及的问题才能让原本心里受伤的孩子好受一点。

于是，我问她："是谁跟你说妈妈不要你的呢？"她说："是爸爸。"我问："你觉得妈妈会不要你吗？"她说："妈妈最近都不在家，我不知道，但是我好想妈妈和我们在一起。"我说："妈妈都会爱自己的孩子，现在爸爸和妈妈之间出了一些问题。但是这些问题不是因为你，也不是你的问题。你可以跟妈妈表达你心里的感受，跟妈妈说你爱妈妈也爱爸爸，你需要他们俩，你希望大家在一起。接下来，你只需要做好你自己的事情，好好学习，你做好自己的事情就可以让爸爸、妈妈省出更多的心思来处理他们的问题。你一定要记住一点，无论爸爸、妈妈最后的解决方案是什么，他们俩都是爱你的。"她说："老师，我相信你！因为我每次听你的话，英语成绩就会提高。我现在听你的话，我相信爸爸、妈妈会好起来。我下课后就给妈妈打电话，告诉她我爱她。"

这是一个心思细腻、活泼开朗的小姑娘。在接下来的日子里，我依然每周去辅导她三次，她上课越来越认真，会告诉我，自己提前完成了学校的作业，偶尔会说一些爸爸、妈妈的情况。在那个学期快结束的 7 月初，我去给她上课的时候，一进门，她就拉着我快速走到书房，很兴奋地跟我说："老师，我妈妈回来了。我爸爸超级开心。他还定了去欧洲旅行的团。我一放假，我们一家人就出发去玩。老师，你说的真管用。我现在对学习也不怕了，觉得英语很好玩儿，外教都表扬我！"看着她开心的笑容，我心里也是甜甜的。

当然，你的情况可能不一样。也许是你发现了父母有一方出轨，想要告诉被出轨的一方，这个时候你可以先去跟出轨的一方表达自己的真实感受，但是要注意表达的度，不要攻击和指责，你可以说出自己的担心、受伤及疑惑。至于你要不要跟不知情的另一方说，你可以根据当时的情况以及和出轨了的父母一方沟通后的结果来作出最合适的选择。

总之，是否要去和父母沟通，这是一件需要深思熟虑的事，需要视自己的家庭情况而定。但是老师依然有几点建议跟你分享：

1. 出轨是父母之间的问题，如何解决和处理是父母的事情，你要相信父母有能力解决好他们之间的问题；

2. 你需要照顾好自己，做好自己分内的事情（如学习）；

3. 要相信父母对你的爱，相信他们做决定的时候都会充分考虑到这一点的。

虽然上面的事情是我的真实经历，但是也许你会担心：自己照着上面的建议做了会不会有用。我可以真诚地告诉你，近几年也有不少大一点的男孩子和女孩子问过我类似的问题。我依然坚持用上面提到的那几条建议，挺管用的。如果你还是觉得不放心，甚至犹豫不决，不妨跟信得过的成年人谈谈你的想法，就像前面那个小女孩一样，相信会对你有所帮助。

确实，每一段相似的经历即使采用相同的方法也可能会有不同的结局，但无论是什么样的结局，我们都要尊重父母的选择，毕竟那是大人们的事情。只要你始终坚信父母会作出对孩子最有利的选择，只要你一直爱护自己，心向光明，你的未来一定是美好的。

偶然发现父亲是同性恋，我很难过，又不知道该怎么办？

困惑解答老师：魏徐红　李海琛

同性恋和异性恋一样，都是一群普通人，只是在数量上相对较少。在现实社会中存在多种多样的家庭形式，如多子女家庭、重组家庭、单身家庭、同性伴侣、单亲家庭、异性同居等，每一种家庭组成都具有其价值，其中都不乏过着幸福生活的家庭。

婚姻的组成原因是多种多样的，同性恋群体还没有完全得到社会的认同，依旧被人排斥和歧视。面对家族非常强大的结婚压力，许多人迫不得已走进异性婚姻。我在咨询中就曾遇到过夫妻中一方是同性恋（直婚，指夫妻中有一方是同性恋的情况，可能是彼此知情的，也可能是另一方不知情的情况）或夫妻双方都是同性恋（形婚，指为了某种目的而与另一人进行婚礼或法律上的结婚手续，但实际上只是名义上的夫妻身份，“夫妻”双方在生理和人格上保持独立）的家庭。

分享一个案例：美琳的妈妈是同性恋。

美琳，女，中学生，活泼开朗，喜欢旅游、打篮球、听音乐、阅读、游泳等，家庭和睦，亲子关系和谐。美琳从记事起就知道有位表姨对她很好，经常到家里来玩并留宿。美琳上中学后，有天深夜去卫生间，听到妈妈和表姨发出不寻常的声音。她突然联想到，每次表姨来看妈妈都是爸爸加班或者出差的时候；小时候旅游也是妈妈、表姨和她三个人一起去。美琳猜想，妈妈可能是同性恋。美琳内心很纠结，情绪也很低落，随后她联系到我。经过一段时间的电话咨询，我帮助美琳了解到同性恋所面临的排斥与歧视等社会压力，美琳逐渐对同性恋有了正向的认识，也渐渐接纳、理解了妈妈的艰难与不容易，慢慢地，她的学习和生活也回归正轨了。

你的父母可能也是迫于结婚的压力以及社会上对同性恋歧视和排斥

的压力而组成家庭的。父母为了生存，也因为爱你，不想让你承担这些压力，所以隐瞒了他（们）是同性恋的身份。当然，他们也会怕你发现这个秘密，如果知道你发现了，他们会非常担心，担心你不理解，担心失去你的爱。他们在社会压力下的生存已经非常困难了，这时候，他们最渴望得到的就是你的理解、支持和你的爱。如果你因为他们是同性恋而责怪、歧视他们，这伤害将远远超过来自社会上的伤害。所以，如果你还不能理解和接纳父母是同性恋这件事的话，可以先将这个“秘密”放一边，给自己一些时间，了解一下同性恋的知识，也可以尝试看一些同性恋的书籍或是电影，帮助自己理解同性恋的生活状况，或者接触一些同性恋的社群，以增加对同性恋的了解，必要的时候，也可以寻求专业人士的帮助（如心理咨询师等）。

当你认为自己可以足够接纳父母之后，可以选择找父母中的同性恋这一方聊聊这个事情，向对方表达你的感受和想法，并表达你的理解与接纳。至于是否要告诉另外一方，则建议你们商议之后再决定。因为对于父母来说，维持婚姻并不是一件简单的事，是否要告知另一半这个秘密，也是需要经过深思熟虑的。当然，最重要的是，婚姻问题是父母之间的事情，做什么样的决定与选择也是他们自己的事情，你只需要表达你自己的态度即可。

回想你发现这个“秘密”之前，你们全家在一起的幸福、美好的时光，父母对你的关爱和呵护，这些是不会因为你知道这个“秘密”而改变的，父母依旧会爱你的。我相信你还会像往常一样做好你自己的事情的，不管你是否知道这个“秘密”，你依旧是你父母的孩子，他们也并不会因为你知道了这个“秘密”就对你没有感情和爱。希望你理解、接纳和尊重父母是同性恋的婚姻关系，也希望你能做回快乐的自己，因为生活中的一切都未曾改变过。

Q 我的父母很恩爱，但是他们好像又各自有自己的同性恋人，还彼此知道，我感觉有些奇怪

困惑解答老师：李凡

作为孩子，能感觉到父母很恩爱，是一件很幸福的事。这说明你的父母相处很愉快，并且把这种和睦的气氛传递给了你。

你感觉到父母好像各自有自己的同性恋人，不知道你是如何确认他们彼此有同性恋人的？很多人都有自己关系亲密的同性朋友，但他们未必是同性恋人。

同性恋是一种同性之间的感情，和异性间的感情是一样的，是应该被尊重的。

要知道婚姻的组成是非常多样的。如果你确认他们都是同性恋，也需要了解性少数群体并没完全得到社会上的认同这一现状。很多同性恋因为来自长辈的不理解和压力，以及社会的歧视和排斥等原因，会选择寻找异性的同性恋来组成家庭（我们称为形婚，是指为了某种目的而与另一人进行婚礼或法律上的结婚手续，但实际上只是名义上的夫妻身份，“夫妻”双方在生理和人格上保持独立）。

其实，无论是哪一种婚姻情况，只要父母爱家庭、爱孩子，能够尽到自己的义务，敢于承担自己的责任，他们就都是好父母。父母选择何种婚姻方式是他们的权利。

许多异性恋的家庭也未必能够做到让孩子以“恩爱”来评价父母的关系，你的父母选择组成家庭，并且生了你，他们对家庭生活的呵护一定让你感受到了家的温馨与幸福。

当然，也许你并不能立即理解和消化你家庭目前的情况，那么你可以给自己一些时间，借着这个机会去多了解一些关于同性恋的资讯，了解目前同性恋的生存现状，相信你一定能够更快地理解你父母的选择。

这里建议你可以多读一些人物传记，你会发现，无论是同性恋、异性恋，都可以给予这个世界贡献和爱。

就像我们今天之所以能够享受互联网带来的便利，都要归功于一个人——“计算机之父”艾伦·图灵。他破译的情报在盟军诺曼底登陆等重大军事行动中发挥了重要作用，图灵因此在1946年获得“不列颠帝国勋章”。历史学家认为，他让二战提早两年结束，至少拯救了1400万人的生命。他对于人工智能的发展也有诸多贡献。但他却在1952年因同性恋取向而被英国政府定罪，随后接受化学阉割（雌激素注射）。1954年6月7日，他吃下含有氰化物的苹果中毒身亡，享年41岁。

冰岛前女总理西于尔扎多蒂也是世界上第一位公开同性恋倾向的国家领导人，上任之后，在她领导之下的冰岛政府开始推行包括了同性及异性伴侣在内的“单一婚姻法案”。2010年，冰岛国会通过性别中立婚姻法，该法律正式颁布当天，西于尔扎多蒂与相恋多年的伴侣约尼娜结婚，成为该国首对依法结婚的同性伴侣。

苹果公司的CEO库克也是一名同性恋，他说：“多年来，我向许多人公开了我的性倾向。苹果的许多同事也知道我是一个同性恋者，但他们对待我的态度没有什么不同。当然，我有幸能在苹果工作。这家公司热衷于创造和创新，能够接受人们之间的差异。”

你看，这个世界是多元的，每个人都有权利选择自己的生活，很多人都在为这种平等的选择权而努力。我们要学会接纳别人和我们的不同，不排斥、不歧视他人，多一些相互理解和包容，就会促进这种平等，让越来越多的人和谐相处。对于你来说，无论你的父母选择什么样的婚姻，无论他们究竟是什么样的性倾向，他们都一定是爱你的，是希望给你幸福的，这难道还不够吗？

父母一直向你隐瞒这件事，也一定有他们的理由。如果你觉得自己准备好了，不妨坦诚地和父母进行沟通，去听听他们的真实想法，也表达下你自己的想法，一家人的坦诚沟通可以增进彼此的了解和理解，让彼此感受到支持和爱。听听父母的真实想法，可以增加你对性与性少数的理解和包容，也有助于你培养起健康的人格，会更加地爱自己、爱他人、爱社会，懂得用一颗接纳、包容的心去面对这个世界，相信你一定能够收获更大的幸福。

Q 我有两个妈妈，她们是一对女同性恋，我不知道该怎么向外人介绍她们

困惑解答老师：王艺

两个妈妈是同性恋，我相信她们都很爱你，否则你就不会纠结如何向外人介绍她们的事情了。不能够让我们引以为傲的人，即使是家人，我们也不会想把他们介绍给别人。所以问题是，你爱的妈妈们，让你自豪的妈妈们，却是“另类”的同性恋，你担忧的是向外人介绍了她们之后，别人的看法、目光以及后续他们对你的态度会不会有变化。

你和妈妈们是不是真的勇敢？外人是不是包容？如果你和妈妈们没有得到尊重和包容，你们会不会依然勇敢面对？如果这三个问题你都可以大声地回答“是”，你就不会犹豫，那么是哪一个问题让你纠结呢？

问题一：你和妈妈们是不是勇敢？两位妈妈能够带着你生活这么多年，一定是早已公开，对她们而言，家庭和社会的压力虽然一直存在，但是她们应该已经找到了平衡的办法，问她俩是否勇敢，简直是不言而喻。你呢，够不够勇敢？我相信妈妈们多年来选择“与众不同”的生活，面对“与众不同”的目光的勇气和自信一定会感染到你。但是青春期的你，要在学校、同学当中做那个“与众不同”的人，需要的勇气的确是非同一般的，需要培养和成长。

问题二：外人是不是包容？我不知道你心中外人的范围，但是我猜想，你打算介绍妈妈们的对象，更多的是自己的朋友和同学，你应该对他们是有一定程度的了解的，并且他们对同性恋应该是表现出了一定程度的包容的，不包容的人根本不会进入你的名单。问题是，这种包容是不是真实的，是不是足够的，这个没有人敢打包票。

问题三：如果你和妈妈们没有得到尊重和包容，你们会不会依然勇敢面对？综合前两个问题，你和妈妈们很勇敢和自信，你们深知同性

恋不是疾病、不是错误，更不是罪过，就是和其他人一样的平常人，但是面对偏见、歧视，你们也会难过和痛苦。所以，万一你将妈妈们介绍给别人，没有得到尊重和包容，相反，你们得到是排斥和侮辱，你能承受得住吗？会不会给妈妈们带来伤害？你的痛苦会不会对妈妈们伤害更大？这是现实的问题，不能回避。

所以，尽管我对你和妈妈们充满敬佩、尊重和支持，但是我不能给你一个明确的答案。我的建议是，与妈妈们沟通这个问题，了解她们的想法，听听她们的建议，毕竟这是可能给整个家庭都带来影响的事情。但是最终的决定，还是要你自己来做出。如果你选择隐藏，我支持你；如果你想继续观察和等待，我支持你；如果你选择坦然站在阳光下，我同样支持你。

同时，你也应该理解很多人对同性恋家庭的不了解，可以跟朋友、同学多做同性恋科普，推荐优质的同志公众号给他们看，分享国内外同志活动的动态，将欧洲几国领导人都是同志这样的消息及时推送给他们，在你和朋友、同学们的周围创造一个同性恋友好的氛围。

我理解你的犹豫和纠结，不过我希望你明白，有人对同性恋不够包容，是这些人的错，不是你和妈妈们的错；这个社会整体对同性恋不够友好，是社会的错，不是你和妈妈们的错。不论你怎样选择，不论最终的结果如何，你都应该好好学习，坚定自信，增强自己内在的力量，毕竟你有两个好榜样，不是吗？

父母外出打工了，家里只剩我和爷爷，我特别想我的父母

困惑解答老师：陈岚

孩子想父母是很正常的，这个想念可能是单纯的思念，也可能是一种依恋和习惯。每个孩子对父母的爱和依恋是天生的，我们从一出生就在父母和家人的照料下长大，但是随着我们的成长，我们要学会独立面对和解决问题。总有一天我们长大了，也会离开父母，独自去生活，父母也不会一直陪伴在我们身边。就像小羊羔，当它能够自己站立起来的时候，就要开始自己去觅食。

其实，即使是由爷爷抚养长大，也不影响我们的健康成长和日后的个人成就，比如著名的英国哲学家和数学家，诺贝尔文学奖的获得者威廉·罗素，从小由祖父母抚养，他在 18 岁就进入剑桥大学，1950 年获得诺贝尔文学奖，在哲学、逻辑学、历史、经济、教育、文学等多方面为人类作出了巨大的贡献。除他之外，达·芬奇也是在祖父家里长大，牛顿也是由外祖母抚养长大等，他们都不是由父母直接抚养长大，但这并不妨碍他们获得成功。

每个家庭都会面临着不同的生存环境和生活条件，父母需要承担赡养父母和抚养孩子的义务，也面临着相对较大的生存压力，所以需要更多的工作机会及谋生的条件。抑或出于其他原因，他们不得不离开家庭外出工作，比如铁路工程师、边防战士、乘务员、记者、培训讲师、导游等等，这些工作都是需要长期出差的，每一个岗位都有它的职责和意义。我们应该为此感到骄傲。

当然，由于父母外出打工，也许会给我们带来一些负面感受，一方面，虽然祖父母照顾着我们的饮食起居，但因为时代背景的不同，代沟使我们与祖父母的交流变得困难，再加上老年人的教养方式也不同，在一些观念上会有冲突，无法互相理解，这都容易让我们感到孤单，缺乏被关

爱、被重视的感受；另一方面，我们可能会担心父母不在身边，自己在学校容易受人欺负，被同学看不起，老师也不重视自己，从而觉得自卑，缺乏力量，感到孤独和无助。这些想法和感受会让我们更加想念父母，希望父母能陪伴在自己身边。

每个家庭的形式都不同，有些是单亲家庭或者离异家庭，也有一些是隔代抚养家庭，就像你这样。就算家里只有年迈的爷爷在，也要相互照料和关怀。爷爷也是我们的家人，也能够给予我们关怀和爱，不需要因为父母不在身边就觉得家庭不完整或者自卑，也不要担心父母不在，别人就会欺负你。遇到欺凌或者暴力，爷爷奶奶、外公外婆、亲戚好友、学校师长都是你可以求助的对象。实在不行，我们还可以拨打 110 求助警察和其他社会组织。

想念父母的时候，我们也不用刻意地压抑自己的感受，可以把这些想念写成日记，或者写信寄给父母。而且现在网络通信发达，我们也可以运用手机微信进行视频电话等和父母保持沟通，从而增加亲人间的感情，还可以和父母有一些见面的约定，让自己心中有一种期待与满足感。

家庭中最重要的不是形式，而是家人之间的情感链接。无论家人是否在我们身边，我们都可以以坚强、乐观、自信的态度来面对我们的学习和生活。

Q 父母最近经常吵架，还总说要离婚，我真的很不希望他们分开

困惑解答老师：李曼

你的故事让老师想起了自己曾经的经历。

“在我学生时期，父母经常吵架，激烈时还会互相推搡，扬言等我们高中毕业了就离婚……我和弟弟因为害怕，就躲在阁楼的梯子上哭，用沙哑的声音一遍又一遍地朝父母乞求：‘爸爸妈妈不要吵了，求你们不要吵了！’”

那个凄凉和恐惧的场景至今让我记忆犹新。我特别害怕父母离婚，经常担心各种可能：离婚后我们这个家就散了，我就不会获得幸福了；父母离婚后，是不是就不会爱我了；父母离婚了，是不是意味着他们要和我分别了；父母离婚的话，我是不是会被别人瞧不起；会不会是因为我的原因，他们才离婚的……

直到多年后，我自己成家了，才慢慢理解他们当初为何如此。不知道你是不是也有和我一样的担心，又或者不同。

夫妻吵架，很多家庭都会存在。即使是好朋友之间，有时也会发生一些矛盾、冲突和争执，如果我们不能很好地控制自己的情绪，在表达自己意见和想法时就容易变成争吵。而父母在朝夕相处之中，共同经历的事情多了，争吵的概率也就更大，在争吵中难免口不择言。很多伴侣喜欢将“离婚”“分手”挂在嘴边，这是他们威胁对方的一种手段，迫使对方顺应自己，并不是真的要离婚或者分手。离婚不是一件容易的事情，就算成年人自己面对，也是需要很大的勇气，更何况你一个孩子。

如果他们真的做了这个决定，也不代表你不会获得幸福。父母即使分开了，你也永远是他们在这个世界上最亲、最爱的人，这一点不会随着距离的改变而改变，他们两人依然会像从前一样爱护你、守护你，你

依然可以健康地成长。诸如美国前总统奥巴马，著名作家高尔基、老舍，中国儒家学派代表人物孟子以及中国著名演员孙俪等，都生活在单亲家庭中，但这并不妨碍他们的进步、成长以及取得属于自己的成就。

许多孩子会觉得父母离婚是因为自己。老师想告诉你：“你的担心是多余的。”父母作为成年人，结婚是他们自己的考虑，分开亦然，虽然他们争吵中有可能提及你的一些事，但这绝不是影响他们是否分开的最核心原因。成年人都需要为自己的行为负责，如果确实走到分开那一步，那也是他们的选择。

无论怎样争吵，离婚或者不离婚，都是父母之间的事，不是你的错，也非你所造成，更不需要你去牺牲自己以成全父母的和谐，这是他们的功课，是他们需要成长的地方。你可以不去充当和事佬，或者避免让自己陷入深深的自责。有些孩子会在父母闹离婚的时候突然生病，或者在学校里与老师或同学发生冲突。从潜意识层面来理解：他们希望通过这些事情来转移父母的注意力。然而这一切只会令事情变得更复杂。你只需要照顾好自己的情绪，做好自己学生的本职工作，专注自己的学业即可。

当然，关于你的种种心情和想法，你可以坦然地告诉父母。如果觉得言语上很难开口，你可以通过书信的方式写给他们，让父母了解你的感受。如果他们无法改善与调整，也可以建议父母寻求专业的心理咨询，让专业人士针对他们的问题进行梳理和调整。

我理解父母闹离婚时作为孩子的心情，我们都希望父母相亲相爱，希望家庭和睦。但若是分开能让他们以更好的状态面对生活，更好地爱你，这何尝不是一种选择？记住，无论结果怎样，都不妨碍父母对你的爱，因为你永远是他们最亲爱的孩子。

第三节 性的多元存在

谈到性，我们可能第一个想到的是性行为，但是在性行为之前是有一个决策过程的，而影响性的决策的又是我们每个人对待性的态度。有些人对性充满了好奇，有些人对性漠不关心，有些人对性心生厌恶，有些人对性满心欢喜……由此我们也就不难发现，每个人对待性的态度是千差万别的，性的存在是一种多元化的面貌。

但在日常生活中，我们往往习惯了给与性有关的事物贴上“自然 / 不自然”“正常 / 不正常”“好 / 不好”“道德 / 不道德”“对 / 错”的标签，却忽略了这样的标签是否恰当。以“恋物”为例，在许多人眼中，恋物是一种“不正常”“变态”的行为，但其实我们每个人或多或少都会有类似行为，比如有些人会抱着爱人的衣物睡觉，有些人会将恋人的照片随身携带等，这些其实都是恋物的表现。收藏家则是“恋物”的典型代表，如果我们采用“非黑即白”的二分法标准去看待“恋物”的话，似乎就不得不给收藏家们或者恋人们贴上一个大大的“变态”标签了。由此看来，我们需要更加客观地去看待与性有关的事物了。

然而，我们中的大多数人判断自己是否正常的指导原则，通常都是来自朋友、伴侣和家长（家长在性方面通常展现传统的自我形象），这是通过各种成见、媒体形象、宗教教诲、习俗和文化常规来传授的。但是其中没有一种可以说明人们的实际行为是怎样的。由于我们不知道其他人真实的行为究竟是什么样的，就很容易因为自己的行为不符合文化常规和成见而认为自己是异常的，也因此给自己的身心带来一定程度的压力，有些人甚至因此产生了严重的心理困扰。

事实上，我们每个人在性倾向、性欲望、性幻想、性态度以及性行为上都具有极大的差异。所以，了解不同性存在、理解性的多样形态，对于了解自己、接纳自己、认同自己以及理解身边的其他人都是有相当大的助益的。而这也要求我们以一个更加多元的视角去看待性以及与性有关的事物。

虽然我们需要以一个多元、接纳与包容的视角去看到性的多元现象，但这里依然有一些值得你注意的性的存在，说到值得注意，并不是因为这些性的存在是我们特别推荐的，而是因为这些性的存在可能会对你或者你身边的人造成伤害，甚至是犯罪。因此，我们希望你能够更多地了解这些信息，以做好自我保护。

1.露阴和窥阴

露阴或阴部显露欲，是指偏好在公共或半公共场所对不知情者暴露身体中通常不会暴露的部分的行为，例如暴露乳房、臀部或阴茎等。在部分法律中，公开暴露行为可能构成妨害风化、公然猥亵或其他罪名。

如果你正好经历过这类事件，或者不希望自己下次因为这样的事情受到伤害，那么请对露阴者有一个正确的了解以及认识。通常应对露阴者的办法包括：冷静地离开，无视他，也可以直接报警。

窥阴是指一个人喜欢借由偷看他人更衣、裸体或性行为而得到性快感的行为。这种行为不被社会接受。偷窥者要在被偷窥者不知情的情况下，才会得到快感。常发生于厕所外、洗澡间外或其他的性交场合。

如果遇到此类情况，建议及时举报，但尽量减少向对方进行言语攻击或者使用物品进行攻击，以免对方做出过激行为，让自己遭受更严重的伤害。

2.恋童

16岁以上的青少年或者成年人患者会认为青春期前的儿童拥有主要的性吸引力，或只有儿童才有性吸引力。虽然儿童在10～12岁（女孩10～11岁，男孩11～12岁）之间会开始踏入青春期，但恋童的标准延长至13岁。被诊断患有恋童症的人必须至少年满16周岁，且比其认为拥有性吸引力的儿童大 5 岁。

需要注意的是，“恋童”这个词常被大众用于表示对儿童的任何性兴趣或儿童性侵犯，但这种用法把“对儿童的性冲动”（思想）和“儿童性侵犯”（行为）混为一谈，且没有区分处于青春期前、青春期和青春期后的未成年人。所以，谈论恋童的目的，其实是希望大家预防因为恋童所实施的性侵儿童行为。性侵儿童者并不等同恋童者，除非当事者认为青春期前的儿童具有主要的性吸引力，或只有儿童才有性吸引力。

在我国，与不满 14 周岁的未成年人发生性行为，不论对方是否自愿，都将以强制猥亵或强奸罪判处。

3. 摩擦癖

摩擦癖，指男性在拥挤的场所故意摩擦他人，甚至用性器官碰撞他人的身体，并可伴有自慰等性刺激来达到性兴奋之目的。

摩擦癖者通常在人多拥挤的公共空间，以自己的性器官去摩擦、挤压陌生人的身体，从中获得性满足。有的摩擦癖者在摩擦他人的身体时，不需要暴露自己的生殖器就能够得到快感与满足；而有的摩擦癖者则需要露出生殖器直接摩擦他人的身体，方可获得性的快感与满足。通常，摩擦癖者把摩擦的部位选择在他人的臀部，也有的人在他人身体的任何部位摩擦均可产生性兴奋。

这是一种典型的性骚扰行为，如果遇到此类情况，可以及时离开现场，另外也可以向其他人求助，如公交车司机、商场保安、地铁安保等等，但需要注意的是，一定以保护自身安全为第一准则。

4. PUA

PUA 的全称是 Pick-up Artist，翻译过来是搭讪艺术家，起初指的是一群受过系统化学习，实践和不断自我完善人际关系技巧的男性，后来泛指很会吸引异性，让异性着迷的男女们。

比较正面的 PUA 教程是帮内向的男生打开人际关系的。对于这点我是很赞同的，社交和恋爱也是一种能力，内向的男生想要拥有一段好的关系，需要学习一些人际沟通、外形改造的方法。

但需要注意的是，有些PUA的教程已经变成另一种“骗炮”的手段，遭遇骗炮的人会有一种自己遇到了真命天子的错觉，其实只不过是一场海市蜃楼的谎言。最常见的套路：虚假的价值+人设、虚假的经历和频繁的洗脑、急速地推进关系和发生关系、空手套白狼。

另外有一些不怀好意的人将PUA中学到的方法变成一种控制伴侣的手段，他们在关系中不断打压被控制的对象，让对方失去自我，最终沦为被自己呼来唤去的“人偶”。受害者也很难获得帮助，脱离这样的关系。

5. 网络视频激情

网络视频激情，是指通过网络摄像头进行网络视频聊天，聊天的内容通常会和性有关，有时还会向对方或者互相展示裸露的身体，或进行自慰等行为，借此获得性的满足。

通过网络视频聊天的方式寻求性满足本身是一种很常见的方式，但是这里需要提醒大家的是，谨防这种方式带来的消极影响，如被偷录视频/截图，对方将视频/截图上传到网上，或者在分手后以此来要挟你，更需要避免其成为实施分手暴力的工具。

Q 和网友文爱，好不好？

困惑解答老师：李海琛

在过去，人们以文字书信的形式互诉衷肠，一封情书就足以牵动两颗跳动的心；而现在，随着通信手段越来越便捷，再有众多社交软件的加持，人们开始习惯在网上交友、恋爱，甚至通过互相发送带有性暗示的信息满足某些生理需求。“文爱”就是其中一种方式。

文爱，就是用文字做爱的意思，是通过双方文字描述和挑逗达到释放自己性需要的目的。现在文爱已经不仅仅局限于文字和图片了，发语音甚至开视频都可以被笼统地归为文爱。

这样的方式，一方面可以规避现实中进行性行为可能遇到的人身安全问题（如强奸、伤害等）及麻烦（如怀孕、染病等），另一方面，因为不用承担责任，所以文爱的内容可以天马行空，满足了许多人的性幻想和性体验。

文爱本身并不是什么洪水猛兽，没有什么好坏、对错之分，但凡事总会有利有弊，在实际的过程中可能存在一定的风险，如网络上经常有人会有意无意地暴露他人与性有关的私人聊天记录或者视频，给当事人带来一定的麻烦。

所以，出于自我保护的考虑，建议遵循以下一些原则：

1. 坚持“自主、健康、责任”的基本原则。不论作出怎样的选择，是否接受文爱，都是出于自己充分考虑之后做出的决定。与此同时，也不应强迫他人接受自己的文爱邀请。如果在过程中出现任何让自己或对方感觉不适的情况，请立即停止，做到基本的互相尊重。文爱始终是虚拟的，避免因此而混淆虚拟与现实之间的关系。

2. 保护好个人隐私。做好个人基本信息（如真实姓名、联系方式、家庭住址、学校地址等）的保护，不轻易透露给他人，同时尽量避免向他人曝光自己的身体隐私，以免产生不必要的麻烦。

3. 避免触犯法律。不论是公开他人的私密信息，还是利用这些信息胁迫其与自己发生性行为，或者敲诈勒索等，都是违法犯罪行为。在避免自己触犯法律的同时，也应该时刻保持警惕。

文爱不仅限于陌生的网友之间，异地的恋人或夫妻也可以通过文爱的方式缓解彼此的生理需求，在一定程度上还能增进彼此的感情、维系关系。每个人都有权利选择自己感兴趣的满足性需要的方式，只要不伤害他人，不伤害自己，这样的方式就是 OK 的。希望你也能收获自己的幸福。

我觉得我对性不感兴趣，有朋友说我太“一本正经”了，我错了吗？

困惑解答老师：姜玲玲

感觉朋友说你太“一本正经”好像是一种评判，还带有一些讽刺、否定和贬低之意，导致你有些不舒服，让你某种程度上开始怀疑自己了，是这样子的吗？不知道你所说的“对性不感兴趣”具体是指什么？你对“性”的认识和你的性价值观又是怎样的呢？我们先来看一个故事。

徐宁（化名）和肖静（化名）都是高二的学生，今年17岁，从小一起长大，一直是很好的闺蜜，而且性格互补，徐宁生性活泼开朗，肖静比较内敛文静。正值青春期，随着身心的发育和成熟，徐宁开始对性感到好奇。自上高中后，徐宁经常与肖静分享舍友们一起说的与性有关的悄悄话。每当这时，肖静就觉得很不舒服、不自在，因为她对性不感兴趣，她觉得徐宁有些话说得太直白了，有点恶心。徐宁说：“阿静，你放松点儿，别太一本正经了，性是很美好的，咱们这个年龄聊这些很正常，我们在宿舍也经常聊呢。”听徐宁这么说，肖静禁不住质疑自己：“我好像跟别人不太一样，难道我对性不感兴趣有错吗？难道我不正常吗？”为此，她联系到我，寻求帮助。

通过咨询了解到，肖静的父母思想比较保守，认为女孩一定要纯洁，所以从小很少对她讲有关性的知识，也不允许她看这方面的信息。父母对肖静说：“只有坏女孩才喜欢看那些与性有关的色情的东西，你要做一个矜持、文静、端庄的好女孩，别去接触那些乌七八糟的东西。”肖静从小就是听话的乖乖女，所以她从不主动去了解与性相关的知识和信息，当听到闺蜜讲那些与性相关的信息时，她就感觉很不适，想听但又怕自己变坏，同时她也觉得闺蜜虽然对性感兴趣，但她依然很好，并没有变成父母所说的“坏女孩”，所以她对此有些困惑和不解。

不难发现，肖静之所以对性不感兴趣，是因为受父母错误的性价值观、性教育的影响，对性缺乏客观、科学的认知，内化了父母对性污名化的观念，进而产生了性羞耻、性罪恶的感受。肖静对性不感兴趣本身没有错，但是她对性污名化的认知是错的，是需要纠正的。孔子在《礼记》里讲“饮食男女，人之大欲存焉”，就是在说食欲和性欲是人的本能，没有什么高低贵贱之分。在传统文化中，长期存在对性的污名化、羞耻化和神秘化，而且在性别二元对立的价值观中，形成了鲜明的男女双重性道德标准，强烈地抑制女性的性权利，倡导男性的性权利，便有了所谓的“喜欢性的女孩都是坏女孩”的说法。这恰恰是由对性的污名化和偏见造成的。

如果你对性有客观、科学的认知，有积极的性价值观，那么无论你是否喜欢性，是否对性感兴趣都是可以的，那是你自己的选择，没有好坏、对错之分。每个人的身体发育和心理成熟的时间是有差异的，如同人的身高、体重，有些人发育得早，有些人发育得晚，每个人都有自己的生长节奏，不必刻意比较，无论早与晚都是正常的；另外，对性感兴趣的程度也是因人而异的，如同人的食欲不同，饭量就不同，那么人的性欲不同，对性感兴趣的程度自然也有差异。人与人本来就不一样，你只需要关注自己的感受就好，不必在意他人的看法。

性是自然且美好的，每个人受社会文化、家庭教育和自身性格等因素的影响，对性的认知、态度和表达方式会有差异。因此，我们需要建立多元的性价值观，允许差异的存在，尊重每个人的性权利。这个世界正是因为差异而美好，因为差异而精彩，就像你对性不感兴趣一样，都是没有问题的。

我觉得性很恶心，怎么办？

困惑解答老师：魏徐红 李海琛

我在咨询中遇到很多女性提到性就面带苦涩，她们常说“性是不能说出口的，是肮脏的、令人恶心的”，等等。后来我了解到，她们当中有些人是因为从小的生长环境对性要么避而不谈，要么都是负面表达；有些人是因为曾经有过不愉快的性经历或性体验（如性骚扰、性侵等）……不知道你是因为什么原因而有这样的感受呢?

我在没有学习科学的性教育之前，也觉得性很恶心，无论是电视、街边广告，还是网络中，只要看到与性有关的文字和画面，我都会立马扭过头或关闭网页不看。因为在我小时候，家庭和学校缺失性教育这门科学知识，我了解到的性都是不好的、消极的、令人生厌的。久而久之，我也就以这样的态度对待性了。

如果你的情况和我类似，那么我建议你学习和了解一些科学的性知识，帮助自己正确地认识性。其实性对我们来说是非常重要的，它贯穿人一生的成长,是人生命的一部分。从我们出生开始，到认识自己的身体、了解自己的性别、寻找自己的伴侣，再到我们选择结婚生子等，性一直伴随着我们。

性没有好坏、对错之分，只是因为我们不同的认知和应对方式，让它产生了积极或是消极的后果。我们在不同的年龄对性也会有不同的好奇和困惑。可是我们的养育者没有接受过科学的性教育，上学后，我们的教育者也对性避而不谈。多数情况下，我们谈性色变，接收到的是对性的错误观念：肮脏、丑陋、恶心、不能谈等等，以至于我们对性的误会越来越深。而性的污名化会对我们的成长、亲密关系的建立带来许多问题。

在我的咨询中，由于受到性的污名化的影响，有些人无法建立亲密关系，因为亲密关系中无法避免和伴侣谈到性；有些人厌恶自己的身体、自己的性别以及性倾向；有些人甚至无法与异性正常交往。可想而知，对性有正确的认识是多么的重要。

我曾遇到过一个女孩，她说她没有办法和男生说话，也没办法和男生靠得太近，一有男生碰到她，哪怕是不小心的，她都会惊慌失措。我在跟她的交流中才知道，她曾经遭受过性骚扰，这让她对男生产生了厌恶感，很排斥男生。

在咨询中，我不断地告诉她，遭受性骚扰不是她的错，是那个骚扰她的人的错，并一点一点地帮助她认识到，并不是每一个男生都会如此，她可以仔细观察一下身边的男生，他们中一定有人是尊重他人的；那些不顾他人感受而骚扰别人的人，都是不懂得尊重的。她可以通过这个方式来判断这个人能不能信任。渐渐地，她消除了对男生的厌恶感，也逐渐可以判断什么样的人可以接触，什么样的人应该避而远之了。

生活中这样的例子并不少见，我们能够做到的就是保护好自己，不要因为别人的错误而惩罚自己。如果你是因为有过不愉快的性经历（就像前面提到的这个女孩），从而对性产生厌恶感，那么首先你需要告诉自己，有这样的经历并不是你的错，你可以寻找值得信任的人陪伴、支持你慢慢度过这段时间，并寻求专业的帮助，让自己可以早日走出这段痛苦的经历所带来的影响，对于性、对于自己所经历的事情，能有正确的认识。

《世界性权宣言》强调：性是快乐和幸福的基础，它有助于个人成就感和满足感的实现。它从积极的角度来描述性之于我们人类、之于我们每个个体的意义是什么，这是一种积极向上、一种乐观、一种正向的力量。相信通过不断地学习科学的性知识，接受科学的性教育后，你也可以更加坦然地面对性，面对自己，让自己收获更多的幸福。

我应该“出柜”吗？

困惑解答老师：许舒婷　胡艺　李海琛

谈到是否要出柜，建议你从以下几个方面进行考虑：

首先要考虑出柜的原因。出柜是想让别人知道自己的 LGBT［LGBT 是女同性恋者（Lesbians）、男同性恋者（Gays）、双性恋者（Bisexuals）与跨性别者（Transgender）的英文首字母缩略字，用以指代非传统性别与性倾向的人群］身份，结识跟你一样有相同性倾向的朋友？还是不想再隐藏自己，不想再假装喜欢异性？是想对喜欢的人表白，所以要出柜，还是有其他非出柜不可的原因？也就是说，你要思考你出柜的必要性。

接着，我们要思考出柜这个选择可能带来的影响。从有利的方面来说，出柜可以帮助你减少由于不能做真实的自己而累积的创伤，身边也可能会出现更多支持、理解、认同你的人，让你更有力量做真实的自己。这是一个非常有意义的过程。

与此同时，出柜也可能带来一定的风险。有些人在没有考虑清楚前就向父母出柜了，结果被父母限制了经济和人身自由，有些甚至还被强制送医；也有些人在向朋友出柜后，事情被传得沸沸扬扬，全班人都知道了，结果开始被人欺凌。

所以，在出柜前我们需要考虑可能出现的风险，考虑是否要出柜；出柜时也要谨慎选择出柜的对象。在选择出柜对象前，你可能需要先决定是向身边部分人出柜还是向所有人出柜。如果是向身边的朋友出柜，有没有适合的出柜对象？你和对方的关系程度如何？他们对于 LGBT 人群的态度如何？如果你向他们出柜后可能会是怎样的结果？尤其是家长，彼此越了解，关系越亲近，越容易评估出柜后的情况。这些都是你需要提前考虑的。

如果你决定向所有人出柜，那我们除了考虑前面所说的风险之外，还要考虑周围环境对 LGBT 人群的接纳程度。若学校的同学知道你的情况会如何反应？是会尊重、善待你？还是会对你恶言相向？学校的老师知道的话又会是怎样的态度？学校又会是怎样的态度？如果周围环境对 LGBT 的接纳程度不高，你是否还要考虑出柜？这都是需要提前纳入考虑的方面。

除了以上这些需要考虑的方面之外，还有一个非常重要的点：良好的自我认知。

以同性恋向家人出柜为例，如果你对自己的同性倾向是勉强接受的，那么你还不具备出柜的条件，或许你还需要多给自己一些时间来进行自我探索。当你比较确定自己的性倾向的时候，再考虑出柜的问题。因为如果你自己游移不定，比如依然相信性倾向可以改变，那么显然你是无法说服家人或其他人的。有了坚定的自我认知，能够回答出柜对象的问题，你才能理直气壮地与家人交谈。非语言的信息将直接影响你出柜成功的可能性。

如果经过深思熟虑后，你最终决定出柜，在出柜时也要讲究一些策略。

一开始，你需要慎重选择告知的对象，他应该是你最信任的人。出柜前可以先做一些铺垫和社会支持资源的搜集，比如事先给对方做一些性少数知识的普及，可以和他们一起讨论有关性少数的一些案例、一本书或是一部电影。电影《天佑鲍比》就是很好的资源。切忌带伴侣一起出柜，或者抱着“为了谁出柜”的心态。跟父母出柜后，不要强求父母必须立刻接受，要理解他们生活在异性恋框架下几十年的感受，做好长期陪伴的准备。如果身边的亲友对你的出柜表现出过激反应，这也是正常的，在理解他们的同时，自己要保持淡定，告诉他们你的真实想法与感受，争取得到对方的理解与支持，必要时也可以求助对 LGBT 友善的心理咨询或其他一些社会机构。

尤其是家长，彼此越了解，关系越亲近，越容易评估出柜后的情况。是否决定出柜，最终还是取决于你自己，做真实的自己没有什么不好的。但如果在充分考虑后，你觉得自己在现在这个阶段暂时没有能力应对出柜后的各种风险，还没有做好准备，你也可以选择先不出柜。切忌冲动出柜。要记住，不出柜不等于软弱。相信你能作出对自己负责任的选择。

如何让父母接受我是同性恋？

困惑解答老师：马文燕

很多人对同性恋是严重缺乏了解的，认为同性恋是一种“变态”的精神疾病，是不道德的。几十年前，世界卫生组织疾病的名册中仍把同性恋当成精神疾病。但随着科学的进步，1990 年，世界卫生组织就正式将同性恋从疾病名册中删除。2001 年，中华精神科学会也将同性恋从精神疾病分类中删除。不歧视同性恋，并且保障其权益，是现代社会的基本原则。

爱上哪个性别的人都没有错，都应该受到尊重和祝福。随着社会的进步，越来越多的人能以开放、接纳、平等的心态对待同性恋。

得到父母的认可和接纳无疑是生命中非常值得开心的事。你希望父母能接受自己是同性恋的心情，我能理解。但由于父母对同性恋缺乏了解，他们不接纳同性恋也是难免的。

我有一个朋友，她的儿子就是同性恋，她一开始也不接受，非常痛苦，想找医生“治疗”和“纠正”儿子的性倾向。后来，一位专家给她科普了同性恋的知识，问她：“你是爱你的儿子，还是爱你异性恋的儿子？你是要儿子幸福地做自己，还是要儿子痛苦地按你的要求生活？”她由此醒悟，不再寻求“治疗”和“纠正”儿子的性倾向了。她开始去了解同性恋，参加同性恋亲友会的活动，后来还成了亲友会的领导，帮助了很多人。

当然，要想改变父母的态度，肯定要做长期的准备工作，不可能几天就解决。出柜前要先充分评估风险，设计出柜的过程。出柜后还有很多后续工作要做。

下面是关于出柜的几点建议：

1. 对于思想比较顽固的父母，要一点点地影响他们，让他们有一个思想准备和过渡的过程。虽然父母都是爱孩子的，但没有人是先学好了怎么当父母再去生孩子的。你要先帮助他们了解同性恋的相关知识，克服恐同心态，可以借助一些有关同性恋的科普资料，或者是一些影视作品，如《天佑鲍比》等。当然，有可能父母始终无法接受这个事实，但就像你期望父母能够尊重你一样，也请你尊重你的父母，或许时间会让一切有所改变。

2. 不一定同时向父母出柜，可以分析父母的态度，考虑他们的性格特点，先向关系好的一方（更容易接受的一方）出柜。如果觉得父母都不容易接受的话，也可以看看家中是否有能够为你提供支持，帮助你一起来面对父母的亲人，也可以先从他/她开始。

3. 如果父母目前是你唯一的经济来源，建议推迟到经济独立时再出柜。

4. 如果你学习任务重，建议推迟出柜，以免情绪波动大，精力分散，影响学习。

5. 父母遇到孩子出柜，常见的反应模式分三个阶段：先震惊，后自责，再求治。震惊时，情绪波动剧烈，有暴力倾向的人有可能伤人或自伤。所以，出柜时要选择相对安全的场所，避免正面冲突，安全第一。

6. 出柜时，要告诉父母："我很爱你们，也知道你们爱我，希望得到你们的祝福。我是同性恋不是我的错，也不是你们的错，你们不必自责。同性恋是正常的，不需要医治。让我做真实的自己，我会非常幸福。"

7. 出柜后，可以介绍父母向肯定性咨询法的咨询师进行咨询，或者参加有关出柜父母的互助类活动，让他们在交流中增进了解，获得心理支持与社会支持。

希望你能综合考虑全面之后再决定是否出柜、何时出柜。即使你做了充分的准备，父母还是有可能不接受，那也不是你的错。没有他们的接受与祝福，虽然有些遗憾，但你仍然有资格追求自己的幸福。

Q 为什么现在同性恋越来越多，同性恋很时尚吗？

困惑解答老师：黄晓霞

近些年来，虽然可以看到越来越多的同性恋出现在我们视野中，但这并不能说明同性恋变多了，也不能说明同性恋是一种时尚。

古今中外，同性恋一直存在，如古时的董贤与汉哀帝、当代的香港著名导演关锦鹏、台湾著名主持人蔡康永、国内的著名造型师吉米、国外的苹果 CEO 库克、《艾伦秀》主持人艾伦·德杰尼勒斯等，就连歌曲、影视作品、小说等作品中也一直出现同性恋相关的内容，如萧亚轩的《类似爱情》，电影《刺青》《断背山》，小说《天官赐福》等。在全世界的文化里，同性恋人群都以相对稳定的小比例存在，这个比例到底是多少，各项研究没有统一的数据，但都小于 10%。

之所以觉得同性恋变多了，可能主要有以下三个原因：

第一，被看见的同性恋越来越多了。假设你在某次航海时看到了大海中的冰山一角，差不多 10 立方米，但是因为海水蒸发或者海风巨浪的缘故，过了三五十年后你去同样的地方，你能看到的冰山体积增多到 20 立方米。你能说那个冰山变大了吗？当然不是。因为以前觉醒程度不高，很多同性恋者并未意识到自己是同性恋，又或者已经认识到自己是同性恋，但出于各种原因不敢公开，如在多年前同性恋还被认为是病与罪的存在。现在，随着人类文明的进步，社会变得更加包容和接纳，越来越多的人认识到真实的自己，勇于做自己，自我接纳度高了，展露在公众面前的部分多了，发声的人越来越多。再加上影视文学等作品中的呈现等各种原因，被知晓的也就多了。所以，不是同性恋的数量越来越多，而是人们的理解、包容帮助更多人勇敢地走出来，又促进更多人看到。

第二，被谈论的越来越多了。因为同性恋是少数群体，人们谈论到同性恋时会对此给予更多的好奇和关注，加上网络上关于同性恋相关热词的传播，大家时常把同性恋挂在嘴边，比如男生经常说谁和谁是“好基友”，大家接收关于同性恋的信息的频率也就提高了。除了媒体中关于同性恋的相关信息越来越多，大家日常的讨论也变多了，即使自己不关注同性恋，也可能听到身边的人谈论。其中不乏对影视作品或名人明星的讨论，如给喜欢的同性主角组 CP，猜测某某明星是不是同性恋等，当然也有关于身边出现的一些同性恋同学或者朋友的“八卦”。

第三，自我觉察能力提升了。随着人类文明的发展，人们对于自我的探索需求越来越强，自我探索的渠道也越来越多。以前只知道我可能跟别人不一样，也找不到适合的人去交流，但是现在因为交流渠道的扩展，越来越多的人通过自我觉察以及观念的更新、知识的补充，认识到真正的自己，也勇于做真实的自己，并以真实的姿态展示在公众的面前，所以给人一种同性恋越来越多的感觉。

大家了解的同性恋信息比以前多了，也就容易误以为同性恋变多了，就像人们总觉得现在的儿童性侵事件变得越来越多了一样，为什么？因为媒体报道的儿童性侵事件多了，家长因为担心孩子，所以关注的也就多了。而其实这样的事件一直存在，只是以前没有被媒体大量曝光，再加上当事人出于对性的羞耻感、污名感等原因选择了保密，所以被知晓的比较少。这样前后一对比，就容易让人误以为该类事件“变多了”，好像很“流行”，甚至觉得就是现在的“时尚”，实则不然。

其实，无论同性恋是否时尚，我们都可以自我决定接下来如何做：是像其他人一样去模仿、指责、批判同性恋，还是跟随自己的心。

不管是同性恋还是异性恋，老师希望每个人都能坦然面对自己的内心，跟着感觉走，做真实、快乐的自己。

谈了这么多，或许我们还应该回顾一下，当你提出这个问题时是什么样的感觉，仅仅是疑惑吗？是焦虑吗？还是担心？如果仅仅是疑惑，希望以上解答能回应你的疑惑；如果你不仅仅是疑惑，而是带着担心、焦虑的情绪，那么也许你可以静下心来思考一下，自己究竟在担心什么，为什么会焦虑，是因为你对同性恋的恐惧吗？是对同性恋的不理解或者歧视吗？抑或其他的原因。我们对于自己习惯或者熟悉的东西总是很容易接受，而在面对不了解的事物时却常常会感到错愕、愤怒甚至是仇恨。不论是哪一种情况，你可以选择去学习更多有关同性恋的科学知识。相信慢慢地，你也能够像对待异性恋一样对待同性恋，给予同性恋尊重、接纳和包容，并影响着身边的其他人。

耽美文化在我们班特别流行，应该怎么对待？

困惑解答老师：李远莉

你的问题让我想到了我的中学时代，那是在 20 世纪 90 年代中后期，网络还不普及，学校周边有很多租书店，台湾言情小说、日系漫画、武侠小说大量充斥在校园内，琼瑶的言情、黄易的穿越、金庸的武侠都曾极度流行，还有《灌篮高手》《圣斗士》《七龙珠》这些热血漫画，同时尾崎南的《绝爱 1989》也在那时流入国内，耽美文化由此在当时的校园中盛行。相较于现在，那时候耽美文化的流行相对较隐蔽一些，因为网络的不普及，耽美文化大多还局限于现实中同好间交流。那时候我身边就有几位女同学很喜欢耽美类漫画、小说，不过她们很少公开谈论，通常都是在教室的角落里低声细语地交流，也只会推荐给关系较亲密的同学、朋友。相较于喜欢言情小说的人，这个群体真的显得人单势微。等到了大学时期，网络得到普及，耽美文化也更为盛行，我自己也是从那时开始看一些耽美类的小说，其中有身边朋友推荐的，也有自己发现的。

其实“耽美”一词最早出现在日本，意思是包含一切美丽事物，能让人触动的、最无瑕的美。现在国内流行的耽美文化最早是以漫画形式出现的，那是由日本一批年轻女性漫画家针对女性读者创作的以“帅气男生之间的浪漫爱情”为主题的漫画作品，所以时至今日，耽美文化的创作者和受众也以女性为主，耽美类创作作品也曾被定义为女性向作品。同时，“耽美”一词仅在中国成为男同性恋作品的代名词——BL（boy’s love，男同，二次元的男性恋爱），相对应的还有 GL（girl’s love，百合，二次元的女性恋爱）、BG（boy and girl，言情类，异性恋）。

耽美文化归根到底只是一种创作模式，和其他文学作品一样类型广泛，涵盖武侠、穿越、玄幻、惊悚、推理、宫斗等题材，唯一的区别只是故事中发展感情线的主角由普遍的男女主角变成了双男主。所以，耽美事实上并不是真正意义上的男同性恋作品，这是因为“耽美”在创作之初就是建立于女性对于“浪漫爱情”的向往，而不是根植于同性恋的真实生活。

而在现实中，同性恋者和其他人都是一样的，平凡而普通，他们不会因为自己是同性恋而在言行举止上异性化，也不是所有言行举止异性化的人就都是同性恋；不是所有喜欢异性服饰的人都是同性恋，也不是所有同性恋都有“攻”“受”的绝对划分。

然而对于耽美文化，有的人认为“太好了”，这么多耽美作品，让人大饱眼福；有些人则对此心存忧虑，比如让未成年的孩子看同性恋故事，会不会有点“那个”，甚至会产生什么“副作用”。这样两极分化的态度，其实核心还是来自对“同性恋恐惧”的心理影响。有些人依然抱着“同性恋本身是不好的、有悖伦常的”“同性恋是变态”“同性恋是受社会歧视的，如果未成年人看了耽美作品，会不会就变成同性恋了，会不会也要经历同性恋所要面临的那些麻烦”……这都是“恐同”的表现，也是对于同性恋的偏见。

其实同性恋不是罪也不是病，他们和异性恋一样都只是一群普通人，他们的感情也一样值得被尊重、被鼓励。会不会成为同性恋，与是否看耽美作品是没有必然联系的。每个人完成个人性倾向的认同都是需要一定的时间与一个自我探索的过程的，不论是同性恋还是异性恋，都是在成长过程中不断地完善自己，最终确定自己究竟是什么样子的。

当然，我们应该正确对待耽美作品。

1.耽美文化的流行有助于我们认识同性恋情，并增加其在大众当中的接受度；

2.耽美作品和其他异性恋的情爱作品一样，都是虚构的，是夸大现实的作品；

3. 喜欢耽美作品无可厚非，但也应处理好兴趣爱好与学生生活之间的关系，切忌沉溺其中而影响学习、生活。

每一个时代都有类似的流行文化，任何一种流行文化都不是所有人都会喜欢、接受的，但每一种流行文化都会吸引很多人去喜爱、追求，每个人都可能同时喜欢好几种不同的流行文化，就好像中学时代的我喜欢热血类漫画和武侠小说，我的闺蜜喜欢言情小说和武侠小说一样，她看不懂热血类漫画，我不喜欢言情小说的情节，我们相处时会给对方推荐自己觉得好看的书，也会相互吐槽对方与己不同的那部分爱好的“奇葩”，但我们依然会尊重彼此的喜好，还会帮彼此留意、购买对方喜欢的书讯、纸书，交换彼此都喜欢的武侠小说。所以，你有选择喜欢或不喜欢耽美文化的自由，但同时也应该尊重它的存在。如果你喜欢它，对它感兴趣，那么你就可以多接触、多了解，把它作为你的一种兴趣爱好；如果你不喜欢它，对它没有兴趣，也大可不必因为其在班里的流行就强迫自己追随“潮流”，做自己喜欢的选择就好。

Q 我觉得自己不是男生也不是女生，我是怎么了？

困惑解答老师：丁筠

一般说到一个人是男生还是女生，我们首先想到的是从生理上来判断，也就是指人们的生理性别。但其实这种区分方法是很局限的。性别可以从三方面来划分——生理性别、社会性别和心理性别。

目前按照生理性别区分男生和女生的普遍方法是：男性具有 XY 染色体、更多的雄性激素、男性内 / 外生殖器；女性具有 XX 染色体、更多的雌性激素、女性内 / 外生殖器。但是这种区分并不全面，也不绝对准确：2015 年出生在福建宁德的可可就同时拥有男女两套生殖器，既有卵巢和子宫，又有睾丸和阴茎。单从生理上来看，我们无法判断可可的性别是男是女，于是称之为间性人（指解剖特征不符合常见男女标准的个体）。所以从生理角度来说，人类的生理性别除了男生和女生，还有间性人。

社会性别是社会文化给我们的性别角色期待和规范，目前只有二元的男和女两种，比如社会要求男性要阳刚、坚强、事业有成、有泪不轻弹等；女性则要温柔、贤惠、相夫教子、恪守妇道等。但是仔细想想，生活中很多的人并不都是这样，比如生活中我们会遇到温柔的暖男，在家"相妻教子"的家庭主夫，职场上事业有成的职业女性，运动场上坚强的女运动员。所以，这样的社会性别期待和规范简单地将人分为男女二元，限制了个人发展，还会造成不符合规范的人受到性别歧视和霸凌。

心理性别指的是自己认为自己是什么性别，也就是对自己性别的认同是男生、女生、其他性别，或者不确定。之所以不确定，是因为性别认同有一个探索过程。有的人可能上幼儿园的时候就已经明确自己是男孩还是女孩了，有的人则需要更长时间。每个人探索的时间长短不一样，没有年龄标准。拿著名的舞蹈演员金星来说吧。她从小就喜欢跳舞，别人也说她像个女孩儿，但她直到24岁才决定自己今后要做个女人，也从心理上真正接受了自己的女性身份。28岁那年，她做了性别重置手术（俗称变性手术），开始以女性形象出现在舞台上和大众面前。像金星这样生理性别是男性而心理性别是女性，或者生理性别是女性而心理性别是男性的人，我们称之为跨性别者。也有很多跨性别者选择不做手术，而以自己认同的性别学习、工作和生活。

这里还有一个小故事：有一个叫奥利芙的男生从小就很羡慕自己的妹妹可以留长头发，穿漂亮裙子。他觉得自己生错了身体，也根本不喜欢玩男孩子玩的游戏。后来，他做了性别重置手术，并开始服用激素，变成了女孩的身体，名字也改成了奥丽薇亚。可是，当她在酒吧里被喜欢自己的男孩子触碰手臂时，她却觉得浑身不自在，赶紧逃走了。后来她抑郁了一段时间。经过这次事件，她终于知道，原来自己是流性别。流性别和男生、女生、跨性别一样，也是性别的一种。原来TA的身体里住着奥利芙和奥丽薇亚两个人，有时候TA想像奥丽薇亚那样出现在人们面前，有时候又想像奥利芙一样去生活。后来TA明白了，身体是男生还是女生已经不重要了，重要的是自己内心的感受。在接纳了自己的身体，面对自己的感受后，奥利芙终于露出了久违的笑容。

我想你已经发现了，其实性别的自我认同遵照的是自己的内心感受。不知道你对自己性别的实际感受是如何的呢？如果你感觉还不清楚自己是男生还是女生，不如多给自己一些时间，先不急着贴标签，让自己有机会去自我探索一下，尝试不同的体验与感受，再来看看自己对自己的性别是什么样的感觉。酷儿理论也认为性别认同不是“天然”的，而是通过社会和文化过程形成的。也许你可以做这样的尝试：平时跟同伴相处的时候，可以多留意自己与他人相处时的感受，从别人的反馈中摸索什么样是自己喜欢的且也觉得舒服的，什么样是自己讨厌的且也觉得不舒服的。当然了，你也可以找一个信任的朋友（也可以是当地或网上的性别友善组织或者社群），试着向他们倾诉自己的烦恼，听听他们的看法。这些体验、感受和交流可以帮助你慢慢发现自己最满意的样子是什么。

当然，即使最终你依然觉得自己既不是男生也不是女生，但你还是你自己，遵从自己的内心，接纳最真实的自己即可。每一个个体都值得被尊重。祝你成为最优秀的自己。

Q 情趣独特就是变态吗？

困惑解答老师：张碧敏 王艺

你已经知道了自己的情趣是独特的，我想你应该对性行为的多样性已经有了一定的了解。

情趣独特，简单来说，就是除了传统的异性间阴道插入式性交这种方式以外，有人对其他的性行为方式感到兴奋，达到性唤起，这些性行为方式通常被人认为是比较独特的。

过去这些行为被认为是变态的，可是随着医学、科学的进步，人权平等、尊重意识的提升，这些所谓的“变态行为”已经不再被污名，更多的只是被看作是一种偏好。只要我们在做这些行为的时候是遵循不违反法律、不伤害他人，也不伤害自己，并且能承担起相关的责任的原则，那都是正常和正当的。

有些人恋足（是指一个人的性欲对象是足部）、易装（喜欢穿异性的服装而得到性满足）、恋物（喜欢通过某种物品达到性唤起）等等，但只要你喜欢的物品来自正当渠道，而非偷抢，不强迫他人，个人偏好就是正当的。再比如SM虐爱，在一些人眼里是危险甚至恐怖的。事实上，这是一种经由双方同意的、在安全健康的范围内进行的一种性游戏，双方是尊重彼此的感受的，双方也有随时终止游戏的权利。

但是有一些独特的情趣就需要警惕了，比如恋童（性欲对象是指向未成年人的）、露阴（暴露自己的阴部给陌生人看）、窥阴（偷看别人身体的隐私部位）。性偏好本身没有问题，但是满足性偏好的方式要当心：我国法律规定与14周岁以下儿童发生性行为是强奸；猥亵、骚扰、公共场所露阴、不经过他人允许窥阴等行为都是违反法律的。还有一些性偏好，在实施的过程中可能会造成身体的伤害，所以在准备实施前也要保证安全第一，提前学习和采取必要的安全措施才好。

另外，保护自己的隐私也是非常重要的。每个人对于他人的情趣可能都只是一知半解，甚至有很深的误解，所以为了避免因为他人的无知而伤害自己，请保护好自己的隐私。如果不慎被别人发现了，也不要害怕，告诉自己你并没有做错什么，每个人都可以有自己独特的喜好，只要这些喜好没有伤害到他人，没有伤害到自己，就是可以被接受的。同时告诉对方这是你自己的事情，对方没有权利对你“指指点点”，更不应该伤害你，请对方尊重你的选择。如果对方的行为上升至欺凌甚至暴力的程度，你应该第一时间找到信任的成年人或寻找学校的辅导员，将这件事告知他们，让他们给予你有效的建议和措施去保护自己免遭伤害。

总之，每个人都有自己的偏好，也都可能有自己的性偏好，只要在法律框架内，不伤害到别人，也不伤害自己，并且能够承担后果，那么就完全谈不上“变态”二字。在“自主、健康、责任”的范围内，你可以享受你独特的情趣。

我可以使用性玩具来缓解性冲动吗？

困惑解答老师：刘清珊

我们对身体知识、性知识多一分了解，就多一分安全保障。很多人由于对身体不了解，对性玩具不了解，在错误的时间、地点，用了错误的方式探索身体，给自己带来了很大的伤害，比如医院急诊科看到的往肛门塞酒瓶，往尿道、阴道塞发卡、珠子等案例。这些本来是可以避免的。

下面，我们来聊聊什么是性玩具。

性玩具是指用以刺激人类性器官或提供类似人类性器官之触感的工具。这类产品从多种形式、不同强度上刺激我们的感官体验，增加性愉悦，也是没有性伴侣时缓解性压力，满足身心的方法或手段。

赋权型性教育强调性爱有三个原则：自主、健康、责任。使用性玩具，也可以参考这三个原则。

1. 自主。使用性玩具，是你主动想体验还是被强迫、被要求的呢？我们不能强迫别人做违背他个人意志的事，也不要允许别人强迫我们做我们不想做的事。如果有人侵犯你的权益，要坚决拒绝；如果你自己选择在安全、健康的基础上使用，当然没什么不可以的。

2. 健康。首先，一定要在正规的商家或平台，购买合格的性玩具产品，千万不要使用“三无产品”，那样会伤害自己身体的。其次，性玩具有不同种类和型号、尺寸，要根据自己的身体特点选择合适自己的产品。再次，在使用前，要充分了解产品说明书；使用时注意清洁，消毒，专人专用，避免疾病发生；尤其不要暴力操作，否则容易造成身体损伤；同时也要了解我们的身体，比如眼睛、阴道、肛门这些黏膜比较娇嫩的部位，平常要保护好，避免过度刺激。

3. 责任。不论是在购买性玩具时还是在使用性玩具时，我们都要保护好自己的隐私，保护好伴侣的隐私，满足性愉悦需要在安全、隐蔽的环境下进行，不随意拍照和拍摄视频。任何的性偏好都要以不伤害自己，或者在自己能承受的范围内进行，也不能勉强别人，侵犯别人的性权利。如果看到他人的性玩具，或得知别人有使用性玩具的行为，要记住“己所不欲，勿施于人”，不要侵犯他人隐私。

通过以上的各种评估和权衡后，我相信你能做出正确处理缓解性压力、体验性愉悦与学习、生活之间的关系的决定，不会因此影响正常的学习和生活。

可求助热线

bsdgyrx，白丝带公益热线微信号。

每天 10：00 ~ 20：00。这是专门向包括性骚扰、性侵犯等所有性别暴力的当事人提供帮助的微信号。

110，全国免费报警电话。

12338，妇女维权公益服务热线。

12355，青少年心理咨询和法律援助热线。

4006-012338，免费心理咨询热线。

0531-88018785，反家庭暴力维权联盟公益热线。

fgxjyrx，猫头鹰性教育热线微信号。